DAS TAGEBUCH DER
ANNE FRANK

12. Juni 1942 — 1. August 1944

Mit einem Vorwort von
ALBRECHT GOES

FISCHER TASCHENBUCH VERLAG

Aus dem Holländischen übertragen von Anneliese Schütz
Holländische Originalausgabe »Het Achterhuis«, Contact, Amsterdam

2041.–2060. Tausend: August 1985

Ungekürzte Ausgabe
Veröffentlicht im Fischer Taschenbuch Verlag GmbH,
Frankfurt am Main, März 1955

Lizenzausgabe des Verlages Lambert Schneider, Heidelberg
© 1949, 1960 by Otto Frank
© 1982 by Anne Frank-Fonds, Basel
Druck und Bindung: Clausen & Bosse, Leck
Printed in Germany
680-ISBN-3-596-20077-6

*Dem Mädchen Anne Frank begegnen wir da und dort im Leben
— nicht allzu häufig, denn das Maß von Klugheit, Nachdenklich-
keit, Empfindungstiefe und Frühreife, das in diesen Aufzeichnungen einer Dreizehn-Vierzehnjährigen sich kundtut, ist ganz
ungewöhnlich —, aber die kühle Schärfe der Menschenbeobach-
tung und die schaurige Entschlossenheit, auch in den schlimmsten Augenblicken den Sinn für Situationskomik in sich wach-
zuhalten, die kennen wir gut: sie gehören zum Lebenspanzer
unsrer Generation.*

*Dem Schicksal aber, das diesem Kind zugeteilt worden ist,
möchten wir hinfort nicht mehr gerne begegnen, schlimm genug,
daß wir ihm hier begegnen müssen und daß der Bericht über
dieses Schicksal so lauten muß, wie er lautet. Es ist das Schicksal einer jüdischen Familie, die 1933 Deutschland verlassen
mußte und in Holland Asyl fand, zuletzt bei immer sich stei-
gernder Gefährdung der Verhältnisse in einem Hinterhaus an
der Prinsengracht in Amsterdam. Das Versteck blieb ihnen zwei
Jahre lang erhalten, an einem Augusttag des Jahres 1944 aber
entdeckte die deutsche Polizei das Häuflein der Untergetauchten, und kein Weg blieb mehr als der Todesweg, der in Bergen-
Belsen endete. Es ist das Schicksal der Eingeschlossenen, die
monataus, monatein, auf diese Räume und auf sich selbst angewiesen, zur Zimmerhölle verdammt, ihre Tage und ihre
Nächte bestehen mußten. Draußen geht der Krieg seinen Gang
weiter, schon haben die Truppen der Befreier das europäische
Festland betreten, aber für Anne Frank und fast alle, die mit
eingeschlossen waren, kommen sie zu spät.*

*Geblieben ist uns nun dieses Tagebuch und mit ihm eines der
merkwürdigsten Dokumente erwachenden Menschentums, so
völlig absichtslos notiert und gerade durch diese Absichtslosig-
keit so völlig lauter. Es hieße, den Reiz und den Glanz der
Überraschung rauben — und wir haben trotz aller Düsternis
von Reiz und Glanz zu sprechen —, wenn wir hier einzelnes
vorwegnehmen wollten. Was uns vorgelegt wird, sind die
Selbstgespräche eines jungen Mädchens, aber sie geben sich
als eine Briefsammlung. »Kitty« heißt das Gegenüber, an das
Anne Frank in ihrem Hinterhaus schreibt, und wenn »Kitty«
auch freilich nirgends sonst lebt als in Anne Franks Vorstellung, so ist doch schon diese Erfindung eines Partners bezeich-
nend genug: Anne Frank braucht ›den Anderen‹, der teilnimmt
an der vielfältigen Auseinandersetzung, die diesem Mädchen
auferlegt ist. Auferlegt — von wem? Von der Zeit? Von dem
besonderen Los? Auferlegt vom innersten Wesen des eigenen
Lebens. Es ist die Auseinandersetzung zwischen Ich und Ich,*

zwischen einem höchst sensiblen, dünnhäutigen Wesen und dem anderen Wesen, das einige Stacheln zu besitzen scheint. Und es ist die Auseinandersetzung zwischen Ich und Umwelt, eine Auseinandersetzung, die mit peinvoller Genauigkeit vollzogen wird — niemand wird den aggressiven Ton, der hier regiert, überhören können, aber niemand möge den anderen Ton überhören, der nicht dominiert und doch der eigentliche Grundton ist, den Ton einer wirklichen Liebeskraft, und wer sich wundern wollte, daß wir in diesem Zusammenhang von »Liebeskraft« zu sprechen wagen, wo es um kindliche Aufzeichnungen geht — nun, es ist aller Anlaß da, sich zu wundern über diese Texte ... Endlich ist zu bezeugen, daß die Auseinandersetzung zwischen dem Ich und der Welt auf diesen Blättern mit einer ganz ungewöhnlichen Zielsicherheit vorangetrieben wird: dieser junge Mensch, der lieben und hassen, streiten und leiden kann, weiß, welchen Zielen entgegen es mit ihm gehen soll, welche Antwort von ihm gefordert wird, um der Stunde willen, um des Volkes willen — des Volkes, das für Anne Frank Holland heißt — und Israel.

Einiges mußte zusammenkommen — eine außerordentliche, eine außerordentlich böse Zeit und ein außerordentlicher Mensch —, um dieses Buch zu ermöglichen, und wenn man dabei zuweilen sich an jenes höchst empfindsame Journal der Marie Bashkirtseff erinnert fühlt, das vor fünfzig Jahren Hofmannsthal und Rilke so stark berührte, so drängt sich doch viel mehr noch die Vorstellung auf, daß hier eine Gestalt aus der Nachbarschaft des frühvollendeten Otto Braun ihren Weg sich zu bahnen gedachte mit leidenschaftlicher Entschlossenheit, mit wachem Mut. Aber da war kein Weg.

Mehr als ein Jahrzehnt ist inzwischen vergangen, und das Leben in der Prinsengracht von Amsterdam geht seinen Gang, wie allerorten, weiter — seinen lebendigen und seinen vergeßlichen Gang. Es ist notwendig, in der Welt von 1955, die nicht aufhört, eine Welt der Konzentrationslager und der Verfolgungen zu sein, dieser Stimme Gehör zu verschaffen. Und immer von neuem muß man den beiden Holländern dankbar sein, die in der von der Geheimen Staatspolizei durchsuchten Stube unter Zeitschriften und Zeitungen dieses Kindertagebuch hervorgeholt und sichergestellt haben, dieses Buch, das die Wahrheit sagt, nichts als die Wahrheit, die ganze Wahrheit.

Albrecht Goes

12. Juni 1942

Ich hoffe, daß ich Dir alles anvertrauen kann, wie ich es bisher noch niemals konnte, und ich hoffe, daß Du mir eine große Stütze sein wirst.

Anne Frank

Am Freitag wurde ich schon um 6 Uhr wach. Das war begreiflich, denn ich hatte Geburtstag. Aber so früh durfte ich nicht aufstehen und mußte meine Neugier noch bezähmen bis dreiviertel sieben. Dann hielt ich es aber nicht mehr länger aus. Ich lief ins Eßzimmer, wo Mohrchen, unser kleiner Kater, mich mit heftigen Liebkosungen begrüßte. Nach sieben Uhr ging ich zu den Eltern und dann mit ihnen ins Wohnzimmer, um meine Geschenke anzusehen und auszupacken. Dich, mein Tagebuch, sah ich zuerst, und das war sicher das schönste Geschenk. Dann hatte ich noch einen Strauß Rosen, eine Kaktee, einige Zweige Pfingstrosen. Das waren die ersten Blumengrüße, aber später kam noch viel mehr dazu. Von Vater und Mutter habe ich sehr viel bekommen, und auch meine Freunde haben mich sehr verwöhnt. So bekam ich u. a. die »Camera Obscura«[1], ein Gesellschaftsspiel, viele Näschereien, ein Geduldspiel, eine Brosche, die »Holländischen Sagen und Legenden« von Joseph Cohen und noch ein entzückendes Buch, »Daisys Ferienreise ins Gebirge«, und Geld. Dafür habe ich mir dann noch die griechischen und römischen Heldensagen gekauft. Prima!
Dann kam Lies, um mich abzuholen, und wir gingen zur Schule. Zuerst spendierte ich Bonbons für die Lehrer und meine Mitschüler[2], und dann ging es an die Arbeit.
Nun Schluß. Ich bin so froh, daß ich Dich habe!

Samstag nachmittag hatte ich Geburtstagsgesellschaft. Wir haben einen Film vorgeführt, »Der Leuchtturmwächter« (mit Rin-tin-tin), der meinen Freundinnen sehr gefallen hat. Wir machten viel Unsinn und waren riesig vergnügt. Es waren viele Buben und Mädchen da. Mutter will immer wissen, wen ich später einmal heiraten möchte. Ich glaube, sie würde sich schön wundern, wenn sie wüßte, daß es Peter Wessel ist, weil ich immer so harmlos tue, wenn sie davon anfängt. Mit Lies Goosens und Sanne Houtman bin ich seit Jahren zusammen, und sie waren bisher meine besten Freundinnen. Inzwischen habe ich Jopie van der Waal auf dem jüdischen Lyzeum kennengelernt. Wir sind viel zusammen, und nun ist sie meine beste Freundin. Lies ist nun mehr mit einem anderen Mädel zusammen, und Sanne geht in eine andere Schule und hat da ihre Freundinnen.

Ich habe ein paar Tage nichts geschrieben, weil ich erst mal über den Zweck und Sinn eines Tagebuches ernstlich nachdenken wollte. Es ist eine eigenartige Empfindung, daß ich nun ein

---

[1] Ein in Holland sehr bekanntes Buch.
[2] Dies ist in Holland Sitte an Geburtstagen.

Tagebuch führen werde. Nicht allein, weil ich noch nie »geschrieben« habe. Ich nehme an, daß später weder ich noch jemand anders Interesse haben wird an den Herzensergüssen eines dreizehnjährigen Schulmädels. Aber eigentlich kommt es darauf gar nicht an. Ich habe Lust zum Schreiben und will vor allem mein Herz gründlich erleichtern.

»Papier ist geduldiger als Menschen.« So dachte ich oft, wenn ich an meinen leicht melancholischen Tagen den Kopf in die Hände stützte und nichts mit mir anzufangen wußte. Bald wollte ich zu Hause bleiben, dann wieder weggehen, und meistens blieb ich auf demselben Fleck sitzen und grübelte weiter. Ja, Papier ist geduldig! Ich habe nicht die Absicht, dieses gebundene Heft mit dem hochklingenden Namen Tagebuch jemals jemandem zu zeigen, oder es müßte dann schon *der* Freund oder *die* Freundin sein, andere interessiert es wahrscheinlich auch nicht. Und nun bin ich bei dem Punkt angelangt, um den die ganze Tagebuch-Idee sich dreht: Ich habe keine Freundin!

Das will ich aber besser erklären, denn niemand begreift, daß ein dreizehnjähriges Mädchen sich so allein fühlt. Das ist auch merkwürdig. Ich habe liebe, gute Eltern, ich habe eine Schwester von 16 Jahren und alle zusammengerechnet wohl 30 Bekannte oder was man so Freunde nennt. Ich habe ein Gefolge von Anbetern, die mir alles von den Augen ablesen und sogar in der Stunde so lange mit ihrem Taschenspiegel operieren, bis sie ein Lächeln von mir aufgefangen haben. Ich habe Verwandte, reizende Tanten und Onkels, ein schönes Zuhause, und eigentlich fehlt mir nichts, ausgenommen die Freundin! Ich kann mit keinem meiner vielen Bekannten etwas anderes als Unsinn machen und nur über alltägliche Dinge sprechen. Es ist mir nicht möglich, mich auszusprechen, und ich bin dann wie zugeknöpft. Vielleicht liegt dieser Mangel an Vertrauen an mir, aber es ist nun mal so und sehr schade, daß ich nicht wieder darüber hinweg kann.

Darum das Tagebuch. Um nun die Idee von der lang ersehnten Freundin in meiner Phantasie noch zu steigern, will ich nicht, wie jeder andere, nur Tatsachen in mein Tagebuch schreiben, sondern dieses Tagebuch meine Freundin selbst sein lassen, und diese Freundin heißt: *Kitty!*

Niemand könnte meine Unterhaltung mit Kitty verstehen, wenn ich so mit der Tür ins Haus fiele. Darum will ich meine Lebensgeschichte erzählen, so ungern ich es auch tue.

Als meine Eltern heirateten, war mein Vater 36, meine Mutter 25 Jahre alt. Meine Schwester Margot ist im Jahre 1926 in Frankfurt am Main geboren, am 12. Juni 1929 folgte ich. Als Juden emigrierten wir im Jahre 1933 nach Holland, wo mein Vater Direktor bei der Travis A.-G. wurde. Diese arbeitet in enger Verbindung mit der Firma Kolen & Co. in demselben Gebäude.

Unser Leben verlief mit den üblichen Aufregungen, denn die in Deutschland zurückgebliebenen Familienangehörigen blieben nicht verschont von den Verfolgungen der Hitler-Gesetze. Nach dem Pogrom 1938 flüchteten die beiden Brüder meiner Mutter nach Amerika. Meine Großmutter kam zu uns. Sie war damals 73 Jahre alt. Nach 1940 ging es bergab mit den guten Zeiten. Erst kam der Krieg, dann die Kapitulation, dann der Einzug der Deutschen. Und nun begann das Elend. Ein diktatorisches Gesetz folgte dem anderen, und speziell für die Juden wurde es besonders schlimm. Sie mußten den Stern tragen, sie mußten ihre Fahrräder abgeben, sie durften nicht mehr mit der Elektrischen fahren, von Autos gar nicht zu reden. Juden durften nur zwischen 3 und 5 Uhr — und dann nur in jüdischen Geschäften — einkaufen. Sie durften nach 8 Uhr abends nicht mehr auf die Straße und sich nach dieser Zeit auch nicht im Garten oder auf dem Balkon aufhalten. Juden durften weder ins Theater noch ins Kino gehen noch andere Vergnügungsstätten besuchen. Sie durften auch nicht mehr schwimmen, Tennis oder Hockey spielen, überhaupt keinen Sport mehr treiben. Juden durften nicht mehr zu Christen zu Besuch gehen. Jüdische Kinder müssen jüdische Schulen besuchen. Und so häufen sich die Bestimmungen. Unter diesem Druck stand von nun an unser ganzes Leben. Jopie sagt immer: »Ich traue mich nicht mehr, irgend etwas zu tun, weil ich immer Angst habe, es ist ja doch verboten.«

Im Januar dieses Jahres starb Oma. Niemand weiß, wie ich an ihr hing und wie ich sie vermisse. Schon 1934 bin ich in den Kindergarten der Montessori-Schule gekommen und dann später auch in dieser Schule geblieben. Im letzten Jahr hatte ich die Direktorin, Frau K., als Klassenlehrerin. Am Ende des Jahres nahmen wir rührenden Abschied voneinander und weinten beide heiße Tränen. Margot und ich gingen dann — seit 1941 — auf die jüdische Schule (Lyzeum), sie in die vierte, ich in die erste Klasse.

Uns vieren geht es weiter gut, und so bin ich nun in der Gegenwart und beim heutigen Datum angelangt.

Samstag, 20. Juni 1942

Liebe Kitty!
Ich will gleich beginnen. Es ist so hübsch ruhig. Vater und Mutter sind weg, und Margot ist bei einer Freundin zum Ping-Pong-Spielen. Ich spiele in der letzten Zeit auch sehr gerne. Da wir Ping-Pong-Spieler, besonders im Sommer, schrecklich gerne Eis essen, endet das Spiel meistens mit einem Ausflug nach einer der Konditoreien, die für Juden zugänglich sind:

»Delphi« oder »Oase«. Wir machen uns keine Sorgen, ob wir viel oder wenig im Portemonnaie haben. Es ist meistens so voll, daß wir unter den vielen Menschen immer Herren aus unserem Bekanntenkreis oder einen Verehrer finden, und so viel Eis, wie uns da angeboten wird, können wir in einer Woche nicht vertilgen.

Ich nehme an, Du bist erstaunt, daß ich trotz meiner Jugend schon über Verehrer spreche. Leider aber ist dies Übel auf unserer Schule unvermeidlich. Sowie einer der Jungens fragt, ob er mit mir nach Hause radeln darf, kann ich sicher sein, daß der betreffende Jüngling sich Hals über Kopf in mich verliebt, und mich eine Weile nicht aus den Augen läßt. Nach einiger Zeit legt sich das wieder, besonders, da ich die verliebten Blicke überhaupt nicht sehe und vergnügt weiterradle. Wenn es mir manchmal zu bunt wird, pendle ich ein bißchen mit dem Rad, meine Tasche fällt herunter, und anstandshalber muß der junge Mann absteigen. Bis ich die Tasche dann zurückhabe, hat er sich wieder beruhigt. Das sind noch die Unschuldigsten, aber es gibt auch welche, die Kußhände werfen und noch aufdringlicher werden. Aber da kommen sie bei mir an die falsche Adresse. Ich steige ab und erkläre, daß ich auf die Gesellschaft verzichte, oder ich bin sozusagen beleidigt und schicke sie glatt nach Hause.

So, nun ist der Grundstein für unsere Freundschaft gelegt, Kitty! Bis morgen!   Anne

Sonntag, 21. Juni 1942

Liebe Kitty!

Unsere ganze Klasse bibbert: Die Lehrerkonferenz steht vor der Tür. Die halbe Klasse wettet, wer versetzt wird oder wer sitzenbleibt. Miep de Jong und ich lachen uns kaputt über unsere beiden Nachbarn, die schon ihr ganzes Taschengeld verwettet haben. »Du wirst versetzt, bleibst sitzen, ja, nein...« Von morgens früh bis abends spät geht das so. Weder Mieps flehende Blicke um Ruhe noch meine energischen Erziehungsversuche können die beiden zur Vernunft bringen. Wenn es nach mir ginge, müßte die halbe Klasse sitzenbleiben, solche Faulpelze sind das. Lehrer sind die launenhaftesten Menschen, die es gibt, aber vielleicht sind sie nun mal im guten Sinne launenhaft.

Ich komme mit allen Lehrern und Lehrerinnen ziemlich gut aus. Im ganzen sind es neun, sieben männliche und zwei weibliche. Herr Kepler, der alte Mathematiklehrer, war eine Zeitlang sehr böse auf mich, weil ich so viel schwatzte. Er mahnte mich immer wieder, bis er mir eine Strafarbeit aufbrummte. Ich sollte einen Aufsatz machen über das Thema »Eine Klatschbase«. Hm, eine Klatschbase! Was kann man da schon schreiben?

Aber darüber machte ich mir noch keine Sorgen. Ich steckte das Aufgabenheft in meine Tasche und probierte nun, meinen Mund zu halten. Als ich abends mit allen anderen Schularbeiten fertig war, fiel mir der Aufsatz wieder ein. Ich knabberte ein bißchen an meinem Füllfederhalter und dachte über das Thema nach. Irgend etwas schreiben und dann so weit wie möglich auseinander, kann jeder. Aber einen schlagenden Beweis für die Notwendigkeit zu finden, daß geschwatzt werden muß, das war die Kunst. Ich dachte und dachte. Plötzlich kam's, ich schrieb die aufgegebenen drei Seiten schnell hintereinander voll, und es war geglückt. Als Argument hatte ich angeführt, daß Schwatzen weiblich sei und daß ich mich wohl bemühen werde, es zu mäßigen, daß meine Mutter aber auch so viel redete wie ich. Und daß gegen ererbte Eigenschaften leider wenig zu machen ist.

Herr Kepler lachte über meine Erklärung. Als ich in der nächsten Stunde doch wieder schwatzte, folgte ein zweiter Aufsatz: »Die unverbesserliche Klatschbase«. Auch diesen habe ich abgeliefert, und zwei Stunden benahm ich mich dann auch tadellos. In der dritten Stunde wurde es ihm wieder zu bunt: Anne, als Strafarbeit wegen Schwatzens einen Aufsatz: »Kwek, kwek, kwek, Fräulein Schnatterbeck.« Die Klasse dröhnte vor Lachen. Ich lachte mit, obgleich mein Erfindungsgeist auf dem Gebiet von Schwatzaufsätzen erschöpft schien. Ich mußte etwas Neues, etwas Originelles finden. Meine Freundin Sanne, ein perfekte Dichterin, riet mir, Verse zu machen, und stellte mir ihr Talent zur Verfügung. Ich war begeistert. Kepler wollte mich aufziehen, aber ich konnte ihn nun doppelt und dreifach hochnehmen.

Das Gedicht kam zustande und war ein Erfolg. Es handelte von einer Entenmama und einem »Vater Schwan« mit drei kleinen Entchen, die wegen zu vielen Schnatterns von dem Vater totgebissen wurden. Glücklicherweise verstand Kepler den Scherz und las das Gedicht in unserer und anderen Klassen mit Erläuterungen vor. Seitdem darf ich schwatzen ohne eine Strafarbeit zu kriegen. Kepler macht nur noch seine Witzchen darüber.   Anne

Mittwoch, 24. Juni 1942

Liebe Kitty!
Es ist glühend heiß. Jeder schnauft und schwitzt, und in dieser Hitze muß ich jeden Weg laufen. Jetzt sehe ich erst ein, wie angenehm die Elektrische ist, vor allem die offenen Wagen. Aber das ist ein Genuß, der für uns Juden nicht mehr existiert. Für uns sind die »Gebrüder Beenekens« gerade gut genug. Gestern mußte ich mittags zum Zahnarzt in die Jan Luykenstraat. Das ist ein langer Weg von unserer Schule am Stadtgarten. Im Unterricht am Nachmittag schlief ich dann auch beinahe ein. Es

ist nur gut, daß die Menschen nett sind und einem von selbst etwas zu trinken anbieten. Die Schwester beim Zahnarzt hat Verständnis für uns.

Nur ein Fahrzeug ist noch erlaubt: die Fähre. An der Joseph-Israelskade liegt ein kleines Boot, und auf unsere Frage nahm der Fährmann uns sofort mit ans andere Ufer. An den Holländern liegt es bestimmt nicht, daß es uns Juden so schlecht geht.

Müßte ich nur nicht zur Schule! Während der Osterferien wurde mein Fahrrad gestohlen, und Vater hat Mutters Rad bei Bekannten sichergestellt. Aber glücklicherweise kommen die Ferien in Sicht, noch eine Woche und ich hab's überstanden.

Gestern vormittag habe ich etwas Nettes erlebt. Als ich bei der Stelle vorbeikam, wo ich sonst mein Rad unterstellte, rief mich jemand. Ich drehte mich um und sah einen sympathischen Jungen hinter mir stehen, den ich am vorhergehenden Abend bei meiner Schulfreundin Eva getroffen hatte. Er war ein bißchen schüchtern und nannte seinen Namen: Harry Goldberg. Ich war etwas erstaunt und wußte nicht recht, was er eigentlich wollte. Das zeigte sich jedoch rasch. Er wollte mich zur Schule begleiten. »Wenn Du doch denselben Weg gehst, nun gut«, antwortete ich und so gingen wir zusammen. Harry ist schon 16 und kann über allerlei Dinge nett erzählen. Heute früh wartete er wieder auf mich, und so wird es wohl vorläufig bleiben.   Anne

Dienstag, 30. Juni 1942

Liebe Kitty!

Bis heute hatte ich wirklich keine Zeit, um wieder zu schreiben. Donnerstag war ich den ganzen Nachmittag bei Bekannten. Freitag hatten wir Besuch, und so ging es bis heute. Harry und ich haben uns in dieser Woche gut kennengelernt. Er hat mir viel von sich erzählt. Er ist allein zu seinen Großeltern hierher nach Holland gekommen, seine Eltern sind in Belgien.

Harry ging bisher mit einem Mädel, Fanny. Ich kenne sie als ein Vorbild von Sanftmut und Langeweile. Seit Harry mich kennengelernt hat, hat er entdeckt, daß er an Fannys Seite beinahe einschläft. Ich bin nun für ihn so eine Art Belebungsmittel. Ein Mensch kann nie wissen, wozu er noch gut ist.

Samstag hat Jopie bei mir übernachtet. Aber Sonntagnachmittag war sie bei Lies, und ich habe mich totgelangweilt.

Abends sollte Harry zu mir kommen. Um sechs Uhr rief er an: »Hier ist Harry Goldberg. Kann ich bitte Anne sprechen?«

»Ja, hier ist Anne.«

»Guten Abend, Anne. Wie geht's Dir?«

»Danke, gut.«

»Leider kann ich heute abend nicht kommen. Aber ich möchte Dich gern noch sprechen. Kannst Du in zehn Minuten mal herunterkommen?«

»Ja, gut, bis nachher.«

Ich habe mich rasch umgezogen und mir noch ein bißchen das Haar gemacht. Dann stand ich nervös am Fenster. Endlich kam er. Wunder über Wunder bin ich nicht sofort die Treppe hinuntergesaust, sondern habe ruhig gewartet, bis er schellte. Dann ging ich hinunter, und er fiel gleich mit der Tür ins Haus.

»Hör' mal, meine Großmutter findet, Du seist noch zu jung für mich. Sie meint, ich sollte zu Lours gehen. Sicher weiß sie, daß ich nicht mehr mit Fanny zusammen sein will.«

»Nanu, habt Ihr Euch gezankt?«

»Nein, im Gegenteil, aber ich habe Fanny gesagt, daß wir doch eigentlich nicht zueinander passen und daß ich darum auch nicht mehr so oft mit ihr zusammen sein möchte. Sie soll ruhig weiter zu uns kommen und ich zu ihnen. Außerdem dachte ich, daß Fanny auch noch mit anderen Jungens geht. Aber das stimmte nicht. Nun hat mein Onkel gesagt, ich müßte mich bei ihr entschuldigen. Aber das wollte ich nicht. Und darum habe ich lieber Schluß gemacht. Meine Großmutter will aber, daß ich weiter zu Fanny gehe und nicht zu Dir, aber ich denke nicht daran. Alte Leute haben manchmal altmodische Ideen. Danach brauche ich mich aber nicht zu richten. Ich bin wohl auf meine Großmutter angewiesen, aber sie doch im gewissen Sinne auch auf mich. Mittwochs bin ich doch frei, und meine Großeltern denken, ich gehe zur Bastelstunde. Statt dessen ging ich meistens in die Zionistische Vereinigung. Wir sind keine Zionisten, aber es interessierte mich, etwas davon zu wissen. Aber in der letzten Zeit gefiel es mir da nicht, und ich wollte doch nicht mehr hingehen. Dann kann ich Mittwoch, Samstag nachmittag und abend, und Sonntag nachmittag mit Dir zusammen sein, und vielleicht auch noch öfter.«

»Wenn Deine Großeltern das aber nicht wollen, mußt Du es nicht hinter ihrem Rücken tun, Harry!«

»Liebe läßt sich nicht zwingen!«

Wir gingen an der Buchhandlung vorbei um die Ecke. Und da stand Peter Wessel mit zwei anderen Jungens. Es war das erstemal, daß ich ihn wiedersah, und ich freute mich schrecklich. Harry und ich liefen immer wieder ums Carré und am Ende verabredeten wir, daß ich ihn am nächsten Abend fünf Minuten vor sieben vor seiner Haustüre erwarten sollte.   Anne

Freitag, 3. Juli 1942

Liebe Kitty!

Gestern war Harry bei uns, damit meine Eltern ihn kennenlernen. Ich hatte Torte, Süßigkeiten und Keks geholt. Dazu gab es

Tee. Harry und ich hatten keine Lust, ruhig zu Hause zu bleiben. Wir gingen spazieren und es war zehn Minuten nach acht, als er mich zu Hause ablieferte. Vater war sehr böse, daß ich so spät kam. Es ist sehr gefährlich für Juden, nach acht Uhr auf der Straße zu sein, und ich habe versprochen, von jetzt an pünktlich zehn Minuten *vor* acht zu Hause zu sein.

Morgen bin ich bei Harry eingeladen. Meine Freundin Jopie zieht mich immer mit ihm auf. Ich bin gar nicht verliebt. Ich kann doch einen Freund haben. Es findet auch niemand etwas dabei, daß ich einen Freund habe oder – wie Mutter sagt – einen Kavalier. Eva erzählte mir, daß Harry neulich bei ihr war und sie ihn gefragt hat: »Wen findest Du netter, Fanny oder Anne?« Da hat er gesagt: »Das geht Dich gar nichts an.« Sie haben dann nicht mehr davon gesprochen, aber als er wegging, sagte er: »Natürlich Anne. — Aber Du brauchst nicht darüber zu reden.« Und schon war er draußen.

Ich merke, daß Harry sehr verliebt in mich ist, und ich finde es zur Abwechslung ganz hübsch. Margot würde sagen: »Ein netter Kerl.« Das finde ich auch und sogar noch mehr. Mutter ist auch entzückt von ihm. »Ein hübscher Junge, sehr nett und gut erzogen!« Ich bin froh, daß Harry der ganzen Familie so gut gefällt, und er findet auch alle sehr nett. Nur meine Freundinnen findet er kindlich, und da hat er recht. Anne

Sonntag, 5. Juli 1942

Liebe Kitty!

Die Versetzungsfeier am Freitag ist nach Wunsch verlaufen. Mein Zeugnis ist gar nicht schlecht. Ich habe ein Ungenügend, in Algebra 5, zweimal eine 6, sonst überall 7 und zweimal 8[1]. Zu Hause war man sehr zufrieden. Aber meine Eltern sind darin anders als andere Eltern. Sie legen nicht soviel Wert auf gute oder schlechte Zeugnisse und finden es wichtiger, daß ich mich »anständig« benehme und gesund und vergnügt bin. Wenn das alles klappt, meinen sie, kommt das andere von selbst. Ich dagegen möchte gern eine wirklich gute Schülerin sein. Ich bin nur unter Vorbehalt ins Lyzeum aufgenommen, weil mir eigentlich noch die oberste Klasse der Montessorischule fehlt. Aber als alle jüdischen Schüler auf jüdische Schulen mußten, hat der Direktor mich und Lies nach vielem Hin- und Herreden unter Vorbehalt aufgenommen. Ich will ihn nun nicht enttäuschen. Meine Schwester Margot hat auch ihr Zeugnis bekommen, glänzend wie immer. Wenn es cum laude gäbe, würde sie sicher mit Auszeichnung versetzt, so 'n kluges Köpfchen!

Vater ist in der letzten Zeit viel zu Hause, seitdem er nicht mehr ins Geschäft gehen kann. Es muß ein scheußliches Gefühl

[1] 10 ist die beste Note.

sein, sich plötzlich überflüssig zu fühlen. Herr Koophuis hat die »Travis« übernommen und Herr Kraler die Firma Kolen & Co., an der Vater auch beteiligt ist. Als wir vor ein paar Tagen spazieren gingen, hat Vater mit mir über »Untertauchen« gesprochen. Er meinte, daß es uns sehr schwer werden würde, so von der Welt abgeschnitten zu leben. Ich fragte, warum er davon redete. »Du weißt«, sagte er, »daß wir seit mehr als einem Jahr Kleider, Möbel und Lebensmittel zu anderen Menschen bringen. Wir wollen unseren Besitz nicht den Deutschen überlassen, aber noch viel weniger wollen *wir* ihnen in die Hände fallen. Darum werden wir von selbst weggehen und nicht warten, bis wir geholt werden.«

Ich wurde ängstlich vor Vaters ernstem Gesicht. »Ja, wann denn, Vater?«

»Darüber mache Dir keine Sorgen, Kind. Das hörst Du noch früh genug. Genieße noch Deine Freiheit, solange es möglich ist.« Das war alles. Ach, möge der Tag noch in weiter Ferne sein!   Anne

Mittwoch, 8. Juli 1942

Liebe Kitty!

Zwischen Sonntag morgen und heute scheinen Jahre zu liegen. Es ist unendlich viel geschehen, es ist, als wäre die Erde verwandelt! Aber, Kitty, ich lebe noch, und das ist die Hauptsache, sagt Vater. Ja, ich lebe noch, aber frage mich nur nicht, wie. Darum werde ich Dir nun mal erst erzählen, was sich seit Sonntag ereignet hat.

Um 3 Uhr (Harry war eben weggegangen und wollte später wiederkommen) hatte es geschellt. Ich hatte nichts gehört, weil ich gemütlich faul auf der Veranda im Liegestuhl lag und las. Da kam Margot ganz aufgeregt an die Tür. »Anne, für Vater ist ein Aufruf von der SS gekommen«, flüsterte sie. »Mutter ist schon zu Herrn van Daan gelaufen.« Ich erschrak furchtbar. Ein Aufruf ... jeder weiß, was das bedeutet: Konzentrationslager ... einsame Zellen sah ich vor mir auftauchen, und dahin sollten wir Vater ziehen lassen! »Er geht natürlich nicht«, sagte Margot bestimmt, als wir im Wohnzimmer zusammensaßen, um auf Mutter zu warten. »Mutter ist zu van Daans gegangen, um zu besprechen, ob wir nun schon morgen untertauchen. v. Daans gehen mit, dann sind wir sieben.« Ganz still war es. Wir konnten nicht mehr sprechen. Der Gedanke an Vater, der, nichts Böses ahnend, seine Schützlinge im jüdischen Altersheim besuchte, das Warten auf Mutter, die Hitze, die Spannung ... wir waren ganz stumm geworden.

Plötzlich schellte es. »Das ist Harry«, sagte ich. »Nicht öffnen«, hielt Margot mich zurück, aber es war überflüssig. Wir hörten Mutter und Herrn van Daan mit Harry sprechen. Als er weg war, kamen sie herein und schlossen die Tür hinter sich ab. Bei jedem Klingeln mußte Margot oder ich ganz leise nach unten gehen und sehen, ob es Vater sei. Sonst durfte niemand herein.

Wir wurden beide aus dem Zimmer geschickt. Van Daan wollte mit Mutter allein sprechen. Als wir in unserem Zimmer warteten, erzählte mir Margot, daß der Aufruf nicht für Vater war, sondern für sie. Ich erschrak von neuem und begann, bitterlich zu weinen. Margot ist 16. So wollen sie Mädels wie Margot allein verschicken!? Sie geht glücklicherweise nicht von uns weg. Mutter hat es gesagt, und darauf hatten wohl auch Vaters Worte gezielt, als er mit mir vom Untertauchen gesprochen hatte.

Untertauchen! Wo sollen wir untertauchen? In der Stadt, auf dem Lande, in irgendeinem Gebäude, einer Hütte, wann, wie, wo? Das waren Fragen, die ich nicht stellen durfte, die aber doch immer wieder in meinem Hirn kreisten.

Margot und ich begannen, das Nötigste in unsere Schultaschen zu packen. Das erste, was ich nahm, war dieses gebundene Heft, dann bunt durcheinander: Lockenwickler, Taschentücher, Schulbücher, einen Kamm und alte Briefe. Ich dachte ans Untertauchen und stopfte lauter unsinniges Zeug in die Tasche. Aber es tut mir nicht leid, Erinnerungen sind mir mehr wert als Kleider.

Um 5 Uhr kam Vater endlich nach Hause. Er rief Herrn Koophuis an und bat ihn, abends zu uns zu kommen. Herr van Daan ging, um Miep zu holen. Sie kam, packte Schuhe, Kleider, Mäntel, etwas Wäsche und Strümpfe in einen Handkoffer und versprach, abends wiederzukommen. Dann wurde es still bei uns. Keiner von uns wollte essen. Es war noch sehr heiß, und alles war so sonderbar.

Das große Zimmer oben war an einen Herrn Goudsmit vermietet, einen geschiedenen Mann in den Dreißigern. Er hatte anscheinend an diesem Sonntag nichts vor, blieb bis 10 Uhr bei uns sitzen und war nicht wegzukriegen. Um 11 Uhr kamen Miep und Henk van Santen. Miep ist seit 1933 in Vaters Geschäft tätig und uns eine treue Freundin geworden, ebenfalls ihr neugebackener Ehemann Henk. Wieder verschwanden Schuhe, Strümpfe, Bücher und Wäsche in Mieps Koffer und Henks tiefen Taschen. Um 11.30 Uhr gingen sie beladen davon. Ich war todmüde; obgleich ich wußte, daß es die letzte Nacht in meinem eigenen Bett sein würde, schlief ich sofort ein und wurde am nächsten Morgen um 5.30 Uhr von Mutter geweckt. Glücklicherweise war es nicht mehr so heiß wie am Sonntag. Den ganzen Tag rieselte ein warmer Regen. Wir zogen uns alle vier so dick an, als ob wir im Frigidaire übernachten sollten. Aber wir wollten doch noch möglichst viel Kleidung mitnehmen. Kein Jude unserer Situation konnte wagen, mit einem schweren Koffer über die Straße zu gehen. Ich hatte zwei Hemden und zwei Paar Strümpfe an, drei Schlüpfer und ein Kleidchen, darüber Rock und Jacke und einen Sommermantel, meine besten Schuhe, Überschuhe, Schal, Mütze und noch allerlei. Ich erstickte beinahe zu Hause schon, aber niemand kümmerte sich darum.

Margot stopfte ihre Schultasche noch mit Schulbüchern voll, holte ihr Rad und fuhr hinter Miep her in eine für mich unbekannte Ferne. Ich kannte nämlich immer noch nicht den geheimnisvollen Ort, der uns aufnehmen sollte ... Um 7.30 Uhr schlossen auch wir die Tür hinter uns. Das einzige, wovon ich Abschied nahm, war Mohrchen, mein lieber kleiner Kater, der eine neue gute Heimat bei Nachbarn bekommen sollte. Diese Mitteilung war Herrn Goudsmit mit einem Zettel hinterlassen worden. Auf dem Küchentisch stand ein Pfund Fleisch für die Katze, auf dem Tisch stand noch das Frühstücksgeschirr, die Betten waren ausgelegt. Das machte alles den Eindruck, als wären wir Hals über Kopf verschwunden. Es war uns gleich, was die Leute sagten. Wir wollten weg, nur fort und sicher ankommen!

Morgen mehr!   Anne

Donnerstag, 9. Juli 1942

Liebe Kitty!

So liefen wir durch den strömenden Regen, Vater, Mutter und ich, jeder mit einer Akten- und einer Einkaufstasche, bis oben vollgepfropft mit einem wüsten Durcheinander. Die Arbeiter, die früh zur Arbeit gingen, sahen uns mitleidig an. In ihren Mienen konnten wir das Bedauern lesen, und daß wir ihnen leid taten, weil wir so schleppen mußten und nicht fahren durften. Der auffallende gelbe Stern sagte genug. Unterwegs erzählten mir die Eltern Punkt für Punkt, wie der Plan, unterzutauchen, entstanden war. Schon monatelang hatten wir einen Teil unserer Einrichtung und unserer Kleidung in Sicherheit gebracht. Nun waren wir gerade so weit, daß wir freiwillig am 16. Juli verschwinden wollten. Durch den Aufruf war es zehn Tage früher geworden und wir mußten uns zufriedengeben, wenn die Räume noch nicht zweckmäßig instandgesetzt waren. Das Versteck ist im Geschäftshaus von Vater. Für Außenstehende ist das schwer zu begreifen. Darum will ich es näher erklären. Vater hatte nie sehr viel Personal: Herrn Kraler, Herrn Koophuis, Miep und Elli Vossen, die 23jährige Stenotypistin. Sie wissen alle, daß wir kommen. Nur im Magazin Herr Vossen, der Vater von Elli, und die beiden Hausdiener sind nicht eingeweiht.

Das Gebäude sieht so aus: Im Parterre ist ein großes Lager, das auch als Versandraum gebraucht wird. Neben dem Eingang

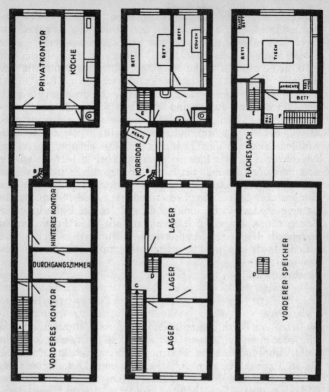

1. STOCKWERK **2. STOCKWERK** **3. STOCKWERK**

zum Lager ist die eigentliche Haustür, die durch eine Zwischentür zu einer kleinen Treppe führt. Geht man diese hinauf, dann kommt man zu einer Tür mit Mattglasscheiben, auf denen einmal mit schwarzen Buchstaben das Wort »Kontor« gemalt war. Das ist das große Kontor, sehr groß, sehr hell, sehr voll. Tagsüber arbeiten da Miep, Elli und Herr Koophuis. Durch ein Durchgangszimmer mit Garderoben, großem Vorratsschrank und feuersicherem Tresor kommt man in ein ziemlich dunkles Hinterzimmer, in dem früher Herr Kraler und Herr van Daan saßen, jetzt nur noch Herr Kraler. Man kann auch vom Gang aus direkt in dieses Zimmer gehen durch eine Glastüre, die wohl von innen, aber von außen nicht ohne weiteres zu öffnen ist. Von Kralers Kontor den Gang entlang vier Stufen hinauf: das Prunkstück des Hauses, das Privatbüro. Vornehme, dunkle Möbel, Linoleumbelag mit Teppichen darauf,

Radio, schicke, elegante Lampen, alles prima, prima. Daneben in eine große, geräumige Küche mit Warmwasserbehälter und zwei Gaskochern. Dann ist ein WC da. Das ist die erste Etage.

Von dem langen Gang führt eine Holztreppe nach oben auf einen Vorplatz, der in einen Korridor übergeht. Rechts und links sind Türen. Die linke führt zum Vorderhaus mit den Lagerräumen, dem Speicher und dem Dachspeicher. In diesem Gebäude läuft an der anderen Seite noch eine lange, übermäßig steile, echt holländische halsbrecherische Treppe zur zweiten Straßentür.

Die rechte Tür führt zum »Hinterhaus«. Kein Mensch könnte annehmen, daß hinter dieser einfachen, graugestrichenen Tür noch so viele Räume verborgen sind. Vor der Tür noch eine Stufe und man ist drin. Genau gegenüber dieser Eingangstür ist eine steile Treppe. Links führt ein kleiner Gang in einen Raum, der Wohn- und Schlafzimmer der Familie Frank werden soll, und daneben ist ein kleineres Zimmer: Arbeits- und Schlafzimmer der beiden jungen Damen Frank. Rechts von der Treppe ist ein Zimmer ohne Fenster mit Waschtisch und einem abgeschlossenen WC. Eine Tür führt in Margots und mein Schlafzimmer. Wenn man die Treppe hinaufgeht und oben die Tür öffnet, ist man erstaunt, in einem so alten Hinterhaus einen so großen, schönen, hellen Raum zu finden. In diesem Zimmer steht ein Gasherd und ein Abwaschtisch (da hier nämlich bisher das Laboratorium der Firma untergebracht war). Nun ist hier die Küche, gleichzeitig dient der große Raum als Eßzimmer, Arbeitsraum und als Schlafzimmer für das Ehepaar van Daan. Ein ganz kleines Durchgangszimmer soll Peter van Daans Reich werden. Ein Speicher und Dachspeicher ist auch noch da, wie im Vorderhaus. Siehst du, nun habe ich Dir unser ganzes Hinterhaus vorgestellt.   Anne

Freitag, 10. Juli 1942

Liebe Kitty!

Vielleicht habe ich Dich mit meiner weitschweifigen Wohnungsbeschreibung mächtig gelangweilt. Aber schließlich mußt Du doch wissen, wo ich gelandet bin! Also nun die Fortsetzung, denn ich war noch nicht fertig. Als wir in der Prinsengracht ankamen, nahm Miep uns schnell mit nach oben ins Hinterhaus. Sie schloß die Tür hinter uns und da waren wir. Margot war mit dem Rad viel schneller hingekommen und wartete schon auf uns. Unser Wohnzimmer und auch die anderen Räume sahen noch wie Rumpelkammern aus, unbeschreiblich! Alle Kartons und Koffer, die im Lauf von Monaten ins Geschäft geschickt waren, standen kunterbunt herum. Das kleine Zimmer war bis an die Decke mit Betten und Bettzeug vollgepfropft.

Wenn wir abends in ordentlich gemachten Betten schlafen wollten, mußten wir uns daranmachen und aufräumen. Mutter und
Margot waren nicht imstande, einen Finger zu rühren. Sie lagen
auf den Matratzen und es war ihnen elend zumute. Vater
und ich, die beiden »Aufräumer« in der Familie, gingen gleich
an die Arbeit. Wir packten alles aus, räumten ein, klopften,
scheuerten, bis wir am Abend todmüde in die sauberen Betten
fielen. Wir hatten den ganzen Tag nichts Warmes gehabt. Das
war auch unnötig. Mutter und Margot waren zu nervös, um zu
essen, und Vater und ich nahmen uns nicht die Zeit. Dienstag-
morgen ging es dann weiter. Elli und Miep kauften mit unseren
Lebensmittelkarten ein, Vater besserte die unvollständige Verdunkelung aus und wir schrubbten die Dielen in der Küche und
waren alle von morgens bis abends beschäftigt. Bis Mittwoch
hatte ich überhaupt keine Zeit, über die großen Umwälzungen
nachzudenken, die sich in meinem Leben vollzogen hatten.
Dann erst kam ich — zum erstenmal seit unserer Ankunft hier
im Hinterhaus — dazu, mir klarzumachen, und Dir zu erzählen,
was eigentlich geschehen war und was wohl noch geschehen
soll.   Anne

Samstag, 11. Juli 1942

Liebe Kitty!
Vater, Mutter und Margot können sich immer noch nicht an
das Läuten der Westerturm-Glocke gewöhnen, die jede Viertelstunde schlägt. Ich schon, ich finde es sogar sehr schön und
besonders nachts hat es etwas Beruhigendes für mich. Ich kann
mir denken, daß Du nun gern wissen willst, wie mir unser
Zufluchtsort gefällt. Ehrlich gesagt, ich weiß es selbst noch
nicht. Ich glaube, daß ich mich hier nie zu Hause fühlen werde.
Damit will ich aber nicht sagen, daß ich es unheimlich oder
trübselig finde. Es kommt mir manchmal so vor, als wäre ich
in einer etwas merkwürdigen Pension. Eigenartige Auffassung
von Untertauchen, findest Du nicht? Unser Hinterhaus ist wirklich ein ideales Versteck. Wenn es auch feucht und ein bißchen krumm und schief, wird man doch wahrscheinlich kaum
noch mal so etwas Komfortables in Amsterdam finden, vielleicht
in ganz Holland nicht.
Unser Zimmer war bisher ganz kahl. Glücklicherweise hat Vater meine ganze »Filmstar- und Ansichtskartensammlung mitgenommen und ich habe mit Leim und Pinsel schöne Bilder-
wände gemacht. Nun sieht es sehr lustig bei uns aus. Wenn
v. Daans erst hier sind, werden wir aus dem Holz, das oben auf
dem Boden steht, Wandschränkchen und andere nützliche Dinge
zimmern.
Margot und Mutter geht es wieder besser. Gestern wollte Mut-
tern zum erstenmal kochen. Erbsensuppe! Aber während des

Schwatzens unten hatte sie sie vollständig vergessen, die Suppe verbrannte total und die Erbsen waren so kohlschwarz, daß sie nicht vom Topf loszukriegen waren. Schade, daß ich Kepler diese Geschichte nicht erzählen kann ... Vererbungstheorie!

Gestern abend gingen wir alle ins Privatbüro, um den englischen Sender einzuschalten. Ich hatte schreckliche Angst, daß jemand in der Nachbarschaft das merken könnte, und habe Vater buchstäblich angefleht, wieder mit nach oben zu kommen. Mutter verstand mich und ging mit. Wir sind überhaupt sehr besorgt, daß man uns sehen oder hören könnte. Gleich am ersten Tag haben wir Gardinen genäht. Eigentlich sind es nur Fetzen von verschiedener Form und Farbe, die Vater und ich da zusammengestoppelt haben. Diese Prunkstücke sind mit Reißnägeln an den Fensterrahmen befestigt, um während unserer Untertauchzeit immer hängen zu bleiben.

Rechts von uns ist ein großes Geschäftshaus, links eine Möbeltischlerei. In diesen Gebäuden ist nach Feierabend kein Personal, aber womöglich könnten doch Geräusche durchdringen. Darum haben wir Margot, die schrecklich erkältet ist, auch verboten, des Nachts zu husten. Die Arme muß nun dauernd Codeïn schlucken.

Ich freue mich sehr auf v. Daans, die Dienstag kommen sollen. Dann wird es viel gemütlicher und nicht mehr so ruhig sein. Die Stille macht mich nämlich schrecklich nervös, besonders des Abends und nachts, und ich gäbe viel darum, wenn jemand von unseren Beschützern auch hier schlafen würde. Es beengt mich, daß wir gar nicht mehr heraus können, und ich habe Angst, daß wir entdeckt und erschossen werden. Das lastet wie ein schrecklicher Druck auf mir. Tagsüber müssen wir auch sehr leise sein, dürfen nicht laut auftreten und müssen beinahe im Flüsterton sprechen, denn unten im Lager darf man uns nicht hören. Eben werde ich gerufen.   Anne

Freitag, 14. August 1942

Liebe Kitty!

Ich habe Dich einen Monat im Stich gelassen. Aber es gibt auch nicht alle Tage etwas Neues. Am 13. Juli sind v. Daans gekommen. Eigentlich war es für den 14. verabredet, da aber die Deutschen in diesen Tagen immer mehr Juden aufriefen und allgemein große Unruhe herrschte, sind sie lieber einen Tag früher gegangen als zu spät. Morgens um 9.30 Uhr — wir waren noch beim Frühstück — kam Peter v. Daan, ein ziemlich langweiliger und verlegener Bursche von 16 Jahren, von dessen Gesellschaft ich mir nicht viel verspreche. Eine halbe Stunde später erschien dann das Ehepaar v. Daan, sie zu unser aller Vergnügen mit ihrem Nachttopf in der Hutschachtel. »Ohne

Nachttopf kann ich nicht leben«, erklärte sie und das gute Stück wurde gleich unterm Bett placiert. Er brachte keinen Nachttopf, aber einen zusammenklappbaren Teetisch unter dem Arm mit. Wir saßen dann am ersten Tag gemütlich beisammen und nach drei Tagen hatten wir das Gefühl, als wären wir immer eine große Familie gewesen. Selbstverständlich hatten v. Daans in der Woche, die sie noch unter den Menschen verbracht hatten, viel erlebt und erzählten uns alles. Uns interessierte besonders, was aus unserer Wohnung und mit Herrn Goudsmit geworden war.

Und v. Daan erzählte: »Montag früh um 9 Uhr rief Goudsmit an und bat mich herüberzukommen. Er zeigte mir den Zettel, den Sie zurückgelassen hatten (daß er die Katze wegbringen sollte). Er hatte große Angst vor einer Haussuchung und darum deckten wir den Tisch ab und räumten ein bißchen auf. Plötzlich entdeckte ich eine Notiz auf dem Kalender von Frau Franks Schreibtisch mit einer Adresse in Maastricht. Ich wußte natürlich, daß diese ›Nachlässigkeit‹ Absicht gewesen war, tat aber sehr erstaunt und erschreckt und bat Herrn Goudsmit dringend, dieses unglückselige Papier zu verbrennen. Die ganze Zeit blieb ich dabei, daß ich keine Ahnung gehabt hatte von Ihrer Absicht zu verschwinden. Plötzlich dämmerte es bei mir. ›Herr Goudsmit‹, sagte ich, ›nun fällt mir plötzlich ein, worauf diese Adresse sich beziehen kann. Vor ungefähr einem halben Jahr war bei uns im Büro ein hoher deutscher Offizier, der ein Jugendfreund von Herrn Frank gewesen ist. Er versprach, ihm zu helfen, wenn es hier für ihn gefährlich werden sollte. Dieser Mann war in Maastricht stationiert. Ich nehme an, er hat Wort gehalten und wird Franks nun nach Belgien und von dort zu ihren Verwandten in die Schweiz bringen. Den guten Bekannten von Franks, die nach ihnen fragen, können Sie das auch ruhig sagen, aber erwähnen Sie bitte nur nicht Maastricht.‹ Dann ging ich. Die meisten wissen es nun auch schon, und mir ist es schon verschiedentlich in dieser Version wiedererzählt worden.«

Wir fanden die Geschichte köstlich und lachten herzlich über die Einbildungskraft der Menschen. So will eine Familie uns gesehen haben, als wir alle zusammen früh morgens per Rad losfuhren. Eine andere Dame wußte bestimmt, daß wir mitten in der Nacht von einem Militärauto abgeholt worden waren.

Anne

Freitag, 21. August 1942

Liebe Kitty!

Unser Schlupfwinkel ist nun ein richtiges Versteck geworden. Herr Kraler hatte die gute Idee, die Eingangstür zu unserem Hinterhaus zu verbauen, weil so viele Haussuchungen nach Fahrrädern gehalten werden. Den Plan ausgeführt hat Herr

Vossen: Er hat ein drehbares Regal gemacht, das sich nach der einen Seite als Tür öffnet. Natürlich mußte er zu diesem Zweck »eingeweiht« werden und ist nun die Hilfsbereitschaft selbst. Wir müssen uns nun immer, wenn wir nach unten gehen, zuerst bücken und dann springen, weil die Stufe nicht mehr da ist. Nach drei Tagen hatten wir alle die Stirn voller Beulen, weil natürlich jeder ohne achtzugeben gegen die niedrige Tür lief. Inzwischen ist da ein Pölsterchen aus Holzwolle angenagelt worden. Wollen mal sehen, ob es etwas nützt!

Ich lese nicht viel. Inzwischen habe ich schon eine ganze Menge von meiner Schulweisheit vergessen. Viel Abwechselung haben wir hier nicht. Herr v. Daan und ich liegen uns oft in den Haaren. Natürlich findet er Margot viel netter als mich. Mama tut manchmal, als wäre ich ein kleines Kind, und das kann ich nicht vertragen. Peter ist auch nicht netter geworden. Er ist langweilig, faulenzt den ganzen Tag auf seinem Bett herum, tischlert mal ein bißchen und dann döst er wieder. Ein richtiger Döskopp!

Es ist warmes Wetter und wir räkeln uns auf dem großen Speicher im Liegestuhl.   Anne

Mittwoch, 2. September 1942

Liebe Kitty!

Herr und Frau v. Daan haben sich schrecklich gezankt. So etwas habe ich noch nie erlebt. Vater und Mutter würden sich nie so anschreien. Der Anlaß war so nebensächlich, daß es sich nicht lohnt, ein Wort darüber zu verlieren. Aber jeder nach seiner Fasson! Für Peter ist es schrecklich, dazwischen zu stehen. Aber ihn nimmt auch niemand ernst, weil er so faul und zimperlich ist. Gestern hat er sich mächtig aufgeregt, weil er eine ganz blaue Zunge hatte. Das hat sich aber schnell wieder gegeben. Heute hat er einen dicken Schal um den Hals, behauptet, Hexenschuß zu haben und außerdem Schmerzen an Lunge, Herz und Nieren. Sonst nach was! Der Jüngling ist ein echter Hypochonder! (So heißt es doch, nicht wahr?)

Mit Mutter und Frau v. Daan geht es auch nicht so gut, und es ist auch reichlich Grund dazu vorhanden. Nur ein Beispiel: Frau v. Daan hat im gemeinsamen Wäscheschrank nur drei Bettücher gelassen in der menschenfreundlichen Absicht, ihre zu schonen und unsere zu gebrauchen. Sie wird höchst erstaunt sein, wenn sie sieht, daß Mutter ihrem guten Beispiel gefolgt ist. Stets ist Madame wütend darüber, daß ihr Service gebraucht wird und nicht unseres. Dauernd versucht sie herauszukriegen, wo unser Porzellan ist, und sie hat keine Ahnung, wie dicht sie dabei sitzt! Es ist auf dem Speicher hinter allerlei Reklamematerial gut aufgehoben und wird dort so lange untergetaucht sein wie wir. Ich habe immer Pech. Gestern ließ ich einen Suppenteller fallen. »Oh«, schrie sie wütend, »nimm Dich doch in acht. Das ist das einzige, was ich noch habe!« Herr v. Daan ist jetzt aber immer sehr katzenfreundlich zu mir.

Mama hat mir heute morgen wieder eine große Predigt gehalten. Ich kann das nicht haben. Unsere Meinungen sind zu verschieden. Vater versteht es ganz anders, auch wenn er mal fünf Minuten böse ist.

In der vorigen Woche gab es einen Zwischenfall. Der Anlaß war ein Buch über Frauen und ... Peter. Du mußt nämlich wissen, daß Margot und Peter fast alle Bücher lesen dürfen, die Herr Koophuis aus der Bibliothek mitbringt. Doch dieses Buch wollten die Erwachsenen ihnen nicht geben.

Natürlich war Peters Neugier aufgestachelt. Was konnte in solchem verbotenen Buch stehen? Er nahm es seiner Mutter heimlich weg, während sie unten war, und verzog sich mit seiner Beute unters Dach. Das ging zwei Tage gut. Seine Mutter hatte es gemerkt, aber nichts verraten. Dann kam aber sein Vater dahinter. Er war böse, nahm Peter das Buch weg und hielt damit die Sache für erledigt. Er hatte aber nicht mit der Neugier seines Sohnes gerechnet, dem das energische Eingreifen des Vaters absolut kein Grund erschien, seine Sache aufzugeben. Er sann auf Möglichkeiten, dieses »geheimnisvolle« Buch doch wieder zu ergattern. Frau v. Daan hatte inzwischen mit Mutter darüber gesprochen, die dies Buch auch für Margot nicht so geeignet fand, doch gegen die meisten anderen Bücher nichts einzuwenden hatte.

»Zwischen Margot und Peter ist doch auch noch ein Unterschied, Frau v. Daan«, sagte Mutter, »erstens sind Mädchen meist reifer als Jungens, zweitens hat Margot schon sehr viel gelesen, auch ernste und bedeutende Bücher, und drittens ist sie auch weiter, was Verstand und Bildung betrifft. Sie hat schließlich das Lyzeum beinahe absolviert!«

Prinzipiell stimmte Frau v. Daan zu, aber sie fand es doch nicht nötig, junge Menschen Bücher lesen zu lassen, die eigentlich nur für Erwachsene bestimmt sind.

Inzwischen hatte Peter nur auf die passende Gelegenheit gewartet, sich wieder des Buches zu bemächtigen. Als dann abends die ganze Familie im Privatkontor saß, um Radio zu hören, hockte er mit seinem Schatz auf dem Speicher. Um halb neun hätte er unten sein müssen, aber bei dem spannenden Buch vergaß er natürlich die Zeit und schlich gerade die Speichertreppe herunter, als sein Vater ins Zimmer kam. Du kannst Dir denken, was folgte ... man hörte eine schallende Ohrfeige, einen Ruck, das Buch flog auf den Tisch, Peter ungefähr in die Zimmerecke. Das Ehepaar kam allein zum Essen, Peter blieb oben. Niemand kümmerte sich um ihn, er sollte ohne Essen ins Bett. Wir gingen zur Tagesordnung über und aßen. Plötzlich... ein alles durchdringender Pfiff... Wie versteinert, mit bleichen Gesichtern sahen wir uns an, die Bestecke fielen aus den Händen. Dann schallte Peters Stimme durchs Ofenrohr:

»Bildet Euch bloß nicht ein, daß ich runterkomme!«

Herr v. Daan sprang auf und schrie mit feuerrotem Kopf:

»Nun habe ich aber genug!«

Vater packte ihn am Arm, weil er Schlimmes befürchtete, und sie gingen miteinander nach oben. Nach heftigem Sträuben und viel zuviel Lärm landete Peter in seinem Zimmer, und die Tür wurde hinter ihm abgeschlossen. Die gute Mutter wollte ein Butterbrot für das Söhnchen übriglassen, aber der Papa war unerbittlich!

»Wenn er nicht sofort um Entschuldigung bittet, muß er auf dem Dachspeicher schlafen!«

Wir protestierten und fanden, daß ohne Essen zu bleiben schon Strafe genug sei, denn wenn er sich erkälten würde, könne man nicht einmal einen Doktor holen.

Peter bat nicht um Entschuldigung und blieb auf dem Dachspeicher. Herr v. Daan kümmerte sich nicht mehr um ihn, stellte aber am nächsten Morgen fest, daß Peter doch in seinem Bett geschlafen hatte. Um sieben Uhr war Peter schon wieder auf dem Speicher, kam aber dann, durch Vaters gutes Zureden veranlaßt, herunter.

Drei Tage mürrische Gesichter, hartnäckiges Schweigen, und dann lief alles wieder im alten Gleis. Anne

Montag, 21. September 1942

Liebe Kitty!

Heute will ich Dir etwas von dem täglichen Kleinkram erzählen. Frau v. Daan ist unausstehlich. Fortwährend werde ich wegen meines zuvielen Redens gescholten. Immer hat sie etwas, womit sie uns das Leben schwer macht. Jetzt will sie mal wieder nicht abspülen. Wenn sie es aber doch tut und z. B. noch ein Restchen im Kochtopf bleibt, bewahrt sie es nicht auf einem Glasteller auf, wie wir es immer machen, sondern läßt es lieber verderben. Beim nächsten Spülen hat dann Margot doppelt schmutzige Töpfe und darf dazu noch von der Dame anhören:

»Du hast aber wirklich viel zu tun, Margotchen!«

Vater und ich haben jetzt eine feine Beschäftigung. Wir machen einen Stammbaum von seiner Familie, und dabei erzählt er etwas von jedem. Dann fühle ich eine ganz starke Verbundenheit. Alle vierzehn Tage bringt Herr Koophuis auch ein paar Mädchenbücher aus der Bibliothek mit. Ich bin begeistert von der »Joop-ter-Heul«-Serie und finde alles fein, was Cissy von Marxveldt schreibt. »Sommerfreuden« habe ich schon viermal gelesen und muß bei den komischen Situationen immer noch lachen. Nun haben wir auch wieder angefangen zu lernen: Täglich bläue ich mir fünf unregelmäßige Verben ein, und arbeite überhaupt viel Französisch. Peter sitzt seufzend bei seinen englischen Aufgaben. Neue Schulbücher haben wir auch bekommen; einen Vorrat von Bleistiften, Heften, Etiketten, Radiergummis usw. habe ich von zu Hause mitgebracht.

Ich höre öfters den Oranje-Sender. Eben sprach Prinz Bernhard und erzählte, daß sie im Januar wieder ein Kindchen erwarten. Hier ist man erstaunt über meine Anhänglichkeit ans holländische Königshaus.

Vor ein paar Tagen haben wir darüber gesprochen, daß ich noch viel lernen müßte, und die Folge ist, daß ich mich nun doppelt dahinterklemme. Ich habe keine Lust, später noch mal von vorn anzufangen. Es kam auch zur Sprache, daß ich in der letzten Zeit nichts Ordentliches gelesen habe. Mutter liest gerade »Heeren, Vrouwen, Knechten«. Das soll ich nun wieder nicht lesen, dazu muß ich erst so gebildet sein wie meine kluge, begabte Schwester. Wir haben auch über Philosophie, Psychologie und Physiologie gesprochen (diese schwierigen Ausdrücke habe ich erst mal nachgeschlagen), wovon ich noch so gut wie nichts weiß. Hoffentlich bin ich im nächsten Jahr schon ein gutes Stück weiter!

Mit Schrecken habe ich plötzlich festgestellt, daß ich für den Winter nur ein Kleid mit langen Ärmeln und drei Wolljacken habe. Vater hat erlaubt, daß ich mir einen Pullover von weißer Schafwolle stricke. Die Wolle ist zwar nicht mehr schön, aber die Wärme ist die Hauptsache. Wir haben eine ganze Menge Kleidung bei anderen Leuten, aber die kann man erst nach dem Krieg zurückholen, wenn dann noch was da ist.

Gerade als ich das letztemal etwas von Frau v. Daan schrieb, kam sie ins Zimmer. Ich klappte natürlich sofort das Buch zu.
»Na, Anne, darf ich mal hineinsehen?«
»Nein, Frau v. Daan!«
»Nur die letzte Seite?«
»Nein, auch nicht!«
Ich bekam einen Todesschrecken. Auf dieser Seite eben war sie ziemlich schlecht weggekommen.   Anne

Freitag, 25. September 1942

Liebe Kitty!

Gestern war ich wieder oben bei v. Daans »zu Besuch«, um ein bißchen zu schwatzen. Mitunter ist es da sehr nett. Wir aßen dann »Motten-Keks« (die Keksdose stand im Kleiderschrank, der gut eingemottet ist!) und tranken Limonade dazu.

Wir sprachen über Peter. Ich erzählte, daß er mir manchmal zu dicht auf die Pelle rückt und mir das nicht gefällt, da ich Jun-

Das drehbare Regal
verbirgt den Zugang zum Hinterhaus

Dreht man das Regal zur Seite, so wird die Treppe
zum Hinterhaus sichtbar

gens, die »handgreiflich« werden, nicht leiden kann. Wie Eltern
so sind, fragten sie, ob ich nicht doch mit Peter näher Freundschaft schließen wollte, da er mich sicher sehr gern hat. Ich
dachte »O je!« und sagte »O, nee!«. Peter ist scheu und verlegen wie alle Jungens, die sich noch nicht viel mit Mädchen
abgegeben haben.

Die »Tauch-Kommission« im Hinterhaus ist wirklich sehr er-
finderisch. Hör nur, was die Herren sich jetzt wieder ausge-
dacht haben! Sie wollen gern, daß Herr van Dijk, ein guter
Bekannter von uns und Hauptvertreter der »Travis« — der
übrigens auch viele Sachen von uns aufbewahrt —, eine Nachricht über uns bekommt. So haben sie an einen Drogisten in
Zeeuwsch-Vlaanderen einen Brief geschrieben mit einer An-
frage und einen Briefumschlag eingelegt, den dieser Kunde zur
Antwort benutzen solle. Die Adresse darauf — also unsere
Geschäftsadresse — hat Vater mit der Hand geschrieben. Wenn
dieser Brief zurückkommt, wird die Antwort des Drogisten
herausgeholt, ein von Vater geschriebener Brief hineingelegt
und so wird van Dijk ein Lebenszeichen von Vater sehen. Sie
haben gerade Zeeland gewählt, weil es dicht an der belgischen
Grenze liegt und der Brief leicht hinübergeschmuggelt sein
kann.   Anne

                                        Sonntag, 27. September 1942

Liebe Kitty!
Krach mit der Mutter gehabt zum so und so vielten Male in der
letzten Zeit! Wir verstehen uns oft nicht, und auch mit Margot
verstehe ich mich nicht sehr gut. In unserer Familie werden niemals solche Szenen vorkommen wie oben, aber ich finde den
Zustand gar nicht schön. Ich habe eine ganz andere Natur als
Mutter und Margot. Manchmal verstehe ich meine Freundinnen besser als meine eigene Mutter. Es ist schade!
Frau v. Daan ist mal wieder unberechenbar. Sie schließt möglichst viel von ihren Sachen ein, die für den allgemeinen Haushalt bestimmt sind. Ich möchte, daß Mutter das mit gleicher
Münze heimzahlt.
Es scheint für manche Eltern ein besonderes Vergnügen zu sein,
nicht nur ihre eigenen Kinder zu erziehen, sondern auch die
aus ihrem Bekanntenkreis. Dazu gehören die v. Daans. An
Margot ist nichts zu erziehen, sie ist die Liebe, Güte und Klugheit selbst. Aber was sie zuviel hat, habe ich zuwenig! Mehr
als einmal während des Essens regnet es Ermahnungen, und
ich kann meine kecken, manchmal frechen Antworten nicht lassen. Vater und Mutter halten immer zu mir, und ohne sie
könnte ich einfach nicht durchkommen. Wie oft mir die von
oben auch vorhalten, daß ich nicht soviel reden und mich nicht
um alles kümmern soll, und daß ich zu unbescheiden bin ...

Ich falle doch immer wieder in meine alten Fehler zurück. Wäre Vater nicht immer so geduldig, hätte ich die Hoffnung schon längst aufgegeben, mich zu bessern. Dabei sind die Wünsche der Eltern wirklich zu erfüllen.

Wenn ich von einem Gemüse wenig nehme, weil ich es nicht gern mag, jedoch mehr Kartoffeln, ärgern sich die v. Daans schrecklich über diese »Verwöhnung«.

»Nimm noch ein bißchen Gemüse«, sagt sie dann schnell.

»Nein, danke, ich möchte nur Kartoffeln«, antworte ich.

»Gemüse ist so gesund, das sagt Deine Mutter auch. Iß doch noch«, drängelt sie, bis Vater dazwischen kommt und der Sache ein Ende macht.

»Da hätten Sie mal bei uns zu Hause sein müssen«, fährt sie auf, »da kam so etwas nicht vor. Das ist doch keine Erziehung! Anne ist schrecklich verwöhnt. Das müßte meine Tochter sein!« Immer endigt ihr Wortschwall mit diesen Worten. Ein Glück, daß ich es nicht bin!

Nun zurück zum Thema Erziehung. Gestern war es erst still, nachdem Frau v. Daan endlich mit ihrem Gerede fertig war. Dann antwortete Vater:

»Ich finde, daß Anne gut erzogen ist. Sie hat doch sogar schon begriffen, daß es besser ist, Ihre langen Reden unbeantwortet zu lassen. Und was das Gemüse angeht, kann ich nur sagen: Vice versa!«

Nun war sie geschlagen, und zwar gründlich. Das vice versa bezog sich nämlich auf die kleinen Portionen, die sie selbst ißt. Sie gibt als Grund an, daß viel Gemüse vor dem Schlafengehen ihrer Verdauung schädlich sei. Soll sie mich wenigstens in Ruhe lassen! Es ist amüsant, wie schnell Frau v. Daan rot wird. Mir passiert das nicht und darüber ärgert sie sich.

Anne

Montag, 28. September 1942

Liebe Kitty!

Gestern war ich noch lange nicht fertig, aber ich mußte aufhören. Ich muß Dir wieder von einem Streit erzählen, aber zuvor will ich Dir sagen, daß ich es gräßlich und unbegreiflich finde, wenn Erwachsene sich so schnell, so oft und über die kleinste Kleinigkeit erregen und streiten. Bisher dachte ich, daß nur Kinder sich zanken und daß es später nicht mehr vorkommt. Manchmal ist schon Anlaß für einen richtigen Krach. Aber die ewigen Wortklaubereien sind bald nicht mehr auszuhalten. Eigentlich müßte man daran gewöhnt sein, daß diese Streitereien beinahe zur Tagesordnung gehören. Aber das geht nicht, wenn sich die Diskussionen (so wird das nämlich hier anstatt »Krach« genannt) um mich drehen. Dann bleibt aber auch kein gutes Haar an mir: Mein Auftreten, mein Charakter, meine

Manieren, alles wird beklatscht und bekrittelt und... verurteilt. Ich habe böse Worte und Anschreien nie gekannt, und jetzt soll ich das alles schlucken. Das kann ich nicht. Und ich denke auch nicht daran, das alles auf mir sitzen zu lassen. Ich werde ihnen schon zeigen, daß Anne Frank nicht von gestern ist. Sie werden sich noch umsehen und dann ihre große Fr.... halten! *Sie* müßten erzogen werden, nicht ich. Ich stehe jedesmal wieder erschüttert vor so viel Unmanieren und solcher Dummheit. (Frau v. Daan.) Aber auch daran werde ich mich gewöhnen und dann wird sie mal etwas zu hören kriegen. Bin ich denn wirklich so unmanierlich, naseweis, störrisch, dumm und faul, wie sie oben immer behaupten? Ich weiß ganz gut, daß ich viele Fehler und Schwächen habe, aber die da oben übertreiben schrecklich.

Wenn Du wüßtest, Kitty, wie es in mir bei diesen ewigen Schimpfereien kocht! Eines Tages wird sich meine aufgespeicherte Wut doch entladen!

Nun habe ich Dich vielleicht schon gelangweilt, aber ich muß Dir doch noch von einer interessanten und amüsanten Tischunterhaltung erzählen. Es war die Rede von Pims (Vaters Kosename) großer Bescheidenheit. Die ist eine so feststehende Tatsache, daß selbst die blödesten Menschen sie nicht leugnen können. Plötzlich sagt doch Frau v. Daan, die alles, aber auch alles auf sich beziehen muß: »Ich bin auch sehr bescheiden, viel bescheidener als mein Mann!« Herr v. Daan wollte diese Bemerkung mildern und sagte sehr ruhig:

»Ich will gar nicht bescheiden sein, weil ich glaube, daß unbescheidene Menschen es viel weiter im Leben bringen.«

Und dann wendete er sich zu mir:

»Sei nur nicht zu bescheiden, Anne, dann kommst Du viel weiter.«

Mutter stimmte dieser Ansicht bei, aber Frau v. Daan mußte doch auch wieder ihren Senf dazugeben und sagte dieses Mal nicht zu mir, sondern zu meinen Eltern:

»Sie haben eine Art, mit Anne umzugehen, wie ich es in meiner Jugend nie erlebt habe. Aber heutzutage ist das auch nirgends so, außer bei Ihnen, in Ihrer modernen Familie.«

Damit meinte sie Mutters oft geäußerte und diskutierte Auffassung über Erziehung. Sie war feuerrot vor Aufregung, und wenn man so in Hitze gerät, hat man das Spiel ohnehin leicht verloren.

Mutter, die sehr ruhig geblieben war, wollte der »Diskussion« nun ein Ende machen und sagte: »Frau v. Daan, ich finde es auch viel besser, nicht so bescheiden zu sein. Mein Mann, Margot und Peter sind wirklich außerordentlich bescheiden, Ihr Mann und Sie, Anne und ich, wir sind nicht unbescheiden, aber wir lassen uns eben die Butter nicht vom Brot nehmen.«

»Ich bin doch bescheiden, Frau Frank! Wie können Sie nur sagen, daß *ich* unbescheiden bin?«

Mutter: »Sie sind nicht gerade unbescheiden, aber niemand könnte Sie besonders bescheiden nennen.«

Frau v. Daan: »Nun möchte ich doch gerne wissen, wann ich unbescheiden bin. Wenn ich hier nicht für mich sorgen würde, könnte ich wahrscheinlich verhungern. Ich bin sogar ebenso bescheiden wie Ihr Mann!«

Bei dieser blöden Selbstbeweihräucherung mußte Mutter herzlich lachen, und das irritierte die »Arme« so, daß sie immer weiter redete und kein Ende fand, sich schließlich selbst in ihrer schönen Erzählung verhedderte und beleidigt aufstand, um uns zu verlassen. Zufällig fiel ihr Blick dabei auf mich. Unglücklicherweise hatte ich, als sie den Rücken kehrte, mitleidig und ironisch den Kopf geschüttelt, eigentlich nicht bewußt, mehr unwillkürlich. Sie kehrte um und fing an zu keifen, häßlich und gemein wie ein dickes, altes Fischweib. Es war ein Vergnügen, sie anzusehen. Hätte ich zeichnen können, dann hätte ich sie in dieser Haltung verewigt, das kleine lächerliche Modell! Eins kann ich Dir sagen: Wenn Du einen Menschen richtig kennen willst, muß Du Dich auch mal mit ihm gezankt haben. Dann kannst Du erst urteilen.   Anne

Dienstag, 29. September 1942

Liebe Kitty!

Bei uns ist immer was zu erzählen! Weil wir keine Badewanne haben, waschen wir uns in einem Waschzuber, und da es im Kontor (damit bezeichne ich die ganze untere Etage) warmes Wasser gibt, gehen wir alle sieben immer abwechselnd nach unten. Da wir alle nun auch ganz verschieden sind, und der eine sich mehr geniert als der andere, hat jeder, je nach Veranlagung, sich einen anderen Platz für seine Säuberungsaktion ausgesucht. Peter badet in der Küche, obgleich die eine Glastür hat. Ehe er badet, teilt er jedem seine Absicht mit und bittet, in der nächsten halben Stunde nicht vorbeizukommen. Sein Vater badet ganz oben. Ihm ist es der Mühe wert, das warme Wasser heraufzuschleppen, um die Bequemlichkeit des eigenen Zimmers zu genießen. Frau v. Daan hat bis jetzt noch nicht gebadet. Sie muß erst sehen, welcher Platz sich als der günstigste herausstellt. Vater badet im Privatbüro, Mutter in der Küche hinter dem Ofenschirm. Margot und ich haben uns das große Kontor als Planschbecken ausgesucht. Jeden Samstagnachmittag werden da die Gardinen zugezogen, und die Prozedur geht im Halbdunkeln vor sich. Wer von uns beiden nicht dran ist, beobachtet die Vorgänge draußen durch einen Spalt zwischen den Vorhängen, und wir amüsieren uns oft über das komische Gebaren der Leute. Seit der vorigen Woche gefällt mir aber dieses Badezimmer nicht mehr und ich bin auf der Suche nach einem komfortableren Appartement. Peter hatte eine gute Idee: Er schlug mir vor, mit meinen Badeutensilien in das große WC zu ziehen, das eigentlich zum Büro gehört. Da bin ich allein, kann Licht einschalten, die Tür zuschließen und das Wasser ohne Hilfe weggießen. Nun habe ich heute mein neues »Bad« eingeweiht und bin sehr zufrieden.

Gestern war der Installateur im Haus, um die Rohre im unteren Gang, die zu unserer Wasserleitung und zum WC führen, zu verlegen. Das mußte gemacht werden, um einem Einfrieren der Anlage in einem eventuell sehr kalten Winter vorzubeugen. Dieser Besuch war für uns alles andere als angenehm. Nicht allein, daß kein Wasser laufen durfte, wir konnten natürlich auch das WC nicht benutzen. Ist es nun unfein, wenn ich Dir erzähle, was wir gemacht haben, um dem Übel abzuhelfen? Ich bin nicht so prüde, über solche Dinge nicht zu sprechen. Vater und ich hatten früher schon vorgesorgt und für alle Fälle Weckgläser aufgehoben. Diese haben wir nun benutzt und wohl oder übel tagsüber in der Zimmerecke stehen lassen. Das fand ich nicht so eklig, wie den ganzen Tag still zu sitzen und nicht sprechen zu dürfen. Das ist der Jungfer Schnatterbeck sehr schwergefallen. Wir dürfen schon sonst nur im Flüsterton sprechen. Aber gar nicht reden und den ganzen Tag stillsitzen, sich kaum bewegen dürfen, ist noch zehnmal schlimmer. Mein Hintern war ganz platt gedrückt, ganz steif und tat noch drei Tage weh!

Abends haben wir dann Freiübungen gemacht. Das half!

Anne

Donnerstag, 1. Oktober 1942

Liebe Kitty!
Gestern bin ich entsetzlich erschrocken. Um acht Uhr schellte es, und ich bildete mir Schreckliches ein — was, kannst Du Dir wohl selber denken. Als aber alle behaupteten, daß es sicher Straßenjungens gewesen seien, beruhigte ich mich langsam wieder.

Die Tage verlaufen hier nun still! In der Küche arbeitet ein Apotheker, Herr Lewin, um chemische Versuche für die Firma zu machen. Er kennt das ganze Haus, und wir haben manchmal Angst, daß er auf die Idee kommen könnte, in das frühere Laboratorium gehen zu wollen. Wir verhalten uns sehr ruhig. Wer hätte es vor drei Monaten für möglich gehalten, daß die quecksilbrige Anne so viel stillsitzen und so lange den Mund halten müßte?

Am 29. hatte Frau v. Daan Geburtstag. Es war keine große Feier. Sie bekam Blumen, kleine Geschenke, und es gab Extra-Essen. Rote Nelken von ihrem Mann gehören zu den Traditionen des Hauses. Um bei dem Thema Frau v. Daan zu bleiben: Ich muß Dir etwas sagen. Ihre dauernden Flirtversuche mit Vater sind für mich eine Quelle ewigen Ärgers. Sie versucht ihm über die Backe oder übers Haar zu streichen, zeigt mit Vorliebe ihre »schönen« Beine, versucht witzig zu sein und probiert, Pims Aufmerksamkeit auf sich zu lenken, wo es nur geht. Pim findet sie weder hübsch noch nett, und ihre Lockungen lassen ihn sichtlich kalt. Ich bin bestimmt nicht eifersüchtig, aber das kann ich nicht vertragen. Ich habe ihr auch ins Gesicht gesagt, daß Mutter das ja auch nicht bei Herrn v. Daan tut.

Peter kann manchmal sehr ulkig sein. Wir haben eine gemeinsame Liebhaberei, die uns viel Spaß macht: Wir verkleiden uns nämlich gern. Neulich kam er in einem viel zu engen Kleid von seiner Mutter, auf seinem Kopf thronte ein Damenhütchen. Ich erschien in seinem Anzug und seiner Mütze. Die Erwachsenen lachten sich halbtot, wir amüsierten uns nicht minder köstlich.

Elli hat im Warenhaus Röcke für Margot und mich gekauft, schlechte Qualität und sehr teuer. Und dann ist noch etwas sehr Nettes in Aussicht: Sie hat für uns drei, Margot, Peter und mich, schriftlichen Steno-Unterricht bestellt. Im nächsten Jahr sind wir perfekte Stenographen. Es ist fein, solche »Geheim«-schrift zu können.   Anne

Samstag, 3. Oktober 1942

Liebe Kitty!

Gestern war wieder ein schrecklicher Zusammenstoß. Mutter hat Pappi alle meine Sünden erzählt, aber sehr übertrieben. Sie hat geweint, ich natürlich auch, und ich hatte schon so schreckliche Kopfschmerzen. Ich habe Pappi nun auch gesagt, daß ich *ihn* viel lieber habe. Pim sagte, daß das auch wieder anders würde, aber ich glaube es nicht. Ich muß mir Gewalt antun, um Mutter gegenüber ruhig zu bleiben. Vater will, daß ich allerlei Handreichungen für sie tue, wenn sie sich nicht ganz wohl fühlt, aber ich tue es doch nicht.

Ich lerne fleißig Französisch und lese jetzt »La belle Nivernaise«.   Anne

Freitag, 9. Oktober 1942

Liebe Kitty!

Heute habe ich nur traurige und deprimierende Nachrichten. Unsere jüdischen Freunde und Bekannten werden in Mengen weggeholt. Die Gestapo geht nicht zart mit ihnen um. Sie werden in Viehwagen geladen und nach dem Judenlager Westerbork gebracht. Westerbork muß grauenhaft sein. Für die Hunderte von Menschen sind viel zuwenig Waschgelegenheiten und

WC's vorhanden. Es wird erzählt, daß in den Baracken alles durcheinander schläft: Männer, Frauen, Kinder. Flüchten ist unmöglich. Die meisten Leute aus den Lagern sind gebrandmarkt durch ihre kahlgeschorenen Köpfe und viele auch durch ihr jüdisches Äußere.

Wenn es hier in Holland so schlimm ist, wie furchtbar wird es dort in der Ferne sein, wohin sie verschickt werden? Das englische Radio berichtet von Gaskammern, aber vielleicht ist das noch die schnellste Vernichtungsmethode. Miep erzählte von grausamen Erlebnissen und ist selbst schrecklich aufgeregt. Vor kurzem saß eine alte lahme Frau nachts bei Miep vor der Tür. Sie mußte auf das Gestapoauto warten, das die Menschen nach und nach sammelt. Die alte Frau zitterte vor Angst. Die Abwehrgeschütze dröhnten, die Strahlen der Scheinwerfer flitzten durch das Dunkel, das Donnern der englischen Flugmaschinen dröhnte von den Häusern zurück. Aber Miep wagte nicht, die alte Frau hereinzuholen. Die Deutschen bestrafen so etwas sehr hart.

Auch Elli ist still und traurig. Ihr Freund ist zum Arbeitsdienst nach Deutschland verschickt. Sie fürchtet, er könnte bei einem Bombardement getroffen werden. Die englischen Flieger werfen Millionen Kilo herunter. Solche dummen Witze wie: »Na, die Million kriegt er nicht« oder: »Eine Bombe ist auch genug«, finde ich schrecklich taktlos und roh. Dirk ist nicht der einzige, gewiß nicht. Täglich fahren Züge voll mit jungen Leuten, die zwangsweise fort müssen. Dem einen oder anderen gelingt es noch, unterwegs fortzulaufen oder unterzutauchen, aber das sind so wenige.

Mein trauriges Lied ist noch nicht zu Ende. Hast du schon mal etwas von Geiseln gehört? Da haben sie wieder etwas Raffiniertes erfunden. Es ist beinahe noch schrecklicher als alles andere. Unschuldige Bürger werden wahllos verhaftet und nicht mehr freigelassen. Wird dann irgendwo »Sabotage« konstatiert, und die Täter werden nicht gefunden, dann hat man einen Grund, eine Anzahl dieser Geiseln zu erschießen. Das wird dann in der Zeitung warnend veröffentlicht. Welch ein Volk, diese Deutschen! Und dazu gehörte ich auch einmal. Nun hat Hitler uns schon lange staatenlos erklärt. Und eine größere Feindschaft als zwischen *diesen* Deutschen und den Juden gibt es nicht auf der Welt!   Anne

                                        Freitag, 16. Oktober 1942
Liebe Kitty!
Ich habe schrecklich viel zu tun. Eben habe ich ein Kapitel von »La belle Nivernaise« übersetzt und die Vokabeln herausgezogen, dann eine besonders schwere Rechenaufgabe gelöst und

drei Seiten Französisch gelernt. Ich rechne nicht gern und schiebe es oft glattweg beiseite. Aber Vater findet es auch schwer, und manchmal gelingt es mir besser als ihm, doch im Grund können wir es beide nicht, und dann holen wir Margot zu Hilfe. In der Stenographie bin ich aber am weitesten von uns dreien. Gestern habe ich »Die Stürmer« zu Ende gelesen, ein sehr gutes Buch, aber nicht mit Joop ter Heul zu vergleichen. Immer wieder muß ich Dir sagen, daß Cissy v. Marxveldt glänzend schreibt. Meine Kinder müssen die Bücher später auch lesen. Vater hat mir auch einige Theaterstücke von Körner gegeben. »Der Vetter aus Bremen«, »Die Gouvernante«, »Der Grüne Domino«. Ein guter Schriftsteller.

Mutter, Margot und ich sind wieder ganz einig, und das finde ich doch so am besten. Gestern abend hat Margot mit mir in meinem Bett gelegen. Es war schrecklich eng, aber gerade darum besonders ulkig. Sie fragte mich, ob sie mein Tagebuch lesen dürfte. Da sagte ich: »Einiges wohl« und fragte dann nach ihrem. Das gibt sie mir auch. Dann sprachen wir von der Zukunft, und ich fragte sie, was sie werden wolle. Aber daraus macht sie ein großes Geheimnis. Ich habe etwas gehört von Lehrerin und vermute auch, daß es stimmt. Ich sollte eigentlich nicht so neugierig sein.

Heute morgen lag ich auf Peters Bett, nachdem ich ihn erst weggejagt hatte. Er war wütend, aber das stört mich nicht. Eigentlich könnte er etwas netter zu mir sein, denn noch gestern abend habe ich ihm einen Apfel geschenkt.

Als ich Margot fragte, ob sie mich häßlich findet, sagte sie, ich sähe ulkig aus, hätte aber schöne Augen. Eine etwas unbestimmte Antwort, findest Du nicht auch?

Bis zum nächsten Mal!   Anne

Dienstag, 20. Oktober 1942

Liebe Kitty!

Meine Hände zittern noch von dem Schreck, den wir wieder gehabt haben, obgleich es nun schon zwei Stunden her ist. Wir haben fünf Minimax-Feuerlöscher im Haus. Niemand hatte uns gesagt, daß jemand käme, um sie frisch zu füllen. Natürlich nahmen wir uns auch nicht besonders in acht, bis ich auf dem Vorplatz hämmern hörte. Ich dachte an den Zimmermann und machte Elli, die oben bei uns zum Essen war, darauf aufmerksam, daß sie nun nicht herunter könnte. Vater und ich faßten Posten hinter der Türe, um zu lauschen, wann der Mann fertig sein würde. Nachdem er eine Viertelstunde gearbeitet hatte, legte er sein Werkzeug draußen auf den Schrank (so meinten wir) und klopfte an unsere Tür. Wir wurden beide weiß. Sollte er doch etwas bemerkt haben und das Geheimnis untersuchen wollen? Es schien so, denn das Klopfen, Ziehen,

Stoßen und Reißen hörte nicht auf. Ich wurde beinahe ohnmächtig bei dem Gedanken, daß nun dieser wildfremde Mann unseren schönen Schlupfwinkel entdeckt haben sollte, und ich glaubte, die längste Zeit gelebt zu haben, als ich Herrn Koophuis rufen hörte: »Macht doch auf, ich bin es!«

Wir öffneten sofort. Der Haken, mit dem die Türe von innen festgemacht ist, und der durch Eingeweihte auch von außen aufgeschoben werden kann, hatte sich eingeklemmt, und darum konnten wir nicht rechtzeitig vom Kommen des Handwerkers benachrichtigt werden. Nun war der Mann wieder heruntergegangen. Als Koophuis nun Elli holen wollte, bekam er die Drehtür wieder nicht auf und machte darum den Lärm. Eine Zentnerlast fiel mir vom Herzen. Ich hatte in meiner Phantasie den Mann, der zu uns hinein wollte, immer größer werden und zu einem unüberwindlichen Riesen wachsen sehen. Na, wir können von Glück sagen, daß alles gut abgelaufen ist!

Montag war es riesig vergnügt! Miep und Henk haben hier übernachtet. Margot und ich waren für diese Nacht bei Vater und Mutter »einquartiert«, so daß das Ehepaar unsere Betten benutzte. Das Essen war gut gelungen. Ein kleiner Zwischenfall mußte aber auch sein. Vaters Tischlampe hatte plötzlich Kurzschluß, und auf einmal saßen wir alle im Dunkeln. Der elektrische Zähler, in den die Sicherungen eingeschraubt werden müssen, ist ganz hinten im Lager, und es ist kein Vergnügen, sich da ohne Licht durchzufinden. Aber es glückte, und nach zehn Minuten war der Schaden kuriert. Wir konnten unsere Kerzen-Illumination wieder einstellen. Morgens waren wir schon früh auf. Henk mußte um halb neun weggehen, und wir wollten noch gemütlich frühstücken. Es goß in Strömen, und Miep freute sich, daß sie bei dem Wetter den Weg sparte. Nachdem Pappi und ich Ordnung gemacht hatten, ging ich an meine Arbeit und paukte französische Verben. Dann las ich »Und ewig singen die Wälder«, ein besonders schönes Buch, das ich bald ausgelesen habe.

Nächste Woche will Elli einmal bei uns übernachten!!

Anne

Donnerstag, 29. Oktober 1942

Liebe Kitty!

Ich bin sehr unruhig. Vater ist krank. Er hat hohes Fieber und roten Ausschlag, wie bei Masern. Stell dir vor, wir konnten nicht einmal einen Doktor kommen lassen. Mutter sorgt dafür, daß er ordentlich schwitzt. Vielleicht fällt das Fieber dadurch.

Heute morgen erzählte Miep, daß die Wohnung von v. Daans nun von den Deutschen ausgeräumt worden ist. Wir haben es Frau v. Daan noch nicht gesagt. Sie ist in letzter Zeit schreck-

lich nervös, und wir legen keinen Wert darauf, wieder stundenlang von dem schönen Service und den kostbaren Möbeln zu
hören, die im Hause geblieben sind. Wir haben doch auch alles,
was schön war, im Stich lassen müssen. Da hilft kein Klagen.
Nun darf ich auch ab und zu Bücher für Erwachsene lesen, und
ich bin jetzt bei »Evas Jugend« von Nico van Suchtelen. Einen
großen Unterschied gegen die Mädchenbücher kann ich eigentlich nicht finden. Allerdings kommt da auch vor, daß Frauen
ihren Körper an fremde Männer verkaufen und eine Menge
Geld dafür bekommen. Ich würde mich vor solchem Mann tot-
schämen. Es ist auch die Rede davon, daß Eva unwohl geworden ist. Das möchte ich auch so gerne, weil ich weiß, wie wichtig
das ist.
Vater hat die Dramen von Goethe und Schiller aus dem Schrank
geholt und will nun jeden Abend vorlesen. Wir haben mit »Don
Carlos« begonnen. Vaters gutes Vorbild hat Mutter angeregt,
mir das Gebetbuch zu geben. Ich habe auch anstandshalber
darin gelesen. Ich finde es auch schön, aber es gibt mir nichts.
Warum will sie mich zur Frömmigkeit zwingen?
Morgen wird der Ofen zum erstenmal angemacht. Wir werden
wohl schön im Rauch sitzen. Der Kamin ist schon lange nicht
gefegt.   Anne

Samstag, 7. November 1942

Liebe Kitty!

Mutter ist sehr nervös, und das ist für mich stets eine gefähr-
liche Klippe. Ist es Zufall, daß niemals Margot von den Eltern
ausgescholten wird und immer nur ich alles abkriege? Gestern
abend z. B. las Margot in einem Buch mit sehr schönen Illu-
strationen. Sie ging nach oben und legte das Buch beiseite, um
später weiter zu lesen. Da ich gerade nichts Besonderes vor-
hatte, nahm ich das Buch, um die Zeichnungen anzusehen. Sie
kam zurück, sah »ihr« Buch in meiner Hand, zog die Stirn in
Falten und wollte das Buch zurückhaben. Ich hätte es gern noch
weiter besehen, Margot wurde aber böse. Mutter sagte: »Das
Buch liest Margot, gib es ihr zurück!« Vater kam ins Zimmer,
wußte nichts von den Vorgängen, glaubte aber, daß Margot
Unrecht geschähe, und sagte zu mir: »Ich möchte Dich mal sehen, wenn Margot in Deinem Buch blättert.«
Ich gab sofort nach, legte das Buch hin und ging aus dem
Zimmer, beleidigt, wie sie sagten. Aber ich war weder beleidigt
noch böse, nur sehr betrübt.
Es war unrecht von Vater, daß er urteilte, ohne zu wissen, wor-
um es ging. Ich hätte das Buch schon von selbst an Margot
zurückgegeben und sicher viel schneller, wenn die Eltern sich
nicht eingemischt und sofort auf Margots Seite gestellt hätten.
Daß Mutter sich für Margot einsetzt, ist selbstverständlich.

Sie gehen füreinander auf. Daran bin ich so gewöhnt, daß ich schon gleichgültig gegen Mutters Schelten und Margots Reizbarkeit geworden bin. Ich habe sie lieb, weil sie nun einmal Mutter und Margot sind. Mit Vater ist das etwas ganz anderes. Wenn er Margot vorzieht, sie lobt, alles gut findet und zärtlich mit ihr ist, dann nagt etwas in mir. Denn Vater ist mein alles! Er ist mein leuchtendes Vorbild, und ich liebe ihn wie niemand auf der Welt. Er ist sich dessen nicht bewußt, daß er zu Margot anders ist als zu mir. Margot ist nun einmal die Klügste, die Schönste und die Beste. Aber ich habe doch auch das Recht, ernst genommen zu werden. Immer gelte ich als Clown und Taugenichts in der Familie und muß dann doppelt büßen — einmal, weil ich so viele Rüffel bekomme, und dann noch, weil ich mit mir selbst nicht recht fertig werde. Die oberflächlichen Zärtlichkeiten befriedigen mich nicht mehr, nicht einmal die Gespräche, die sozusagen ernst gemeint sind. Ich erwarte von Vater etwas, was er mir gar nicht geben kann. Ich bin nicht eifersüchtig auf Margot und begehre weder ihre Klugheit noch ihre Schönheit. Was ich mir wünsche, ist Vaters echte, wahre Liebe, nicht nur als Kind, sondern als der Mensch *Anne*.

Ich klammere mich an Vater, weil er der einzige ist, der mein Familiengefühl noch hochhält. Er begreift nicht, daß ich mich manchmal über Mutter aussprechen muß. Vater will über Mutters Fehler nicht reden und weicht jedem Gespräch in dieser Richtung aus. Und doch liegt mir Mutters Art schwer auf der Seele. Oft kann ich mich nicht beherrschen, ihr ihre Nachlässigkeit, ihre Ironie und Härte vorzuhalten. Denn die Schuld liegt bestimmt nicht immer bei mir.

Ich bin in allem genau das Gegenteil von Mutter, und so müssen wir aufeinanderprallen. Ich urteile nicht über ihren Charakter, denn darüber kann ich nicht urteilen. Ich betrachte sie nur als Mutter. Aber für mich ist sie nicht *die* Mutter. Ich selbst muß meine Mutter sein. Ich habe mich von ihnen abgesondert, ziehe meine eigene Straße. Wer weiß, wo ich noch landen werde? Vor meinem geistigen Auge sehe ich ein Mutter- und Frauenideal, aber davon finde ich nichts bei *ihr*, der ich den Namen Mutter geben muß.

Ich nehme mir immer wieder vor, Mutters schlechte Seiten zu übersehen und nur das Gute gelten zu lassen und das, was ich an ihr vermisse, in mir zu entwickeln. Aber das geht nicht immer, und am schlimmsten ist, daß weder Vater noch Mutter sehen wollen, daß ich bei alledem zu kurz komme, und das nehme ich ihnen übel. Können Eltern es ihren Kindern wohl jemals voll und ganz recht machen?

Manchmal denke ich, daß *Gott* mich prüfen will. Ich muß mich selbst vervollkommnen, ohne Vorbild und ohne Hilfe, dann werde ich später stark und widerstandsfähig sein.

Wer außer mir wird später diese Briefe lesen? Wer kann mir helfen? Ich brauche Hilfe und Trost. Oft bin ich schwach und bringe nicht fertig, das zu sein, was ich so gerne sein möchte. Ich weiß es und probiere immer wieder, jeden Tag von neuem, mich zu bessern.

Ich werde ungleichmäßig behandelt. Den einen Tag gehöre ich zu den Großen und darf alles wissen, und am nächsten Tag heißt es dann wieder, daß Anne noch ein kleines dummes Schäfchen ist, die denkt, aus Büchern viel gelernt zu haben, aber natürlich noch nichts Rechtes weiß. Ich bin kein Baby mehr und keine Hätschelpuppe, mit der man sich amüsiert. Ich habe meine Ideale, meine eigenen Ideen und Pläne, die ich aber noch nicht in Worte fassen kann. Ach, da erheben sich so viele Zweifel, wenn ich abends allein bin, oder auch tagsüber, zusammengepfercht mit all den Menschen, die ich schon nicht mehr sehen kann und die mir zum Halse heraushängen, weil sie mich und meine Probleme doch nicht verstehen. So komme ich doch schließlich immer wieder auf mein Tagebuch zurück. Das ist mein Anfang und mein Ende. Kitty ist immer geduldig, und ich verspreche ihr, daß ich trotz allem durchhalten werde, meinen Kummer überwinden und mir einen Weg bahnen will. Aber wie gern würde ich auch mal den Erfolg sehen und von jemandem angespornt und ermutigt werden, der mich liebhat! Verurteile mich nicht! Bitte verstehe, daß es mir auch einmal zuviel werden kann! Anne

Montag, 9. November 1942

Liebe Kitty!

Gestern hatte Peter Geburtstag. Er hat hübsche Geschenke, u. a. ein schönes Spiel, einen Rasierapparat und einen Zigarettenanzünder bekommen, weniger weil er raucht, sondern weil es schick ist.

Die größe Überraschung brachte Herr v. Daan mit der Nachricht, daß die Engländer in Tunis, Casablanca, Algier und Oran gelandet wären.

»Das ist der Anfang vom Ende«, sagten alle.

Aber Churchill, der englische Premier, der diese Meinung in England wohl auch viel gehört hat, sagte in einer Rede:

»Diese Landung ist eine sehr wichtige Etappe, aber niemand soll glauben, daß sie den Anfang vom Ende darstellt. Ich möchte eher sagen, daß sie das Ende vom Anfang ist.«

Das ist ein Unterschied, wie? Aber es ist doch Grund zum Optimismus. Stalingrad, die große russische Stadt, die sie nun schon seit drei Monaten belagern, haben die Deutschen noch nicht erobern können.

Um aufs Tägliche zurückzukommen: Wenn ich vom Hinterhaus spreche, muß ich auch einmal von unserer Lebensmittelversorgung berichten. Du mußt wissen, daß »die oben« richtige Lekkermäuler sind. Unser Brot liefert ein sehr netter Bäcker, ein Bekannter von Koophuis. Wir kriegen natürlich nicht soviel, wie wir zu Hause hatten, aber doch genug. Lebensmittelkarten werden schwarz gekauft. Der Preis dafür steigt fortgesetzt. Erst bezahlten wir dafür 27 Gulden, nun schon 33. Für so'n kleines Stück Papier!

Um auch etwas Haltbares neben den Büchsen im Haus zu haben, wurden 270 Pfund Hülsenfrüchte gekauft, die nun in Säkken auf dem Gang innen bei der Drehtür hängen. Durch das Gewicht sind aber ein paar Nähte aufgegangen, und darum wurde beschlossen, diesen Wintervorrat lieber auf dem Speicher aufzuheben. Peter wurde beauftragt, die Säcke heraufzuschaffen. Fünf von den sechs Säcken waren bereits gut placiert und Peter eben damit beschäftigt, Nr. 6 zu bergen, als die Unternaht riß und sich ein Regen, nein, ein Hagel von braunen Bohnen über die Treppe ergoß. Unten dachten sie, das alte Haus stürze ihnen über dem Kopf zusammen (glücklicherweise war kein Fremder im Büro). Peter kriegte einen mächtigen Schreck, aber er mußte doch schallend lachen, als er mich am Fuß der Treppe stehen sah, überrieselt von braunen Bohnen, die sich schließlich bis über meine Knöchel häuften. Wir begannen schnell sie einzusammeln, aber Bohnen sind so klein und glatt, daß sie einem immer wieder durch die Finger gleiten und in allen Ritzen und Löchern verschwinden. Jedesmal, wenn jetzt jemand die Treppe heraufgeht, findet er noch Bohnen und liefert sie oben bei Frau v. Daan ab.

Beinahe hätte ich das Wichtigste vergessen: Vater ist wieder gesund!
Anne

P. S. Eben kommt die Radiomeldung, daß Algier gefallen ist. Marokko, Casablanca und Oran sind auch seit einigen Tagen in englischen Händen. Nun muß bald Tunis fallen.

Dienstag, 10. November 1942

Liebe Kitty!

Eine epochemachende Neuigkeit! Wir wollen einen achten »Untertaucher« aufnehmen. Wir hatten schon oft gedacht, daß hier Platz und Essen für noch jemand ist. Wir wollten nur Kraler und Koophuis nicht noch mehr aufbürden. Als aber die Berichte von den grausamen Judenverfolgungen draußen immer schlimmer wurden, hat Vater bei den beiden Herren auf den Busch geklopft, und sie fanden die Idee ausgezeichnet. »Die Gefahr ist dieselbe, für sieben oder für acht«, sagten sie sehr richtig. So weit gekommen, überlegten wir dann, welcher alleinstehende Mensch aus unserem Bekanntenkreis gut in unsere »Taucher-Familie« passen würde. Es war nicht schwer, einen zu finden. Nachdem Vater alle Vorschläge von v. Daans abgewiesen hatte, jemanden aus ihrer Familie aufzunehmen, fiel die Wahl auf einen bekannten Zahnarzt namens Albert Dussel, dessen Frau sich schon im Ausland befindet. Er steht im Ruf, ein angenehmer Mensch zu sein, und er ist uns und v. Daans sympathisch. Da Miep ihn gut kennt, kann sie alles regeln. Wenn er kommt, muß er in meinem Zimmer schlafen an Stelle von Margot, die dann mit dem Harmonikabett ins Zimmer der Eltern zieht.

Anne

Donnerstag, 12. November 1942

Liebe Kitty!

Dussel war sehr glücklich, als Miep ihm sagte, daß sie ein Versteck für ihn wüßte. Sie riet ihm, möglichst schnell zu kommen, am liebsten übermorgen. Er hatte Bedenken, weil er seine Kartothek noch ordnen, zwei Patienten behandeln und Rechnungen fertig machen wollte. Diese Nachricht brachte Miep heute morgen. Wir fanden es richtiger, die Sache nicht zu verzögern. Solche Vorbereitungen erfordern Erklärungen an verschiedene Menschen, die besser gar nichts davon wissen. Miep sollte Dussel nochmal raten, bereits Samstag zu kommen. Er sagte nein und kommt nun am Montag. Es ist lächerlich, daß er nicht direkt zugegriffen hat. Wenn er auf der Straße mitgenommen wird, kann er die Kartothek auch nicht mehr ordnen und weder Kasse machen noch Patienten behandeln. Ich finde es falsch von Vater, daß er sich rumkriegen ließ! Sonst nichts Neues.

Anne

Dienstag, 17. November 1942

Liebe Kitty!

Dussel ist hier. Es ist alles gut gegangen. Miep hatte ihn vor das Hauptpostamt bestellt. Er war pünktlich. Herr Koophuis, der ihn kannte, ging hin und sagte ihm, daß der Herr — zu dem er angeblich sollte — etwas später käme, und Dussel sollte inzwischen bei Miep im Büro warten. Koophuis fuhr mit der Elektrischen zurück, Dussel ging zu Fuß und war um halb zwölf im Büro. Er mußte den Mantel ausziehen, damit man den Stern nicht sah, und bei Koophuis im Privatbüro warten (bis die Putzfrau weg war). Diesen Grund wußte er natürlich nicht. Dann ging Miep mit Dussel unter dem Vorwand, daß eine Besprechung im Büro sein würde, in die obere Etage. Vor den Augen des sprachlosen Mannes öffnete sie die Drehtür und beide schlüpften hinein.

Wir waren oben bei v. Daans versammelt, um den neuen Hausgenossen mit Kaffee und Kognak zu begrüßen. Inzwischen hatte Miep ihn in unser Wohnzimmer gebracht. Er erkannte sofort unsere Möbel, kam aber nicht auf den Gedanken, uns so nahe zu suchen. Als Miep es ihm erzählte, konnte er es nicht fassen. Sie ließ ihm auch keine Zeit dazu, sondern brachte ihn nach oben. Da fiel Dussel mal erst auf einen Stuhl, starrte uns alle der Reihe nach an und wollte seinen Augen nicht trauen. Dann begann er zu stottern: »Aber... nein... aber sind Sie denn nicht in Belgien? Ist der Offizier nicht gekommen? Das Auto? Ist die Flucht nicht geglückt...?«

Nun erzählten wir ihm, daß wir selbst das Märchen verbreitet hatten von dem Offizier und dem Auto, um die Menschen und besonders die Deutschen, wenn sie nach uns suchen würden, irrezuführen. Dussel war sprachlos über soviel Erfindungsgeist und staunte noch mehr, als er dann unseren gut ausgeklügelten, fein angelegten Schlupfwinkel näher beschnüffelte. Wir aßen zusammen, dann ruhte er ein bißchen, trank Tee mit uns und ordnete seine Habseligkeiten, die Miep schon vorher mitgebracht hatte. Er fühlte sich schnell heimisch, besonders nachdem ihm die Hausordnung der Untertaucher (Entwurf v. Daan) überreicht worden war.

Prospekt und Leitfaden vom Hinterhaus

Stiftung, eigens errichtet zum provisorischen Aufenthalt für Juden und ihresgleichen.

Während des ganzen Jahres geöffnet.

Schöne, ruhige *waldfreie* Umgebung im Herzen von Amsterdam. Zu erreichen mit Linien 13 und 17, mit Auto und Fahrrad, für diejenigen, denen die Deutschen den Gebrauch jeglicher Fahrgelegenheit verboten haben, jedoch auch zu Fuß.

Wohnungsmiete

gratis.

Fettfreie Diätküche

Fließendes Wasser

im Badezimmer (ohne Wanne) und leider auch an verschiedenen Wänden.

Geräumiges Magazin für Güter aller Art

Eigene Radiozentrale mit direktem Anschluß nach London, New York, Tel Aviv und vielen anderen Stationen. Der Apparat steht den Bewohnern ab 6 Uhr abends zur Verfügung.

Ruhezeiten:

10 Uhr abends bis 7.30 Uhr morgens, sonntags bis 10 Uhr. Unter den obwaltenden Umständen werden auch Ruhezeiten am Tage eingeschaltet, je nach Anweisung der Hausverwaltung. Diese Anweisungen sind im Interesse der allgemeinen Sicherheit strikt zu befolgen!!!!

Ferien

Fallen bis auf weiteres aus.

Sprachen

Alle Kultursprachen ... aber leise!!!
Gymnastik
täglich.
Unterricht
Stenographie wöchentlich eine Stunde (schriftlich). Englisch, Französisch, Mathematik und Geschichte zu allen Tageszeiten.
Mahlzeiten
Frühstück, täglich — mit Ausnahme von Sonn- und Festtagen — pünktlich 9 Uhr.
Mittagessen 1.15 bis 1.45 Uhr.
Abendessen, kalt oder warm, wegen des Nachrichtendienstes zu verschiedenen Zeiten.
Verpflichtungen gegen den Ravitaillierungsdienst
Jederzeit Bereitschaft zur Hilfe bei Büroarbeiten.
Baden
Die Bade-»Wanne« steht jeden Sonntag von 9 Uhr ab allen Einwohnern zur Verfügung. Gebadet wird im WC, in der Küche, dem Privatbüro oder Kontor, je nach Wahl.
Starke Getränke sind nur mit ärztlichem Attest gestattet.

Anne

Donnerstag, 19. November 1942
Liebe Kitty!
So wie wir alle erwartet haben, ist Dussel ein sehr netter Mensch. Ich finde es, ehrlich gesagt, nicht sehr angenehm, daß nun ein Fremder alles in meinem Zimmer mitbenutzt, aber für die gute Sache muß man etwas übrig haben. »Wenn man nur jemand retten kann, ist das andere alles Nebensache«, sagt Vater, und da hat er vollkommen recht.
Gleich am ersten Tag hat sich Dussel bei mir genau über alles informiert, z. B. wann die Putzfrau im Büro ist, wann man das WC benutzen kann und wo man am besten badet. Du lachst vielleicht, Kitty, aber im Versteck ist das alles sehr wichtig. Da unten oft Leute kommen, die nicht eingeweiht sind, müssen wir uns besonders ruhig verhalten, wenn jemand da ist, und wir kennen doch diese Zeiten. Das alles habe ich Dussel schön auseinandergesetzt, war aber sehr erstaunt, weil er furchtbar schwer von Begriff ist, alles zweimal fragt und es auch dann noch nicht behält. Vielleicht ist er durch die Überraschung noch immer so verwirrt, und es gibt sich wieder. Sonst ist alles in Ordnung.
Dussel hat uns viel von der Außenwelt erzählt, von der wir nun schon so lange abgeschnitten sind. Was er erzählte, war meist traurig. Unzählige Freunde und Bekannte wurden weggeholt in der grauenhaften Erwartung eines schrecklichen Loses. Abend für Abend rasen die grauen und grünen Militärautos durch die Straßen. Die »Grünen« (das ist die deutsche

SS) und die »Schwarzen« (die holländische Nazi-Polizei) suchen nach Juden. Wo sie *einen* finden, nehmen sie die ganze Familie mit. Sie schellen an jeder Tür, und ist es vergeblich, gehen sie ein Haus weiter. Manchmal sind sie auch mit namentlichen Listen unterwegs und holen dann systematisch die »Gezeichneten«. Niemand kann diesem Schicksal entrinnen, wenn er nicht rechtzeitig untertaucht. Manchmal lassen sie sich auch Lösegeld bezahlen. Sie kennen die Vermögenslage ihrer Opfer.
Es ist wie eine Sklavenjagd in früherer Zeit. Ich sehe es oft im Geiste vor mir: Reihen guter, unschuldiger Menschen mit weinenden Kindern, kommandiert von ein paar furchtbaren Kerlen, geschlagen und gepeinigt und vorwärtsgetrieben, bis sie beinahe umsinken. Niemand ist ausgenommen. Die Alten, Babys, schwangere Frauen, Kranke, Sieche ... alles, alles muß mit in diesem Todesreigen!
Wie gut haben wir es hier, wie gut und ruhig. Dieses ganze Elend brauchte uns nicht zu kümmern, wenn wir nicht immer in Angst und Sorge wären um alle, die uns teuer sind und denen wir nicht helfen können.
Ganz schlecht finde ich mich, weil ich hier in meinem warmen Bett liege, während meine besten Freundinnen irgendwo draußen, vielleicht in Wind und Wetter, furchtbar leiden, vielleicht schon zusammengebrochen sind. Mir ist so bange, wenn ich an alle denke, mit denen ich mich eng verbunden fühlte, die nun ausgeliefert sind an die grausamsten Henker, die die Geschichte kennt. Und alles, weil sie Juden sind!   Anne

Freitag, 20. November 1942
Liebe Kitty!
Wir sind eigentlich alle ein bißchen ratlos. Bisher sind nur wenige Berichte über die Juden zu uns gedrungen. Es war vielleicht auch gut, daß wir nicht alles so genau wußten. Wenn Miep ab und zu etwas erzählte über das traurige Schicksal von Bekannten, fingen Mutter und Frau v. Daan immer an zu weinen, so daß Miep lieber gar nichts mehr sagte. Aber Dussel wurde doch gleich mit Fragen bestürmt, und was er erzählt, ist grauenhaft und barbarisch. Man kann kaum davon loskommen. Ist es möglich, daß wir je wieder lachen und harmlos vergnügt sein werden, wenn diese Eindrücke etwas verblaßt sind? Aber wir nützen uns und denen da draußen nicht, wenn wir schwermütig sind und unser Hinterhaus in ein Trauerhaus verwandeln. Bei allem, was ich tue, muß ich an alle die denken, die fort sind. Wenn ich einmal unbefangen lache, erschrecke ich selbst und meine, daß es unrecht ist, fröhlich zu sein. Müßte man nun den ganzen Tag trauern? Ich kann es nicht, und diese Niedergeschlagenheit wird wohl auch wieder vorübergehen.

Neben diesem Traurigen gibt es noch etwas Unangenehmes, das persönlicher Art ist und das ins Nichts versinkt neben dem großen Unglück, von dem ich eben sprach: Ich muß dir sagen, daß ich mich in der letzten Zeit so verlassen fühle! Ich empfinde eine große Leere in mir. Früher habe ich nicht so darüber nachgedacht. Meine Vergnügungen und meine Freundschaften füllten mein Denken aus. Nun aber beschäftigen mich ernste Probleme. So habe ich erkannt, daß Vater, so lieb er mir auch ist, mir doch nicht meine ganze frühere Welt ersetzen kann.

Findest du, daß ich sehr undankbar bin, Kitty? Manchmal glaube ich, daß ich es kaum noch ertragen kann: All das Schreckliche zu hören, die eigenen Schwierigkeiten und schließlich noch bei allem der Sündenbock für so vieles zu sein.

Anne

Samstag, 28. November 1942

Liebe Kitty!

Wir haben viel zuviel Licht verbraucht und unsere Elektrizitäts-Zuweisung überschritten. Die Folge ist äußerste Sparsamkeit. Sonst könnte es passieren, daß der Strom abgeschaltet wird und wir 14 Tage ohne Licht sitzen. Von vier oder halb fünf Uhr ab können wir nicht mehr lesen. So verkürzen wir uns die Zeit mit allerlei Unterhaltungen: Rätsel werden aufgegeben, wir turnen im Dunkeln, sprechen Englisch oder Französisch und über die Bücher, die wir gelesen haben ... Auf die Dauer wird alles langweilig. Ich habe nun etwas Neues entdeckt: mit einem starken Fernglas in die hell erleuchteten Zimmer der Nachbarn hinüberzugucken! Tagsüber dürfen wir unsere Gardinen nicht einen Zentimeter zurückschieben, aber abends ist es nicht so schlimm. Früher hatte ich gar nicht gedacht, daß Nachbarn so interessant sind. Einige habe ich beim Essen beobachtet, bei einer Familie wurde gerade ein Film vorgeführt, und der Zahnarzt gegenüber hatte eine alte, ängstliche Dame in Behandlung.

Apropos Zahnarzt! Herr Dussel, von dem immer gesagt wurde, daß er es so ausgezeichnet mit Kindern versteht und sie so gern hat, entpuppt sich als recht altmodisch und hält andauernd Predigten über Manieren und Benehmen. Bekanntlich habe ich das zweifelhafte Glück, mit diesem »hochachtbaren« Herrn das Zimmer zu teilen. Da ich auch noch für die schlechtest Erzogene von uns drei Jugendlichen gelte, habe ich ziemlich zu tun, um den immer wiederkehrenden Rügen und Ermahnungen zu entgehen, und stelle mich taub. Aber das ginge noch, wenn der Mann nur nicht solche »Petze« wäre und sich ausgerechnet Mutter als Beschwerdestelle ausgesucht hätte. Wenn ich also von ihm schon mein Fett gekriegt habe, kommt

Mutter und gibt ihren Senf dazu, und wenn ich dann noch einen Glückstag habe, ruft mich fünf Minuten später Frau v. Daan und hat auch etwas zu meckern.

Ja, Kitty, es ist keine Kleinigkeit, der schlecht erzogene Mittelpunkt, sprich Blitzableiter, einer stets kritisierenden und erziehenden Untertaucher-Familie zu sein! Abends im Bett, wenn ich über meine vielen Sünden und alle mir angedichteten Fehler nachdenke, bin ich so verwirrt durch die Fülle der Klagen, daß ich meist zu weinen beginne *oder* zu lachen, je nach meiner inneren Verfassung. Dann schlafe ich ein mit den verrücktesten Ideen, nämlich anders zu sein als ich sein will, oder daß ich anders bin als ich es möchte und auch alles anders zu machen als ich es eigentlich will. Ich will anders sein als ich bin und ich bin anders als ich möchte ...

Na, nun bringe ich Dich auch noch ganz durcheinander, sei nicht böse! Aber ich streiche nicht aus, was da nun mal schwarz auf weiß steht, und das Blatt herausreißen kann ich bei der heutigen Papierknappheit auch nicht, das wäre eine Sünde! So kann ich Dir nur den Rat geben, den letzten Satz nicht noch einmal zu lesen oder Dich womöglich hineinzuvertiefen, sonst findest Du überhaupt nicht wieder heraus!

Anne

Montag, 7. Dezember 1942

Liebe Kitty!

Chanuka[1] und St. Nikolaus[2] fallen in diesem Jahr beinahe zusammen. Chanuka haben wir nur Kerzen angezündet, aber weil sie jetzt so kostbar sind, durften sie nur zehn Minuten brennen. Wenn dann das Lied dazu erklingt, ist's doch recht feierlich! Herr v. Daan hatte einen sehr schönen Holzleuchter gebastelt. St.-Nikolaus-Abend am Samstag war aber noch viel hübscher. Elli und Miep hatten uns sehr neugierig gemacht und immer, wenn sie oben waren, mit Vater geflüstert, so daß wir erwarteten, daß sie etwas vorhaben. Und wirklich, um acht Uhr gingen wir alle die Treppe hinunter den dunklen Gang entlang — mir gruselte, und ich wünschte im stillen, ich wäre schon gesund zurück! — in das kleine Zwischenkontor. Da dieser kleine Raum kein Fenster hat, konnten wir Licht machen. Vater öffnete den großen Wandschrank und »Oh« riefen alle, »wie hübsch.« Da stand ein großer Korb, reizend mit buntem Papier verziert und symbolisch geschmückt mit der Maske vom Schwarzen Peter. Als wir mit dem Korb oben gut gelandet waren, bekamen alle ihre Geschenke, immer mit passenden Versen dabei. Du kennst selbst genug solcher Gedichte, und darum will ich sie nicht erst aufschreiben. Ich bekam eine große

1 Jüdischer Feiertag.
2 Wird in Holland festlicher begangen als Weihnachten.

Pfefferkuchen-Puppe, Vater Bücherstützen, Mutter einen Kalender, Frau v. Daan einen Staubtuchbehälter, Herr v. Daan einen Aschenbecher. Für alle war etwas Nettes erdacht, und da wir noch nie St. Nikolaus gefeiert hatten, fanden wir die Premiere sehr gut gelungen.

Wir hatten natürlich für unsere Freunde unten auch Geschenke, alles aus den guten alten Zeiten. Heute haben wir gehört, daß Herr Vossen den Aschenbecher für Herrn v. Daan und die Buchstützen für Vater selbst gemacht hat. Ich finde es fabelhaft, daß jemand so kunstvolle Sachen mit der Hand machen kann.

Anne

Donnerstag, 10. Dezember 1942

Liebe Kitty!

Herr v. Daan stammt aus der Fleisch-, Wurst- und Gewürzbranche. Die Firma hat ihn engagiert, weil er ein ausgezeichneter Fachmann ist. Nun zeigt er sich zu unser aller Freude von der »Wurstseite«!

Wir hatten viel Fleisch zum Einwecken bestellt (nämlich schwarz!), um für knappe Zeiten vorzusorgen. Es sieht hübsch aus, wenn das Fleisch durch die Mühle gedreht wird, zwei- bis dreimal. Dann kommen alle Zutaten hinein, werden gut vermengt, und schließlich wird die Masse durch eine Tülle in Därme gefüllt. Die Bratwurst gab es mit Sauerkohl gleich als Mittagessen! Die Dauerwurst muß gut trocknen und wurde darum mit zwei Bindfäden an der Decke an einer Stange aufgehängt. Jeder, der ins Zimmer kommt, lacht, wenn er die Würste baumeln sieht. Es ist ein drolliger Anblick.

Im übrigen ging es im Zimmer kunterbunt zu. Herr v. Daan (mit einer Schürze von seiner Frau) war in seiner ganzen Fülle — er schien noch dicker als sonst — mit dem Fleisch beschäftigt. Mit seinen blutigen Händen, dem roten, erhitzten Gesicht und der beschmutzten Schürze sah er wie ein richtiger Metzger aus. Frau v. Daan will immer alles zugleich tun: Sie lernt Holländisch aus einem Buch, rührt in der Suppe, sieht nach dem Fleisch und stöhnt zwischendurch über ihre gequetschte Rippe. Das kommt davon, wenn eitle, ältere (!!) Damen die verrücktesten Turnübungen machen wollen, um den dicken Hintern wieder loszuwerden. Dussel hatte ein entzündetes Auge, saß am Ofen und machte Umschläge. Vater auf einem Stuhl am Fenster, von einem schmalen Sonnenstrahl beschienen. Sicher hat er wieder sein Rheuma, denn er saß ziemlich krumm und sah Herrn v. Daan mit etwas unglücklichem Gesicht bei der Arbeit zu. Peter tollte mit der Katze (namens Mouchi) im Zimmer herum. Mutter, Margot und ich schälten Kartoffeln. Wir taten es aber mehr mechanisch, weil wir auch fasziniert v. Daans Tätigkeit beobachteten.

Dussel hat seine Praxis als Zahnarzt aufgenommen, und Du sollst das Vergnügen haben, von seiner ersten Behandlung zu hören. Mutter bügelte, während Frau v. Daan als erste Patientin dran glauben mußte. Sie saß mitten im Zimmer auf einem Stuhl, während Dussel wichtig und umständlich seine Instrumente auspackte. Er bat um Eau de Cologne zum Desinfizieren und Vaseline als Wachsersatz. Dann sah er Frau v. Daan in den Mund, klopfte und stocherte an einem Backenzahn, wobei Frau v. Daan immer zusammenzuckte, als ob sie vor Schmerz verginge, und unzusammenhängende Laute ausstieß. Nach einer langen Untersuchung — so schien es wenigstens der Patientin, in Wirklichkeit waren kaum zwei Minuten vergangen — wollte Dussel damit beginnen, einen hohlen Zahn zu behandeln. Aber daran war nicht zu denken! Frau v. Daan schlug wild mit Armen und Beinen um sich, so daß Dussel den Haken, mit dem er das Bohrloch säuberte, loslassen mußte und der nun im Zahn steckenblieb! Nun war erst recht der Teufel los! Sie fuchtelte hin und her, soweit das mit dem Instrument im Mund möglich war, versuchte es herauszuziehen mit dem Resultat, daß sie es noch tiefer in den Zahn stieß. Dussel stand ganz ruhig dabei, die Hände in die Seiten gestemmt, und sah sich das Theater an. Der Rest der Zuschauer lachte. Das war niederträchtig. Wahrscheinlich hätte ich auch tüchtig geschrien.

Nach vieler Mühe, Seufzen und Stöhnen hatte Frau v. Daan das Instrument herausgeholt, und Dussel arbeitete weiter, als ob nichts geschehen wäre. Er machte so schnell, daß seine Patientin keine Zeit mehr hatte, noch etwas anzustellen. Aber er hatte auch soviel Hilfe, wie wahrscheinlich nie in seiner richtigen Praxis. Herr v. Daan und ich fungierten als Assistenten, und das Ganze muß ausgesehen haben wie ein Bild aus dem Mittelalter: »Quacksalber bei der Arbeit«.

Schließlich war die Geduld der Patientin zu Ende. Sie wollte jetzt auf ihre Suppe aufpassen und auf das Essen! Eins ist sicher: So schnell geht sie nicht mehr zum Zahnarzt!   Anne

Sonntag, 13. Dezember 1942

Liebe Kitty!
Ich sitze gemütlich am Fenster vom großen Kontor und beobachte durch einen Spalt der dicken Vorhänge, was draußen vorgeht. Es dämmert, und es ist gerade noch hell genug, um an Dich zu schreiben.

Eigenartig, die Menschen da alle laufen zu sehen! Es scheint, als wenn sie es mächtig eilig haben und beinahe über die eigenen Füße stolpern. Die Radfahrer haben ein Tempo, bei dem man kaum unterscheiden kann, ob eine Frau oder ein Mann auf dem Vehikel sitzt.

Dieses Viertel ist typische Volksgegend, und die meisten Menschen sehen etwas ärmlich aus, und vor allem die Kinder sind oft so schmutzig, daß man sie nur mit einer Zange anfassen möchte. So echte Kinder mit Rotznäschen und einem Dialekt, der kaum zu verstehen ist.

Gestern, als Margot und ich hier badeten, hatte ich eine Idee: Wenn man nun so ein paar von dieser kleinen Gesellschaft mit einer Angel hier heraufholen könnte, sie ins Bad stopfte, sauber anzöge und wieder laufen ließe, dann...

»Würden sie morgen wieder so schmutzig und zerrissen herumlaufen«, fiel Margot ein.

Aber es gibt noch allerlei anderes zu sehen: Autos, Schiffe und den Regen. Ich höre das Quietschen der Elektrischen und phantasiere mir allerlei zusammen. Unsere Gedanken haben ebensowenig Abwechslung wie wir selbst und drehen sich im Kreis: Von den Juden zum Essen, vom Essen zur Politik, von der Politik... übrigens von den Juden gesprochen: Gestern habe ich, hinter dem Vorhang lugend, zwei Juden gesehen. Das ist ein eigenartiges Gefühl, so als hätte ich sie verraten und säße hier, um ihrem Unglück nachzuspüren.

Direkt gegenüber von uns liegt ein Wohnboot, auf dem ein Schiffer mit seiner Familie lebt. Auch ein kleiner Kläffer ist da, den wir durch sein Gebell kennen und dessen Schwanz man sieht, wenn er am Bootsrand entlangläuft.

Nun gießt es wieder, und die meisten Menschen sind unter ihren Schirmen versteckt. Ich sehe nur noch Regenmäntel und ab und zu eine Regenkappe.

Mehr zu sehen ist auch nicht nötig, denn langsam kenne ich die Frauen auch so, wenn sie kommen in ihren roten oder grünen Mänteln mit schiefen Absätzen, eine etwas schäbige Tasche am Arm, die schweren Körper aufgeschwemmt, weil sie zuviel Kartoffeln essen und wenig anderes. Die eine macht ein unglückliches Gesicht, die andere ein zufriedenes, je nach der Laune ihres Mannes.

Anne

Dienstag, 22. Dezember 1942

Liebe Kitty!

Das »Hinterhaus« hat mit Freuden gehört, daß zu Weihnachten jeder ein viertel Pfund Butter extra bekommt. Offiziell ist es ein halbes Pfund, aber das gilt für die glücklichen Sterblichen, die draußen in Freiheit leben. Untergetauchte, wie wir, die zu acht nur vier Lebensmittelkarten kaufen können, freuen sich auch schon über ein viertel Pfund. Von dieser Butter wollen wir alle etwas backen. Ich mache für uns Plätzchen und zwei Torten. Mutter sagt, ehe die Haushaltspflichten nicht erfüllt sind, dürfte ich nicht lesen oder lernen.

Frau v. Daan liegt mit einer gequetschten Rippe zu Bett, klagt von früh bis spät, läßt sich bedienen und dauernd Umschläge machen, ist aber nie zufrieden. Ich werde froh sein, wenn sie erst wieder auf ist und ihre Sachen selbst machen kann. Eins muß ich sagen: Sie ist sehr fleißig und, wenn sie sich seelisch und körperlich gut fühlt, auch vergnügt.

Da ich wahrscheinlich tagsüber noch nicht oft genug mit »pst, pst« ermahnt werde, weil ich angeblich zu laut bin, hat sich mein Herr Zimmergenosse nun auch noch angewöhnt, nachts sein »pst, pst« hören zu lassen. Wenn es nach ihm ginge, dürfte ich mich nicht einmal in meinem Bett umdrehen. Ich tue, als ob ich nichts merke, aber nächstens werde ich einfach mal »pst« zurückrufen. Des Sonntags habe ich sowieso eine Wut auf ihn, wenn er in aller Frühe das Licht andreht, um seine Freiübungen zu machen. Das scheint mir dann immer stundenlang zu dauern, und da er in seiner Unachtsamkeit auch dauernd an die Stühle stößt, die meinem Bett zur Verlängerung dienen, werde ich dann richtig wach. Dabei bin ich noch gar nicht ausgeschlafen und würde so gerne noch Ruhe haben. Wenn die »Wege zu Kraft und Schönheit« beendet sind, beginnt die Toilette. Die Unterhose hängt an einem Haken, also erst dorthin, dann wieder zurück. Aber natürlich hat er die Krawatte vergessen, die auf dem Tisch liegt. Nun muß er wieder hin und her laufen und stößt von neuem an die Stühle. Mit meiner Sonntagsruhe ist es endgültig vorbei!

Aber was nützt es, über komische alte Herren zu klagen? Manchmal juckt es mich in den Fingern, ihm einen Streich zu spielen: Die Tür abschließen, Lampe ausschrauben, Kleider verstecken?! Aber um des lieben Friedens willen tue ich es dann doch nicht.

Ach, ich werde sooo vernünftig! Zu allem gehört hier Vernunft: Den Mund halten, gehorchen, freundlich sein, hilfsbereit, nachgeben, und ich weiß nicht, was noch alles! Ich werde meinen Verstand, der ohnedies schon nicht so weit reicht, zu schnell verbrauchen und bin in Sorge, daß dann für die Nachkriegszeit nichts mehr überbleibt.   Anne

Mittwoch, 13. Januar 1943

Liebe Kitty!
Heute sind wir wieder alle ganz verstört, und man kann nicht ruhig sein oder arbeiten. Draußen ist es schrecklich. Tag und Nacht werden die armen Menschen weggeschleppt und dürfen nichts mitnehmen als einen Rucksack und etwas Geld (dieser Besitz wird ihnen dann später auch noch abgenommen).
Die Familien werden auseinandergerissen, Männer, Frauen und Kinder. Es kommt vor, daß Kinder, die von der Schule nach Hause kommen, ihre Eltern nicht mehr vorfinden, oder daß

Frauen, die Besorgungen gemacht haben, bei der Rückkehr vor der versiegelten Wohnung stehen, die Familie ist inzwischen weggeführt.

In christlichen Kreisen ist auch schon große Unruhe, weil die jungen Leute, die Söhne, nach Deutschland verschickt werden. Jeder ist in Sorge!

Und jede Nacht überfliegen Hunderte von Flugzeugen Holland, um über deutsche Städte Bombenregen zu streuen, stündlich fallen in Rußland und Afrika Tausende von Menschen! Der ganze Erdball rast, und überall ist Vernichtung. Die Situation ist bestimmt günstiger für die Alliierten, aber noch ist kein Ende abzusehen.

Wir haben es gut, besser als Millionen anderer Menschen. Wir sitzen ruhig und sicher und sind imstande, Nachkriegspläne zu machen und uns auf neue Kleider und Bücher zu freuen, anstatt daran zu denken, daß kein Pfennig unnütz ausgegeben werden darf, weil man anderen Menschen wird helfen müssen und retten muß, was zu retten ist.

Viele Kinder hier laufen in einem dünnen Blüschen herum mit Holzschuhen an den bloßen Füßen, ohne Mantel, Mütze oder Handschuhe. Sie haben nichts im Magen, kauen an einer Mohrrübe, laufen weg aus der kalten Wohnung auf die nasse, windige Straße und kommen in die Schule, in eine feuchte, ungeheizte Klasse. Ja, es ist so weit in Holland gekommen, daß Kinder auf der Straße die Vorübergehenden um ein Stück Brot bitten. Stundenlang könnte ich von all dem Elend erzählen, das der Krieg mit sich bringt, aber das macht mich nur noch trauriger. Es bleibt uns nichts anderes übrig, als ruhig und gefaßt das Ende dieser Notzeit abzuwarten. Die Juden warten und die Christen, die Völker und die ganze Welt und ... viele warten auf den Tod!

Anne

Samstag, 30. Januar 1943

Liebe Kitty!

Ich bin außer mir vor Wut, aber ich darf es nicht zeigen. Ich möchte mit den Füßen stampfen, schreien, Mutter durcheinanderschütteln und ich weiß nicht, was noch mehr wegen der bösen Worte, der spottenden Blicke, der Beschuldigungen, die mich jeden Tag aufs neue treffen wie scharfe Pfeile von einem straff gespannten Bogen. Ich möchte Mutter, Margot, Dussel, v. Daans und selbst Vater entgegenschreien: Laßt mich doch, gönnt mir doch Ruhe! Muß ich denn jeden Abend meine Kissen naßweinen und mit brennenden Augen und zentnerschwerem Kopf einschlafen?? Laßt mich, ich möchte fort von allen, am liebsten aus der Welt! Aber es nützt ja nichts. Sie haben ja keine Ahnung von meiner Verzweiflung! Sie wissen nichts von den Wunden, die sie mir schlagen!

Ihr Mitleid und ihre Ironie kann ich schon gar nicht vertragen. Mir ist nur zum Heulen zumute!

Jeder findet mich übertrieben, wenn ich nur den Mund auftue, lächerlich, wenn ich still bin, frech, wenn ich eine Antwort gebe, raffiniert, wenn ich mal eine gute Idee habe, faul, wenn ich müde bin, egoistisch, wenn ich mal einen Löffel mehr nehme, dumm, feige, berechnend usw. usw. Den ganzen Tag höre ich nur, daß ich ein unausstehliches Geschöpf sei, und wenn ich auch darüber lache und so tue, als wenn ich mir nichts daraus machte, ist es mir wirklich nicht gleichgültig.

Ich möchte den lieben Gott bitten, mir eine Natur zu schenken, die nicht alle gegen mich aufbringt. Das geht jedoch nicht. Meine Natur ist mir gegeben, aber ich bin nicht schlecht, ich fühle es. Ich bemühe mich mehr, es allen recht zu machen, als sie es nur im entferntesten ahnen. Ich lache mit ihnen, um meinen tiefen, inneren Kummer nicht zu zeigen. Mehr als einmal habe ich bei Auseinandersetzungen Mutter an den Kopf geworfen, wenn sie ungerecht gegen mich war: »Es ist mir gleich, was Du sagst. Ziehe Deine Hände nur von mir ab, ich bin doch ein hoffnungsloser Fall.«

Dann heißt es, daß ich frech bin, und ich werde zwei Tage nicht beachtet, und plötzlich ist alles wieder vergeben und vergessen. Mir ist es aber unmöglich, einen Tag schrecklich nett und lieb mit jemandem zu sein und ihn am nächsten Tag zu hassen! Lieber wähle ich den goldenen Mittelweg, der gar nicht »Gold« ist, behalte meine Gedanken für mich und probiere, ihnen gegenüber ebenso geringschätzend zu sein, wie sie zu mir sind. Wenn ich es nur könnte! Anne

Freitag, 5. Februar 1943

Liebe Kitty!

Von den Zankereien habe ich Dir lange nichts geschrieben, aber verändert hat sich da nichts. Herr Dussel nahm anfangs die verschiedenen Auseinandersetzungen noch tragisch. Inzwischen hat er sich daran gewöhnt und versucht nicht mehr zu vermitteln.

Margot und Peter sind gar nicht so echt »jung«, beide langweilig und ruhig. Natürlich steche ich sehr gegen sie ab und höre fortwährend: »Nimm Dir ein Beispiel an Margot und Peter, die tun das auch nicht!«

Gräßlich finde ich das! Ich will Dir auch bekennen, daß ich auf keinen Fall so werden möchte wie Margot. Sie ist für mein Empfinden viel zu schlapp und farblos, läßt sich von jedem beeinflussen und gibt immer nach. Man muß doch seine eigene Meinung haben! Aber diese Theorie behalte ich für mich, sonst werde ich ausgelacht.

Bei Tisch ist die Stimmung oft recht gespannt. Sie wird jedoch durch die Anwesenheit der Lunchgäste — der Leute vom Kontor, die mittags einen Teller Suppe bei uns mitessen — ein wenig gemildert.

Heute mittag hat Herr v. Daan wieder festgestellt, daß Margot zu wenig ißt. »Sicher wegen der schlanken Linie«, beendete er seine Rede in beißendem Ton. Mutter, die immer für Margot die Kastanien aus dem Feuer holt, sagte sehr laut: »Ich kann Ihr dummes Gerede schon nicht mehr hören!« Frau v. Daan wurde feuerrot, er guckte nur verlegen vor sich hin.

Oft lachen wir auch miteinander. Kürzlich erzählte Frau v. Daan allerhand Lustiges von ihren verschiedenen Flirts und daß sie ihren Vater »um den Finger wickeln« konnte. »Wenn ein Herr ein bißchen handgreiflich wird, sagte mein Vater, mußt Du sagen: ›Mein Herr, ich bin eine Dame!‹ Dann weiß er Bescheid!« Wir lachten, als wäre es ein glänzender Witz.

Über Peter, der im allgemeinen sehr still ist, amüsieren wir uns doch manchmal köstlich. Er hat eine Schwäche für Fremdworte, deren Bedeutung er meistens nicht kennt, und natürlich kommt dann ein schöner Unsinn heraus. Eines Tages, als Besuch im Privatkontor war, durften wir nicht aufs WC. Peter hatte es dringend nötig, ging dann auch, zog aber die Wasserspülung nicht. Er wollte uns warnen und heftete an die Tür vom WC einen Zettel mit den Worten: »S'il vous plaît, Gas!« Er meinte natürlich »Vorsicht, Gas!«, fand aber, daß »s'il vous plaît« vornehmer klingt. Anscheinend hatte er keine blasse Ahnung, daß es »bitte« bedeutet.   Anne

Samstag, 27. Februar 1943

Liebe Kitty!

Wir erwarten täglich die Invasion. Churchill hatte eine Lungenentzündung, ist nun aber auf dem Weg zur Besserung, Gandhi, der indische Freiheitskämpfer, ist zum soundsovielten Male im Hungerstreik.

Frau v. Daan behauptet, Fatalistin zu sein. Aber wer hat am meisten Angst, wenn geschossen wird? Petronella!

Henk hat den Hirtenbrief der Bischöfe mitgebracht, der in allen Kirchen verlesen wurde. Er ist großartig und feuert die Menschen an: »Bleibt nicht ruhig, Niederländer! Jeder muß mit seinen Waffen fechten für die Freiheit von Volk, Vaterland und Religion! Helft, gebt, zögert nicht!« So predigen sie. Ob es hilft? Unseren Glaubensgenossen sicher nicht.

Stell Dir vor, was nun wieder los ist. Der Hausbesitzer hat, ohne den Herren Koophuis oder Kraler etwas mitzuteilen, das Haus verkauft. Eines Morgens kam unvorbereitet der neue Besitzer mit einem Architekten, um das Haus zu besichtigen. Gott sei Dank war Herr Koophuis da, der den Herren alles zeigte bis auf das Hinterhaus. Angeblich hatte er die Schlüssel von der Zellentür zu Hause liegen lassen. Die Herren fragten auch nicht weiter. Hoffentlich kommen sie nicht wieder, um doch noch das Hinterhaus anzusehen. Das wäre sehr bitter für uns.

Vater hat uns einen Kartothek-Kasten mit neuen Karten gegeben. Nun haben wir, Margot und ich, eine Bücher-Kartei. Wir notieren nämlich alle Bücher, die wir gelesen haben, nicht nur mit Autor und Titel, sondern auch mit unseren Bemerkungen. Für Fremdwörter und Aussprüche habe ich mir ein besonderes Heft angelegt.

Mutter und ich verstehen uns viel besser in der letzten Zeit. Aber so echt vertraut werden wir nie. Margot ist schnippischer denn je, und Vater hat irgend etwas, das ihn stark beschäftigt. Aber er ist und bleibt der Beste!

Neue Butter- und Margarineverteilung bei Tisch! Jeder kriegt nun die Tagesration auf seinen Teller. Ich finde, daß diese Verteilung, wenn v. Daans es tun, nicht ehrlich zugeht, aber meine Eltern haben genug von dem ewigen Streit und sagen nichts. Schade! Nach meiner Meinung müßte man solchen Menschen immer nur mit gleicher Münze zurückzahlen!   Anne

Mittwoch, 10. März 1943

Liebe Kitty!

Gestern abend war Kurzschluß, außerdem dröhnten dauernd die Abwehrgeschütze. Ich habe mir die Angst vor dem Schießen und den Fliegern noch nicht abgewöhnt und flüchte fast jeden Abend zu Vater ins Bett. Das ist vielleicht kindisch, aber Du müßtest so etwas mal mitmachen! Du kannst Dein eigenes Wort nicht verstehen bei dem Krachen der Kanonen. Frau v. Daan, die Fatalistin, weinte beinahe und sagte ganz kleinlaut: »Oh, es ist schrecklich, daß sie so schießen!« Heißt das nicht mit anderen Worten: »Ich habe solche Angst!«? Bei Tage scheint es mir nicht so schlimm wie im Dunkeln. Ich schrie wie im Fieber und flehte Vater an, die Kerze anzuzünden. Aber er war unerbittlich, das Licht blieb aus. Da begann plötzlich das Geknatter von Maschinengewehren, das noch viel schlimmer ist als die Kanonen. Mutter sprang aus dem Bett und steckte die Kerze an, sehr zum Ärger von Pim. Ihre resolute Antwort auf seinen Widerspruch war: »Anne ist doch kein alter Soldat, wie Du!« Damit basta!

Habe ich Dir schon von den »Zuständen« von Frau v. Daan erzählt? Du mußt doch alles wissen, was im Hinterhaus vorgeht. Eines Tages hörte sie Diebe, schwere Schritte auf dem Speicher, und bekam solche Angst, daß sie ihren Mann weckte. Gerade da schwieg der Lärm, so daß Herr v. Daan nur noch das laut klopfende Herz der Fatalistin hören konnte.

»Ach, Putti« (Herrn v. Daans Kosename), »sie haben sicher

57

die Würste gestohlen und unsere Hülsenfrüchte. Und Peter? Ob Peter noch da ist?« »Peter haben sie sicher nicht gestohlen. Hab keine Angst! Laß mich nun schlafen!« Aber daran war nicht zu denken, denn sie konnte vor Angst nicht mehr einschlafen. Ein paar Nächte später wurde die ganze Familie wieder durch einen spukhaften Lärm geweckt. Peter ging mit der Taschenlampe auf den Speicher, und als er leuchtete, rrrrtttt, lief eine ganze Herde Ratten davon. Als wir nun diese Diebe kannten, haben wir Mouchi auf dem Speicher schlafen lassen, und die ungebetenen Gäste haben sich nicht mehr gezeigt, wenigstens nicht in der Nacht. Vor einigen Tagen mußte Peter abends auf den Dachspeicher (es war halb acht und noch hell), um ein paar alte Zeitungen zu holen. Beim Heruntersteigen muß man sich am Rand der Öffnung festhalten. Ohne hinzusehen, legte er die Hand auf das Holz und... fiel vor Schmerz und Schreck beinahe rücklings die Treppe herunter. Eine Ratte hatte ihn furchtbar in den Arm gebissen. Sein Pyjama war voll Blut, als er weiß wie ein Tuch und mit zitternden Knien herunterkam. Kein Wunder, denn unerwartet eine Ratte in die Finger zu kriegen, ist gräßlich, und dann noch solch ein Biß... das ist gemein! Anne

Freitag, 12. März 1943

Liebe Kitty!
Darf ich bekannt machen? Mama Frank, Vorkämpferin für die Jugend! Extra Butter für die Jugendlichen, zeitgemäße Jugendprobleme! Immer setzt Mutter sich für uns und Peter ein — und nach einer gehörigen Auseinandersetzung erreicht sie auch, was sie will.

Ein Glas eingeweckter Zunge ist verdorben. Gala-Diner für Mouchi und Moffi. Ach so, Moffi kennst Du noch nicht. Sie soll schon im Geschäft gewesen sein, ehe die »Untertaucher« kamen. Nun ist sie Magazin- und Kontorkatze und hält die Ratten vom Lager fern. Ihr politisch klingender Name ist leicht zu erklären. Früher hatte das Geschäft zwei Katzen, eine für das Lager und eine für den Speicher. Wenn sie sich dann irgendwo trafen, gab es immer schwere Kämpfe. Die vom Lager fing immer an, aber die vom Speicher blieb Sieger. Ihren Anlagen gemäß wurden sie genannt: Die vom Lager war die deutsche oder Moffi, und die vom Speicher die englische oder Tommy. Tommy wurde später abgeschafft und Moffi dient uns nun zur Unterhaltung, wenn wir nach unten gehen.

Wir haben so oft weiße Bohnen gegessen, daß ich sie nicht mehr sehen kann und mir schon schlecht wird, wenn ich nur daran denke. Abends gibt es kein Brot mehr.

Eben hat Pappi gesagt, daß er sich allerlei Sorgen macht. Er hat auch wieder solch traurige Augen, der Ärmste!

Ich bin ganz verrückt mit dem Buch: »De klop op de deur« von Ina Boudier-Bakker. Ein Familienroman, der außerordentlich ist in der Schilderung. Was sich sonst darin abspielt: Krieg, Frauenfragen, Schriftsteller, finde ich weniger gut, und es interessiert mich auch, ehrlich gesagt, nicht sehr.

Schreckliche Bombenangriffe auf Deutschland.

Herr v. Daan ist wegen der Zigarettenknappheit sehr schlecht gelaunt.

Die Frage, ob das Büchsen-Gemüse jetzt gegessen werden soll oder nicht, ist zugunsten unserer Partei abgelaufen. Ich kann außer den hohen Skistiefeln keine Schuhe mehr tragen, und das ist im Haus sehr lästig. Ein Paar Strohsandalen hielten eine Woche, dann war's schon wieder aus. Vielleicht kann Miep etwas »schwarz« auftreiben. Nun muß ich Pim noch die Haare schneiden. Er behauptet, daß er auch später nie zu einem anderen Friseur gehen wird, weil ich es so gut mache. Wenn ich ihn nur nicht so oft ins Ohr knipste. Anne

Donnerstag, 18. März 1943

Liebe Kitty!
Die Türkei ist im Krieg. Große Aufregung. Wir können die Radioberichte gar nicht erwarten. Anne

Freitag, 19. März 1943

Liebe Kitty!
Die Enttäuschung ist der Freude auf dem Fuß gefolgt und ist nun um so größer! Die Türkei ist noch nicht im Krieg! Der dortige Außenminister hat bloß von baldiger Aufhebung der Neutralität gesprochen. Der Zeitungsverkäufer auf dem Dam[1] hatte ausgerufen:
»Türkei auf der Seite der Engländer!«
So war das Gerücht entstanden und auch bis zu uns durchgedrungen.

Die 500- und 1000-Gulden-Scheine werden ungültig erklärt. Das ist ein großer Schaden für die Schwarzhändler und die Besitzer von »schwarzem« Geld, aber auch für viele Menschen, die untergetaucht sind. Wenn man einen 1000-Gulden-Schein einwechselt, muß man die Herkunft nachweisen. Vorläufig, aber auch nur bis Ende nächster Woche, kann man ihn noch zum Bezahlen von Steuern verwenden.

Dussel hat nun eine Handbohrmaschine bekommen und wird auch mich sehr bald vornehmen.

Der »Führer aller Germanen« hat vor verwundeten Soldaten gesprochen und sich nachher mit ihnen »unterhalten«. Es war traurig anzuhören. Ein Beispiel:

1 Platz vor dem Königlichen Schloß.

»Mein Name ist Heinrich Scheppel!«
»Wo verwundet?«
»Bei Stalingrad!«
»Welche Verwundungen?«
»Beide Füße abgefroren und das linke Handgelenk gebrochen!«
Genau so gibt das Radio dieses widerliche Marionetten-Theater wieder. Es macht beinahe den Eindruck, als seien die Verwundeten noch stolz auf ihre Blessuren. Je mehr, desto besser!
Einer konnte vor Rührung, weil er seinem Führer die Hand geben durfte — vorausgesetzt, daß er noch eine hat —, kein Wort herausbringen. Anne

Donnerstag, 25. März 1943
Liebe Kitty!
Mutter, Vater, Margot und ich saßen gestern gemütlich zusammen, als Peter hereinkam und mit Vater flüsterte. Ich hörte etwa: »Eine Tonne ist im Magazin umgefallen«, und »Jemand hat sich an der Tür zu schaffen gemacht.« Margot hatte es auch verstanden, aber sie versuchte noch, mich zu beruhigen, weil ich kreideweiß geworden war vor lauter Schrecken, als Vater sogleich mit Peter hinausging.
Wir drei warteten. Kaum zwei Minuten später erschien Frau v. Daan, die im Privatkontor Radio gehört hatte und sagte, daß Vater sie gebeten hätte, den Apparat abzustellen und ganz leise hinaufzugehen. Wenn man aber besonders vorsichtig sein will, glückt es meist nicht, und sie hatte das Gefühl, daß die Stufen der alten Treppe ganz fürchterlich unter ihren Tritten geknarrt hätten. Wieder fünf Minuten... Dann kamen Vater und Peter zurück, beide weiß bis an die Nasen, und erzählten von ihren Beobachtungen. Sie hatten sich unten auf die Treppe gesetzt und gelauscht, zunächst ohne Resultat. Aber plötzlich hörten sie zwei harte Schläge, als wenn Türen im Haus geworfen würden. Pim war mit einem Satz oben, Peter holte Dussel, der erst umständlich seine Siebensachen zusammenpackte, ehe er kam. Nun schlichen wir alle auf Strümpfen nach oben zu v. Daans. Er ist erkältet und war schon im Bett. Wir scharten uns alle um sein Lager und tauschten unsere Vermutungen aus, natürlich im Flüsterton. Wenn Herr v. Daan laut hustete, bekamen seine Frau und ich jedesmal Zustände, bis einer von uns die Erleuchtung hatte, ihm Codeïn zu geben. Sofort hörte der Husten auf.
Wir warteten und warteten... Als lange gar nichts mehr zu hören war, mußten wir annehmen, daß die Diebe weggelaufen waren, als sie in dem sonst so stillen Haus plötzlich Schritte gehört hatten. Das Unglück wollte, daß beim Radio der englische Sender eingestellt war und die Stühle noch so herum-

standen, daß jeder sehen konnte, der Raum sei eben verlassen worden. Wenn womöglich die Tür aufgebrochen sein sollte und die Luftschutzwache es merkt, benachrichtigt sie natürlich die Polizei, und so könnten höchst unangenehme Folgen entstehen. Nun stand Herr v. Daan doch auf, zog den Mantel an, setzte den Hut auf und ging leise hinter Vater die Treppe hinunter, gefolgt von Peter, der sich zur Sicherheit noch mit einem Hammer bewaffnet hatte. Die Damen, Margot und ich warteten mit Spannung, bis fünf Minuten später die Herren zurückkamen und sagten, daß alles in Ordnung sei. Wir verabredeten, kein Wasser laufen zu lassen und auf dem WC auch nicht zu spülen. Der Schreck war beinahe allen auf den Magen geschlagen, und Du kannst Dir die Luft auf dem gewissen Ort vorstellen, nachdem er von allen besucht worden war.

Wenn so etwas passiert, kommt meistens noch mehr dazu. So auch hier. Erstens schlägt die Glocke vom Westerturm nicht mehr. Ich fand sie so schön und beruhigend. Das Zweite war, daß wir wohl wußten, daß Herr Vossen am vergangenen Abend früher weggegangen war, aber nicht, ob Elli die Schlüssel dann mitgenommen hatte und womöglich vergessen hatte, die Tür abzuschließen. Wir waren alle sehr unruhig, obwohl seit acht Uhr — und jetzt war es halb elf — nichts mehr zu hören gewesen war. Als die Erregung abebbte, schien es uns bei ruhiger Überlegung doch ziemlich unwahrscheinlich, daß ein Dieb so früh am Abend, wenn noch Menschen auf der Straße sind, die Tür aufgebrochen hätte. Überdies kam einer auf den Gedanken, daß womöglich der Lagerverwalter vom Nebenhaus noch an der Arbeit gewesen sei. Bei den dünnen Mauern kann man in der Aufregung den Schall der Geräusche leicht verwechseln, und die Einbildung spielt in heiklen Augenblicken eine große Rolle. So gingen wir zu Bett, aber niemand konnte richtig einschlafen. Vater, Mutter und Dussel schreckten immer wieder auf, und auch ich kann mit etwas Übertreibung sagen, daß ich kein Auge zugetan habe . . .

Morgens gingen die Herren hinunter, um zu sehen, ob die Außentür noch zu war. Alles schien in Ordnung zu sein. Die Ereignisse, die uns so viel Angst eingejagt hatten, wurden nun mit allem Drum und Dran dem Personal erzählt. Wer den Schaden hat, braucht für den Spott nicht zu sorgen, aber hinterher kann man gut lachen! Nur Elli hat unser Erlebnis ernst genommen. Anne

Samstag, 27. März 1943

Liebe Kitty!
Der Steno-Kursus ist zu Ende. Wir beginnen jetzt Schnelligkeit zu üben und werden es noch zu ungeahnter Silbenzahl bringen. Um Dir noch mehr von meiner Tagtotschlage-Arbeit zu

erzählen (diese Bezeichnung habe ich dafür erfunden, weil doch alles geschieht, um die Zeit möglichst auszufüllen bis zum Ende dieser Untertaucherperiode): Ich bin besessen von der Mythologie und interessiere mich am meisten für griechische und römische Göttersagen. Hier denken sie, daß es vorübergehende Neigungen sind, weil sie noch nie gehört haben, daß ein Backfisch sich mit Götterlehre befaßt. Gut, so werde ich der erste sein!

Herr v. Daan ist erkältet, besser gesagt, er hat ein bißchen Halskratzen und macht ein großes Ereignis daraus: Gurgeln, Kamillentee, Pinseln mit Myrrhen-Tinktur, Salbe für Nase, Hals, Gaumen, Zunge und dann noch... schlechte Laune.

Rauter, einer von den höchsten Deutschen hier, hat eine Rede gehalten: Alle Juden müssen vor dem 1. Juli aus den germanischen Ländern verschwinden. Vom 1. April bis 1. Mai wird die Provinz Utrecht gesäubert (als wenn es sich um Küchenschaben handelt), vom 1. Mai bis 1. Juni Nord- und Südholland. Wie eine Herde krankes und verwahrlostes Vieh werden die armen Menschen zur Schlachtbank geführt. Aber laßt uns lieber schweigen. Ich bekomme Alpdrücken von meinen eigenen Gedanken.

Etwas Feines ist auch passiert: Der Arbeitsnachweis ist durch Sabotage in Brand gesteckt worden, und einige Tage später das Einwohnermeldeamt. Männer in deutschen Polizeiuniformen haben die Wachtposten überwältigt und dann die wichtigen Kartotheken verschwinden lassen, so daß jetzt das Aufrufen und Auffinden der Menschen sehr erschwert ist.   Anne

Donnerstag, 1. April 1943

Liebe Kitty!

Von Scherzstimmung (siehe Datum) keine Rede! Im Gegenteil. Bei uns paßt jetzt das Sprichwort: »Ein Unglück kommt selten allein.« Erstens: Unser Aufmunterer — Herr Koophuis — hatte gestern eine schwere Magenblutung und muß mindestens drei Wochen lang fest liegen. Zweitens: Elli Grippe. Drittens: Herr Vossen muß nächste Woche ins Krankenhaus. Wahrscheinlich hat er ein Magengeschwür und muß operiert werden.

Es waren wichtige geschäftliche Verhandlungen geplant, für die Vater alles mit Herrn Koophuis besprochen hatte. Kraler kann natürlich nicht so schnell informiert werden, und Vater bebt, wenn er an den Verlauf der Verhandlungen denkt. »Wenn ich nur dabei sein könnte«, sagt er, »wäre ich nur unten.« »Leg Dich doch auf den Fußboden. Die Herren unterhandeln doch im Privatkontor. Du kannst dann sicher alles hören.«

Vaters Gesicht klärte sich auf, und um halb elf nahmen Margot und er ihre Stellungen als Horchposten ein. Zwei hören mehr als einer. Die Besprechungen waren am Vormittag noch nicht

beendet, aber nachmittags war Vater nicht mehr imstande, sich noch mal in diese Lage auf den Fußboden zu begeben. Er war durch die ungewohnte Haltung wie gerädert. Ich nahm seinen Platz ein, als wir um halb drei unten wieder Stimmen hörten, und Margot leistete mir Gesellschaft. Das Gespräch war ausgedehnt und langweilig, und plötzlich war ich auf dem kalten, harten Linoleum eingeschlafen. Margot wagte nicht, mich anzustoßen oder zu rufen, aus Angst, daß man unten etwas hören könnte. Ich schlief eine gute halbe Stunde, und als ich aufwachte, hatte ich alles Wichtige vergessen. Aber glücklicherweise hat Margot besser aufgepaßt.
Anne

Freitag, 2. April 1943

Liebe Kitty!
Ich habe wieder etwas Schreckliches auf meinem Sündenregister. Gestern abend wartete ich, daß Vater — wie immer — zum Beten und Gutenachtsagen zu mir kommen sollte, als Mutter kam. Sie setzte sich zu mir aufs Bett und fragte sehr bescheiden, zögernd: »Anne, Vater kommt noch nicht, wollen wir zusammen beten?«
»Nein, Mama«, antwortete ich.
Mutter stand auf, blieb neben meinem Bett stehen und ging dann langsam zur Tür. Plötzlich drehte sie sich um und sagte mit entstelltem Gesicht: »Ich bin nicht böse, Anne, Liebe läßt sich nicht zwingen.« Tränen liefen über ihr Gesicht, als sie hinausging.
Ich blieb ganz still liegen und fühlte sofort, wie gemein es von mir war, sie so brutal zurückzustoßen, aber ich hätte nicht anders antworten können. Ich kann nicht heucheln und gegen meinen Willen mit ihr beten, ich kann es einfach nicht.
Ich habe Mitleid mit Mutter, tiefes Mitleid, denn zum erstenmal habe ich gefühlt, daß meine Haltung ihr nicht gleichgültig ist. Ich habe den Gram auf ihrem Gesicht gelesen, als sie sagte, daß Liebe sich nicht zwingen läßt. Es ist hart, die Wahrheit zu sagen, und doch ist es wahr, daß sie selbst mich von sich gestoßen hat. Sie hat schuld, daß ich abgestumpft bin gegen jeden Liebesbeweis von ihrer Seite, durch ihre taktlosen Bemerkungen, ihre rohen Scherze über Dinge, bei denen ich Witze nicht vertragen kann. So wie sich jedesmal in *mir* alles zusammenkrampft, wenn sie so hart ist, krümmte sich jetzt *ihr* Herz, als sie fühlte, daß die Liebe zwischen uns erloschen ist. Sie hat die halbe Nacht geweint und kaum geschlafen. Vater guckt mich nicht an, und wenn er es doch einmal tut, lese ich in seinen Augen den Vorwurf: »Wie kannst du so garstig sein und Mutter so schweres Leid antun.«
Sie erwarten, daß ich mich entschuldige. Aber ich kann es nicht, denn ich habe nur gesagt, was wahr ist, und früher oder spä-

ter mußte Mutter es doch einmal wissen. Es scheint so, als
wäre ich gleichgültiger gegen Mutters Tränen und Vaters
Blicke; und ich bin es auch. Sie fühlen nun das erstemal, was
ich ohne Unterlaß empfinde. Ich kann für Mutter nur Mitleid
haben, aber zurückfinden muß sie selbst. Ich werde noch weiter schweigen, kühl bleiben und vor der Wahrheit nicht zurück-
schrecken. Es ist besser, nicht aufzuschieben, was doch gesagt
werden muß.

Anne

Dienstag, 27. April 1943

Liebe Kitty!

Im ganzen Haus ist Krach, Mutter und ich, die v. Daans und
Vater, Mutter und Frau v. Daan, alles ist böse miteinander.
Angenehme Atmosphäre, wie? Das ganze Sündenregister von
Anne kam wieder in vollem Umfang aufs Tapet!

Herr Vossen ist schon im Krankenhaus. Herr Koophuis ist
wieder auf. Diesmal war glücklicherweise die Magenblutung
schneller gestillt als früher. Koophuis erzählte uns, daß das
Einwohnermeldeamt bei dem Brand neulich noch extra bös zu-
gerichtet worden ist. Anstatt nur das Feuer zu löschen, hat die
Feuerwehr das ganze Gebäude so unter Wasser gesetzt, daß
der Schaden nun noch viel größer ist!

Das Carlton-Hotel ist völlig zerstört. Zwei englische Flugzeuge
mit einer großen Ladung Brandbomben an Bord sind haar-
scharf auf dieses »Offiziersheim« abgestürzt, und die ganze
Ecke Vijzelstraat-Singel ist ausgebrannt.

Nachts gibt es draußen kaum mehr Ruhe. Ich habe schwarze
Ringe unter den Augen, weil ich zu wenig Schlaf habe. Unser
Essen ist miserabel geworden: Zum Frühstück trocken Brot
mit Kaffee-Ersatz. Mittags seit 14 Tagen abwechselnd Spinat
oder Salat, die Kartoffeln sind 20 cm lang, ganz rötlich und
süß. Wer schlank werden will, braucht nur im Hinterhaus zu
logieren! Die oben klagen Stein und Bein, wir finden es nicht
so tragisch.

Alle Männer, die in dem Fünftagekrieg mitgefochten haben
oder mobilisiert waren, sind als »Kriegsgefangene« aufgerufen, um für den »Führer« zu arbeiten. Wieder eine Vorbeu-
gungsmaßregel im Falle der Invasion!

Anne

Samstag, 1. Mai 1943

Liebe Kitty!

Wenn ich über unser Leben hier nachdenke, komme ich immer
wieder zu der Schlußfolgerung, daß wir es im Vergleich zu den
nicht untergetauchten Juden hier haben wie im Paradies. Doch
später, wenn ich zurückdenke, werde ich wahrscheinlich erstaunt sein, wie wir heruntergekommen sind, heruntergekommen in unseren Manieren. Wir haben z. B., seitdem wir hier

sind, eine Wachstuchdecke auf dem Tisch, die durch den häufigen Gebrauch auch nicht schöner geworden ist. Mit einem alten Tuch, das mehr Loch als Tuch ist, probiere ich, sie wieder ein bißchen »auf Glanz« zu bringen, aber viel Staat ist doch nicht mehr damit zu machen. v. Daans haben ihre Matratzenschoner bereits den ganzen Winter nicht waschen lassen können, weil das Seifenpulver zu knapp und zu schlecht dafür ist. Vater läuft mit einer ausgefransten Hose, und auch sein Schlips ist schon sehr abgenutzt. Mutters Korsett ist vor Altersschwäche heute ganz kaputtgegangen, und Margot hat einen Büstenhalter, der zwei Nummern zu eng ist. Mutter und Margot haben sich den Winter über zusammen mit drei Hemden behelfen müssen, ich bin aus meinen so herausgewachsen, daß sie nur noch bis an die Hüfte reichen. Jetzt geht das alles noch, aber ich denke mit Schrecken: »Wie sollen wir, völlig abgerissen von meinen Schuhsohlen bis zu Vaters Rasierpinsel, je wieder auf den alten Stand zurückkommen?«

Heute wurde wieder furchtbar geschossen, besonders nachts. Ich habe meine wichtigsten Habseligkeiten zusammengerafft und am Tage einen »Fluchtkoffer« gepackt mit den nötigen Sachen. Aber Mutter sagt sehr richtig: »Wohin willst du flüchten?«

Ganz Holland wird gestraft, weil an allen Ecken und Enden sabotiert wird. Es wurde Belagerungszustand verhängt und jedem eine Butterration abgezogen. So straft man ungezogene Kinder.

Heute abend habe ich Mutter die Haare gewaschen. Das ist hier auch nicht so einfach. Erstens müssen wir uns mit klebriger Schmierseife behelfen und zweitens kann Mutti ihr starkes Haar schlecht auskämmen, weil unser Familienkamm nur noch ungefähr zehn Zähne hat.   Anne

Dienstag, 18. Mai 1943

Liebe Kitty!

Wir haben ein Luftgefecht zwischen deutschen und englischen Fliegern beobachtet. Leider mußten die Mannschaften von zwei englischen Maschinen abspringen. Unser Milchlieferant wohnt auf dem halben Wege nach Haarlem und hat unterwegs vier Kanadier getroffen, von denen einer fließend Holländisch sprach und ihn um Feuer bat. Sie erzählten, daß die Bemannung ihrer Maschine aus sechs Mann bestand, der Pilot aber leider verbrannt sei und ihr fünfter Kamerad sich irgendwo versteckt hätte. Dann kam die grüne Polizei, um die vier Flieger gefangenzunehmen. Diese Ruhe und Geistesgegenwart ist bewundernswert nach solch einem Absprung!

Obgleich es schon sehr warm ist, mußten wir heute wieder unseren Ofen anmachen, um Gemüseabfall und anderen

Schmutz zu verbrennen. Wir müssen uns wegen der Hausdiener vorsehen und dürfen darum nichts in den Mülleimer werfen. Jede kleine Unvorsichtigkeit könnte uns verraten.

Sämtliche Studenten sollen eine Loyalitätserklärung unterzeichnen und sich mit den Maßnahmen der besetzenden Macht einverstanden erklären. Dann dürfen sie weiter studieren. 80 Prozent jedoch haben es nicht fertigbekommen, gegen ihr Gewissen zu handeln und ihre Überzeugung zu verkaufen. Die Folgen sind nicht ausgeblieben. Alle Studenten, die nicht unterzeichnet haben, müssen nach Deutschland zur Zwangsarbeit. Was bleibt von der holländischen Jugend übrig, wenn das so weitergeht?

Heute nacht hat Mutter das Fenster zugemacht, weil das Schießen wieder beinahe unerträglich war. Ich war bei Pim im Bett. Plötzlich hören wir oben Frau v. Daan wie von einer Tarantel gestochen aus dem Bett springen, dann folgte ein harter Schlag ... Ich dachte, eine Brandbombe wäre dicht am Bett heruntergekommen, und schrie: »Licht, Licht!!!«

Pim knipste an, und ich erwartete, daß das Zimmer in wenigen Minuten lichterloh brennen würde. Aber alles war unverändert. Wir stürzten alle nach oben, um zu sehen, was geschehen war. v. Daans hatten durch das offene Fenster Feuerschein gesehen. Er glaubte, daß es dicht dabei sei, und sie glaubte, daß auch unser Haus schon brenne. Bei dem Schlag stand sie schon auf ihren zitternden Füßen. Da nichts mehr zu hören und zu sehen war, krochen wir alle wieder in unsere Betten. Nach einer Viertelstunde setzte der Kanonendonner aufs neue ein. Frau v. Daan riß sofort aus, lief die Treppe herunter und flüchtete ins Zimmer zu Dussel, um bei ihm Schutz zu suchen, der ihr scheinbar bei ihrem Herrn Gemahl nicht beschert war.

Dussel empfing sie mit den Worten: »Komm zu mir ins Bett, mein Kind!«

Wir brachen alle in schallendes Gelächter aus, und die Situation war für heute gerettet. Anne

Sonntag, 13. Juni 1943

Liebe Kitty!

Mein Geburtstagsgedicht von Vater ist so schön, daß ich es Dir nicht vorenthalten kann. Nach einer Zusammenfassung der Erlebnisse dieses Jahres geht es weiter:

> Als Jüngste von allen und doch nicht mehr klein
> Hast Du es nicht einfach. Ein Jeder will sein
> Ein bißchen Dein Lehrer — Dir oft zur Pein!
> »Wir haben Erfahrung — Nimm's von mir an!«
> »Wir haben so etwas schon öfter getan
> Und wissen besser was einer kann oder mag.«

Ja, ja, so geht es den ganzen Tag.
Die eigenen Fehler wiegen nicht schwer,
Doch die der anderen um so mehr.
Oft wirst Du ermahnt, mußt vieles hören,
Gar manches wird Dich sicher stören,
Doch können nicht immer Dir recht wir geben.
Nachgiebig muß man sein im Leben,
Und um des lieben Friedens willen
Schluckt manches man wie bittre Pillen.
Das Lebensjahr, das nun beendet,
Hast Du sehr nützlich angewendet,
Durch Lernen, Arbeit und viel Lesen
Ist's doch nie »langweilig« gewesen.
Und nun zur Kleidung: Ich höre Dich fragen:
Was kann ich eigentlich noch tragen?
Mein Kleid, mein Rock, alles zu kurz,
Mein Hemd nur noch ein Lendenschurz.
Und dann die Schuhe, es ist nicht zu sagen,
Wie viele Schmerzen mich da plagen.
Ja, wächst man auch zehn Zentimeter,
Paßt nichts mehr, das versteht ein jeder!

Zum Thema Essen hat Margot gedichtet, da aber die Reime so holprig sind, schreibe ich die Verse hier nicht auf.
Sonst bin ich mit vielen schönen Geschenken sehr verwöhnt worden, u. a. bekam ich ein dickes Buch über mein »hobby«, die Mythologie von Hellas und Rom. Über Mangel an Süßigkeiten kann ich auch nicht klagen. Alle sind an ihren letzten Vorrat gegangen. Als Benjamin von der Untertaucher-Familie bin ich wirklich mehr verwöhnt worden, als ich es verdiene.

Anne

Dienstag, 15. Juni 1943

Liebe Kitty!
Es ist wieder eine Menge passiert, aber ich denke manchmal, daß mein uninteressantes Geschwätz Dich mächtig langweilt und daß Du Dir nicht so viel daraus machst, solche Briefe zu bekommen. Darum werde ich mich kurz fassen.
Herr Vossen ist nicht an Magengeschwüren operiert. Als die Ärzte den Schnitt gemacht hatten, konstatierten sie Krebs, der leider schon so fortgeschritten ist, daß eine Operation nicht mehr möglich war. Sie haben die Wunde wieder verschlossen, ihn drei Wochen gepflegt und ihn dann wieder nach Hause geschickt. Mir tut er so leid, und ich empfinde es besonders schwer, daß wir nicht heraus können. Ich würde ihn oft besuchen, um ihn etwas abzulenken. Es ist so schade, daß unser guter Vossen uns nicht mehr berichten kann, was im Lager pas-

siert und erzählt wird. Er war eine so gute Stütze und rührend um uns besorgt. Wir vermissen ihn sehr.

Im nächsten Monat muß voraussichtlich unser Radio abgeliefert werden. Herr Koophuis hat zu Hause noch einen sogenannten Baby-Apparat, den wir dann heimlich an Stelle unseres großen Philips bekommen werden. Es ist sehr bedauerlich, daß der schöne Apparat abgegeben werden muß. Aber ein Haus, in dem Menschen verborgen sind, darf nichts riskieren und muß sich auf jeden Fall die »hohe Obrigkeit« vom Hals zu halten suchen. Das kleine Radio kommt nach oben. Bei versteckten Juden, die mit heimlichem Geld schwarz kaufen, hat auch ein verbotenes Radio noch Platz. Jeder probiert, irgendeinen alten Apparat zu ergattern, um ihn anstatt des eigenen abzuliefern. Das Radio ist nun eigentlich die einzige Verbindung mit der Welt. Und es ist wahr: Wenn die Stimmung »down« ist, hilft die Wunderstimme aus dem Äther, die uns wieder Mut zuspricht und aus der es klingt: »Kopf hoch, es kommen auch wieder bessere Zeiten!«   Anne

                                                    Sonntag, 11. Juli 1943
Liebe Kitty!
Um zum soundsovielten Male auf das Thema Erziehung zurückzukommen, kann ich Dir sagen, daß ich mir die größte Mühe gegeben habe, hilfsbereit, freundlich und nett zu sein, so daß die Sturmflut von Ermahnungen jetzt wirklich abebbt. Aber es ist verdammt schwer, sich gegen Menschen, die Du doch nicht ausstehen kannst, gut zu benehmen. Ich sehe ein, daß ich weiter komme, wenn ich ein bißchen heuchle, anstatt meiner alten Gewohnheit getreu jedem die Meinung ins Gesicht zu sagen (obwohl niemand darauf Wert legt).

Dabei falle ich noch häufig aus der Rolle und kann meine Wut über alle Ungerechtigkeiten nicht verbeißen, so daß dann wieder wochenlang über das ungezogenste Mädel auf der Welt geredet wird! Findest Du nicht, daß ich zu bedauern bin? Es ist ein Glück, daß ich nicht so ein Nörgler bin. Sonst würde ich versauern und meine gute Laune wäre dahin!

Außerdem habe ich mir vorgenommen, die Stenographie jetzt ein bißchen schießen zu lassen, erstens um mehr Zeit für meine andere Arbeit zu haben und zweitens wegen meiner Augen. Es ist recht unangenehm, aber ich bin in der letzten Zeit sehr kurzsichtig geworden und müßte eine Brille haben (mit der ich dann wie eine Eule aussehen werde), aber Du weißt ja: Untertaucher dürfen oder vielmehr dürfen nicht...

Gestern hatte jedenfalls das ganze Haus nur einen Gesprächsstoff. Mutter hatte die Idee, mich mit Frau Koophuis zum Augenarzt zu schicken. Zuerst wurde mir ein bißchen schwindlig, als ich es hörte. Es ist doch keine Kleinigkeit: Auf die

Straße, denk nur, auf die Straße! Im ersten Moment kriegte ich eine Todesangst, dann war ich froh! Aber so einfach ist es doch nicht. Alle Schwierigkeiten und Gefahren mußten erst überlegt werden, und die Instanzen, die über einen solchen Schritt zu entscheiden haben, waren sich nicht so schnell einig. Miep wollte gleich mit mir losgehen, und ich holte schon meinen grauen Mantel aus dem Schrank. Aber der war so klein, als wenn er einer jüngeren Schwester von mir gehörte. Ich bin neugierig, ob ich nun wirklich zum Doktor gehen werde, aber wahrscheinlich wird der Plan noch aufgeschoben.

Inzwischen sind die Engländer auf Sizilien gelandet, und Vater meint, daß der Krieg nun doch bald zu Ende geht. Elli gibt Margot und mir viel Büroarbeit. Wir beide machen sie sehr gern, und Elli kommt schneller vorwärts. Korrespondenz ablegen und ins Verkaufsbuch eintragen kann jeder, aber wir sind besonders gewissenhaft.

Miep schleppt sich für uns ab, sie ist ein richtiger Packesel! Fast täglich treibt sie irgendwo Gemüse auf und bringt es uns in großen Einkaufstaschen per Rad mit. Sie sorgt auch dafür, daß wir jeden Samstag fünf neue Bibliotheksbücher bekommen. Darum warten wir schon immer auf jeden Samstag, gerade wie kleine Kinder, die wissen, daß ein Geschenk in Aussicht ist. Menschen, die ein normales Leben führen, können nicht ermessen, was Bücher für uns Eingeschlossene bedeuten. Lesen, Lernen und Radio sind doch nun unsere Welt!

Anne

Dienstag, 13. Juli 1943

Liebe Kitty!

Gestern nachmittag habe ich Dussel mit Vaters Einverständnis gefragt, ob es ihm recht wäre (und ich war besonders höflich), wenn ich zweimal in der Woche den Tisch in unserem Zimmer auch nachmittags von 4 bis 5.30 Uhr benutzen würde. Von 2.30 bis 4 Uhr sitze ich sowieso jeden Tag daran, während Herr Dussel schläft, aber später sind Tisch und Zimmer für mich verbotenes Terrain. Drin, im allgemeinen Zimmer, ist es am Nachmittag viel zu laut, um zu arbeiten, und übrigens sitzt Vater auch gern mal an seinem Schreibtisch. Der Anlaß zur Frage war berechtigt und diese eigentlich nur Formsache. Was, glaubst Du, hat der hochgelehrte Herr Dussel geantwortet? »Nee!« Glattweg »Nee!«. Ich war entrüstet, ließ mich nicht so abfertigen und fragte nach seinen Gründen. Gleich bekam ich eine kalte Dusche:

»Was denkst Du. Ich muß auch arbeiten. Wenn ich am Nachmittag nicht das Zimmer und den Tisch habe, bleibt für mich überhaupt keine Zeit. Ich muß mein Pensum schaffen. Ich habe nicht für nichts damit angefangen! Du tust doch nichts Vernünftiges. Deine Mythologie, was ist das schon. Und Strikken und Lesen ist auch keine Arbeit! Kommt nicht in Frage, den Tisch kriegst Du nicht!«

Ich antwortete: »Meine Arbeit ist *doch* sehr ernsthaft. Drinnen kann ich nachmittags nicht richtig arbeiten. Denken Sie bitte nochmal darüber nach.«

Mit diesen Worten drehte die beleidigte Anne sich um und tat, als ob der Doktor Luft sei. Dabei siedete ich vor Wut, fand Dussel schrecklich unartig (das war er auch) und mich sehr freundlich. Sowie ich abends Pim erwischte, erzählte ich ihm das negative Resultat, und wir besprachen, was ich nun tun sollte. Nachgeben wollte ich natürlich nicht, aber doch versuchen, die Sache allein in Ordnung zu bringen. Vater sagte mir so ungefähr, wie ich sie anpacken sollte, wollte aber, daß ich einen Tag warte, da ich doch noch sehr erregt war. Diesen Rat schlug ich in den Wind, und nach dem Spülen wartete ich Dussel ab. Vater saß im Nebenzimmer, und seine Nähe gab mir Ruhe und Mut.

»Herr Dussel«, sagte ich, »wahrscheinlich haben Sie es nicht der Mühe wert gefunden, noch einmal meine Frage zu überlegen. Aber ich bitte Sie noch einmal darum!«

Mit seinem freundlichsten Lächeln antwortete er: »Die Sache ist inzwischen erledigt, aber bin immer gerne bereit, darüber zu sprechen.«

Nun brachte ich noch einmal alles vor, immer durch ihn unterbrochen:

»Als Sie herkamen, Herr Doktor, ist die Einteilung des Zimmers, da es uns doch beiden gehört, genau besprochen worden. Damals hieß es, daß Sie vormittags arbeiten wollen und ich den ganzen Nachmittag bekomme. Aber das verlange ich gar nicht, und Sie müssen doch zugeben, daß zwei Nachmittage dann recht und billig sind?«

Dussel sprang auf wie von einer Natter gestochen:

»Du hast schon gar nicht von Recht zu sprechen. Wo soll ich denn bleiben. Ich werde Herrn v. Daan fragen, ob er mir oben auf dem Speicher so 'ne Art Hundehütte bauen will. Dann habe ich wenigstens einen Platz. Ich habe auch nirgends Ruhe für meine Arbeit. Mit Dir hat man auch immer nur Ärger. Wenn Deine Schwester Margot mich bitten würde, die viel eher Grund dazu hat, wäre ich sofort bereit, aber Du ...«

Und dann kam wieder der Quatsch über die Mythologie und das Lesen und Stricken, und Anne war tief gekränkt. Das zeigte sie jedoch nicht, sondern ließ Dussel weiter quengeln:

»Mit Dir ist nicht zu reden. Du bist eine schreckliche Egoistin. Wenn Du Deinen Willen nur durchsetzen kannst, ist es Dir gleich, was mit den anderen geschieht. Ich habe so ein Kind noch nie gesehen! Aber zu guter Letzt werde ich ja doch nachgeben müssen. Sonst heißt es später, Anne Frank ist beim Examen durchgefallen, weil Herr Dussel sie nicht lange genug an den Arbeitstisch herangelassen hat.«

Und so redete er ununterbrochen weiter wie ein Wasserfall. Es war schon nicht mehr anzuhören. Mein erster Impuls war: »Könnte ich ihm eine langen, daß er gleich gegen die Wand fliegt, der alte Lügner!« Und dann dachte ich wieder: »Ruhig bleiben, der Kerl verdient wirklich nicht, daß Du Dich so aufregst.«

Endlich hatte er sich ausgetobt und verließ das Zimmer mit einem Gesicht, auf dem gleichzeitig Wut und Triumph zu lesen waren. Seine Taschen waren wie immer mit Eßwaren heimlich vollgestopft, die Miep für ihn bekam und mitbrachte. Ich ging zu Vater, um ihm das Gespräch genau zu berichten, falls er es nicht selbst verfolgt hatte.

Pim beschloß, noch an demselben Abend mit Dussel zu sprechen, und das geschah auch. Sie redeten eine halbe Stunde lang. Vater erinnerte Dussel daran, daß sie schon einmal über denselben Fall gesprochen hätten, und er ihm damals sozusagen nachgegeben hätte, um den Älteren der Jüngeren gegenüber nicht ins Unrecht zu setzen, aber richtig hatte er es damals schon nicht gefunden. Dussel warf ein, daß ich gesagt hätte, er sei ein Eindringling, der alles mit Beschlag belegte. Vater widersprach entschieden, weil er selbst das Gespräch gehört hatte und wußte, daß kein Wort davon gefallen war. So diskutierten die beiden, Vater meinen angeblichen Egoismus und meine »Pfuscharbeit« verteidigend, Dussel murrend, scheltend, unzufrieden. Endlich gab er nach, und es wurde verabredet, daß ich zweimal in der Woche bis 5 Uhr durcharbeiten könnte. Dussel war geschlagen. Zwei Tage beachtete er mich nicht, aber er behauptete sein Recht und saß dann noch die halbe Stunde von 5 bis 5.30 Uhr am Tisch ... wie so ein dummer Junge.

Wenn einer mit 54 solch ein Pedant und Kleinkrämer ist, dann hat die Natur ihn so geschaffen, und er wird sich bestimmt nicht mehr ändern.   Anne

Freitag, 16. Juli 1943

Liebe Kitty!

Wieder ein Einbruch, aber diesmal ein echter! Morgens ging Peter wie immer ins Lager und konstatierte, daß die Türen zum Lager und zur Straße offenstanden. Er kam sofort zu Pim, der zuerst das Radio im Privatkontor auf den deutschen Sender einstellte und die Tür abschloß. Dann gingen sie zusammen nach oben. Die Hausordnung schreibt in solchem Fall vor: Kein Wasser laufen lassen, ganz leise sein und um 8 Uhr fix und fertig, nicht aufs WC. Wir waren alle acht froh, daß wir des Nachts gut geschlafen und nichts gehört hatten. Erst um 11.30

Uhr kam Herr Koophuis und erzählte, daß die Einbrecher die Außentür mit einem Brecheisen geöffnet und dann die Lagertür eingeschlagen hätten. Da sie sahen, daß im Lager nicht viel zu holen war, versuchten sie ihr Glück eine Treppe höher. Sie haben eine Geldkassette mit 40 Gulden und Blanko-Scheckbücher gestohlen, aber viel schlimmer ist, daß ihnen die Bezugscheine für die ganze Zuckerzuweisung von etwa 150 kg in die Hände gefallen sind.

Herr Koophuis denkt, daß es dieselben Einbrecher waren, die schon einmal vor etwa 6 Wochen versucht hatten, eine der Türen aufzubrechen. Damals war es nicht geglückt. Dieses Erlebnis hat die Wogen wieder einmal hochgehen lassen. Ohne Sensationen scheint es bei uns im Hinterhaus nicht abzugehen. Wir sind froh, daß die Schreibmaschinen und die Kasse sicher bei uns im Schrank waren, wo sie allabendlich untergebracht werden.   Anne

Montag, 19. Juli 1943

Liebe Kitty!

Sonntag ist Amsterdam-Noord schwer bombardiert worden. Die Verwüstung muß entsetzlich sein. Ganze Straßen sind Schutthaufen geworden, und es kann noch Tage dauern, bis alle Verschütteten geborgen sind. Bis jetzt wurden 200 Tote und unzählige Verwundete gemeldet. Die Krankenhäuser sind überfüllt. Kinder irren umher und suchen zwischen den Trümmern nach ihren Eltern. Es überläuft mich immer noch kalt, wenn ich an das dumpfe Dröhnen und Krachen denke, das uns das Zeichen der nahen Vernichtung bedeutete.   Anne

Freitag, 23. Juli 1943

Liebe Kitty!

Elli hat jetzt wieder ein Geschäft aufgetrieben, wo es noch Hefte gibt, vor allem Kontorbücher für Margot, die jetzt Buchhaltung lernt. Auch andere Hefte sind da ohne Bezugschein zu haben. Aber du mußt nicht fragen, wie sie aussehen: Graues, schief liniertes Papier, zwölf Seiten stark, dafür um so teurer!

Nun will ich Dir auch mal einen Spaß machen und Dir erzählen, was wir uns alle zuerst wünschen, wenn wir wieder frei sind.

Margot und Herr v. Daan möchten zuerst ein heißes Bad voll bis obenhin nehmen, in dem sie mindestens eine halbe Stunde bleiben wollen. Frau v. Daan will am liebsten gleich in irgendeiner Konditorei ordentlich Torte essen, Dussel kennt nur eins: das Wiedersehen mit seiner Frau, seinem Lottchen; Mutter sehnt sich nach einer Tasse Kaffee. Vater besucht als erstes Herrn Vossen, Peter will gleich in die Stadt ins Kino — und ich?? Ich würde vor Seligkeit nicht wissen, was ich zuerst anfangen soll.

Am meisten wünsche ich mir, daß wir wieder in einer eigenen Wohnung sind, wo wir tun und lassen können, was wir wollen, dann, daß ich mich frei bewegen kann, und vor allem Hilfe und Anleitung bei der Arbeit, also die geregelte Schule!

Elli kann »schwarzes« Obst bekommen, aber es kostet eine Kleinigkeit: Trauben 5 Gulden, Stachelbeeren 70 Cent, *ein* Pfirsich 50 Cent, 1 kg Melone 1,50 Gulden. In den Zeitungen steht aber jeden Tag mit Riesenlettern: Preistreiberei ist Wucher!

Anne

Montag, 26. Juli 1943

Liebe Kitty!

Gestern war wieder ein sehr unruhiger Tag, und wir sind noch alle ganz aufgeregt. Eigentlich müßtest Du fragen, ob bei uns auch mal ein Tag ohne Aufregung verläuft.

Als wir beim Frühstück saßen, gaben die Sirenen Voralarm. Das stört uns nicht direkt, weil es nur bedeutet, daß die feindlichen Flieger sich der Küste nähern. Nach dem Frühstück hatte ich mich wieder hingelegt, weil ich heftiges Kopfweh hatte, und ging dann später nach unten. Es war etwa 2 Uhr. Um 2.30 Uhr war Margot mit ihrer Büroarbeit fertig. Sie hatte noch nicht zusammengepackt, als wieder Alarm gegeben wurde, aber diesmal gleich Großalarm. So zogen wir wieder nach oben, und es war Zeit, denn fünf Minuten später begann das Toben da draußen und wurde so schlimm, daß wir unsere »Schutz«-Ecke im Gang aufsuchten. Das Haus dröhnte, und wir hörten deutlich die Einschläge der Bomben. Ich klemmte meine Fluchttasche unter den Arm, mehr um mich an etwas festzuhalten als um wegzulaufen. Weg können wir doch nicht, wenn wir aber im äußersten Fall flüchten müssen, ist die Straße für uns ebenso gefährlich wie ein Bombardement.

Nach einer halben Stunde ließ das Fliegen nach, aber die Betriebsamkeit im Haus nahm zu. Peter kam von seinem Beobachtungsposten auf dem Speicher herunter, Dussel war im großen Kontor, Frau v. Daan fühlte sich im Privatkontor sicher, Herr v. Daan hatte vom Dachspeicher aus zugesehen. Wir gingen nun auch nach oben, von wo aus wir die Rauchwolken über dem IJ[1] deutlich sehen konnten. Bald spürte man auch den Brandgeruch, und es war, als ob dichter Nebel über der Stadt hinge.

Solch ein großer Brand ist kein schönes Erlebnis. Wir waren dankbar, daß für uns alles gut vorübergegangen war, und jeder ging wieder an seine Arbeit. Des Abends beim Essen: Wieder Luftalarm! Wir hatten besonders gutes Essen, aber mir verging schon der Appetit bei dem schrecklichen Geheul der Sirenen. Sonst blieb alles still, und nach dreiviertel Stunden wurde

1 IJ: Hafen von Amsterdam.

wieder abgeblasen. Nach dem Spülen ging es wieder los: Alarm, furchtbares Schießen, sehr viele Flieger über uns. Wir dachten alle: jemineh, nun wird's ein bißchen toll. Aber das half nichts. Wieder regnete es Bomben, dieses Mal auf der anderen Seite (auf Schiphol[1]), wie die Engländer durchsagten. Die Flieger tauchten, stiegen, schossen, die ganze Luft schien zu sausen. Jeden Augenblick fürchtete ich, daß einer herunterkäme. Ich kann Dir sagen, daß ich mich nicht mehr auf den Beinen halten konnte, als ich um 9 Uhr ins Bett ging. Nachts wachte ich auf. Es war Punkt 12 Uhr: Flieger! Dussel war gerade beim Ausziehen. Mir war das gleich. Beim ersten Schuß sprang ich hellwach aus dem Bett. Zwei Stunden wurde unaufhörlich geflogen, und ich blieb bei Vater. Dann fiel kein Schuß mehr, und ich ging wieder herüber. Um 2.30 Uhr bin ich eingeschlafen.

7 Uhr. Mit einem Schrecken fuhr ich hoch. v. Daan war bei Vater. »Alles«, hörte ich ihn sagen. »Einbrecher«, war mein erster Gedanke, und ich dachte, daß alles gestohlen sei. Aber nein! Nun kam ein so guter Bericht, wie wir ihn seit Monaten, vielleicht während des ganzen Krieges nicht gehört hatten: Mussolini ist abgetreten, der König von Italien hat die Regierung übernommen.

Wir jubelten. Nach dem Schrecken von gestern endlich wieder etwas Gutes und ... Hoffnung! Hoffnung auf das Ende! Hoffnung auf Frieden!

Eben ist Kraler gekommen und erzählt, daß Fokker schwer beschädigt ist. Inzwischen hatten wir nachts wieder Alarm mit starker Fliegerei und auch noch mal Voralarm. Ich ersticke in Luftalarmen, bin nicht ausgeschlafen und kann natürlich auch nicht recht arbeiten. Aber nun hält die Spannung uns wach und die Hoffnung auf das Ende, hoffentlich noch in diesem Jahr.

Anne

Donnerstag, 29. Juli 1943

Liebe Kitty!

Frau v. Daan, Dussel und ich waren beim Spülen, und ich war, was selten vorkommt und ihnen sicher auch auffiel, außergewöhnlich ruhig. Um neugierigen Fragen vorzubeugen, suchte ich nach einem neutralen Thema und begann ein Gespräch über das Buch »Henri van de Overkant«. Aber ich hatte mich verrechnet. Wenn ich von Frau v. Daan nichts aufs Dach kriege, dann aber bestimmt von Dussel. Die Sache war so: Dussel hatte uns das Buch als etwas Besonderes empfohlen. Margot und ich fanden es keineswegs so ausgezeichnet. Der Junge ist sehr fein dargestellt, aber das übrige ... darüber wollen wir lieber schweigen. Ich brachte nun meine Meinung aufs Tapet. Da war ich aber ins Fettnäpfchen getreten. »Was weißt Du von

[1] Schiphol: Flughafen von Amsterdam.

der Psyche eines Mannes? Wenn es sich noch um ein Kind handelte! Du bist viel zu jung für solch ein Buch. Ein Zwanzigjähriger kann das kaum erfassen.« (Warum hat er es denn Margot und mir so speziell empfohlen?) Und nun legten die beiden los:

»Du weißt viel zuviel von Dingen, die Dich noch gar nichts angehen. Du bist auch ganz falsch erzogen. Später wird Dir nichts mehr Freude oder Vergnügen machen. Dann sagst Du: Das, ach, das habe ich vor 25 Jahren schon in Büchern gelesen. Beeile Dich nur, wenn Du noch einen Mann kriegen oder Dich richtig verlieben willst. Dir wird doch keiner recht sein! In der Theorie bist Du vollkommen, in der Praxis sieht es aber ganz anders aus.«

Ihre Auffassung von guter Erziehung ist anscheinend, mich immer gegen meine Eltern aufzuhetzen, und das tun sie gern. Und es ist wohl eine ebenso ausgezeichnete Methode, einem Mädel meines Alters nichts über Themen für »Erwachsene« zu erzählen. Das Resultat solcher Erziehung hat sich häufig als böser Fehlschlag erwiesen!

Ich hätte den beiden mit ihrem lächerlichen Getue am liebsten ins Gesicht geschlagen. Ich war außer mir vor Wut. Könnte ich doch schon die Tage zählen, daß ich sie los wäre! Frau v. Daan ist die Richtige... An der kann man sich ein Beispiel nehmen! Ja, ein Beispiel — wie man nicht sein soll!

Sie ist bekannt als unbescheiden, egoistisch, dummschlau, berechnend und mit nichts zufrieden. Über Madame könnte ich Bücher schreiben, und wer weiß, ob ich das nicht noch tue. Der äußere Firnis hält nicht. Sie tut nett und freundlich, besonders zu Männern, aber sie ist ein Blender! Mutter findet sie zu dumm, um ein Wort zu verlieren, Margot zu unbedeutend. Pim sagt, sie sei häßlich (buchstäblich und persönlich), und ich habe nach langer Beobachtung erkannt — denn ich bin nie voreingenommen —, daß alle diese Ansichten zutreffen und noch viel mehr! Sie hat so viele schlechte Eigenschaften, welche soll ich da zuerst aufzählen?   Anne

P. S. Die liebe Leserin wird gebeten, davon Kenntnis zu nehmen, daß dieser Brief noch mit ungekühlter Wut geschrieben ist!

Dienstag, 3. August 1943

Liebe Kitty!

Politisch geht es ausgezeichnet. In Italien ist die Faschistische Partei verboten. In verschiedenen Gegenden kämpft das Volk gegen die Faschisten. Sogar Soldaten nehmen daran teil. Wie kann ein solches Volk noch Krieg führen gegen England?

Hier ist zum dritten Male schwer bombardiert worden. Ich habe die Zähne zusammengebissen und mir »Mut gemacht«. Frau

v. Daan, die bisher immer gesagt hat: »Lieber ein Ende mit
Schrecken als dies endlose Warten«, ist nun die Feigste von
uns allen. Sie zitterte heute morgen wie Espenlaub, und dann
brach sie in Tränen aus. Ihr Mann, mit dem sie eine Woche
mal wieder wie Hund und Katze gelebt, aber eben Frieden geschlossen hatte, tröstete sie liebevoll. Man könnte sentimental
werden bei dieser schönen Szene.
Apropos Katze! Daß sie nicht allein nützlich sind, hat Mouchi
bewiesen! Wir haben alle Flöhe, und die Plage wird täglich ärger. Herr Koophuis hat überall gelbes Pulver gestreut, das
aber die Flöhe nicht zu stören scheint. Wir sind alle schon ganz
nervös. Fortwährend denkt man daran und fühlt ein Krabbeln
an Armen, Beinen und sonstwo am Körper, und alle verrenken
sich mit den ulkigsten Bewegungen auf der Jagd nach den kleinen Peinigern. Die geringe Körperbewegung rächt sich nun. Wir
sind steif geworden, weil wir zu wenig Gymnastik treiben, um
fit zu bleiben.   Anne

Mittwoch, 4. August 1943

Liebe Kitty!
Nachdem wir nun schon länger als ein Jahr in unserem Hinterhaus eingeschlossen sind, weißt Du schon ziemlich viel von
unserem Leben. Manches läßt sich kaum beschreiben. Es ist
alles sehr kompliziert und ganz anders als in der Freiheit. Um
Dir einen noch besseren Einblick zu geben, will ich nun ab und
zu etwas aus unserem Tageslauf erzählen und beginne heute
mit dem Abend und der Nacht.
Abends neun Uhr beginnen rege Vorbereitungen für das Schlafengehen. Stühle werden gerückt, Betten hervorgeholt, Decken
ausgelegt. Eigentlich bleibt nichts da stehen, wo es am Tage
hingehört. Ich schlafe auf der kleinen Chaiselongue, die ca.
1,50 Meter lang ist, und brauche Stühle zur Verlängerung.
Tagsüber sind mein Plumeau, Decken, Kissen und Bettücher in
Dussels Bett untergebracht.
Vom Nebenzimmer hört man das typische Quietschen und Knarren: Margots Harmonikabett wird »aufgezogen«, und wieder
kommen Decken und Kissen irgendwoher zum Vorschein.
Man könnte denken, es donnert oben, wenn man nicht wüßte,
daß nun das Bett von Frau v. Daan ans Fenster geschoben
wird. »Ihre Hoheit« im rosa Bettjäckchen muß aus nächster
Nähe den frischen Ozon durch ihr schönes, kleines Näschen
atmen!
Nachdem Peter fertig ist — etwa um 9 Uhr —, gehe ich ins
»Badezimmer«, um mich gründlich zu waschen, und öfter muß
dann ein kleiner Floh sein Leben lassen. Dann Zähne putzen,
Locken wickeln, maniküren und andere kleine Toilettengeheim-
nisse..., und das alles in einer kleinen halben Stunde!

Um *halb zehn* schnell in den Bademantel geschlüpft, in der einen Hand die Seife, in der anderen Haarnadeln, Lockenwickler, Watte usw., die Wäsche über den Arm und hinaus. Aber oft werde ich wieder zurückgerufen, weil ich den Waschtisch mit meinen schönen, dunklen Haaren geschmückt habe, was scheinbar dem Nachfolger nicht gefällt.

Zehn Uhr: Verdunkelung herunter. Gute Nacht! Eine Viertelstunde hört man noch die Betten knarren und das Seufzen von kaputten Sprungfedermatratzen. Dann ist alles still, wenn zufällig oben mal kein ehelicher Disput ist.

Um *halb zwölf* geht die Tür vom Badezimmer. Ein dünner Lichtstrahl fällt herein, Schuhe schlurfen. Im weiten Mantel, viel zu groß für den Mann, kommt Dussel an, nachdem er vorher in Kralers Kontor gearbeitet hat. Zehn Minuten schleicht er herum, knistert mit Papier (von den Fressalien, die er wieder versteckt), macht umständlich sein Bett und verschwindet dann noch einmal, und von Zeit zu Zeit tönen verdächtige Geräusche vom WC.

Um *drei Uhr* muß ich meistens aufstehen, um ein kleines Geschäft zu verrichten. Unter der Blechdose, die dafür dient, liegt sicherheitshalber ein Stückchen Gummimatte, falls das Ding mal zu lecken beginnt. Ich halte den Atem an, weil es so auf dem Blech gluckert wie ein Bächlein über die Kiesel. Schnell verschwindet die weiße Gestalt, die allabendlich von Margot mit dem Ausruf geneckt wird: »Oh, dieses unsittliche Nachthemd!«, wieder unter die Decken.

Eine Viertelstunde horche ich dann noch auf die nächtlichen Geräusche. Zuerst, ob unten ein Dieb sein könnte, dann nach den verschiedenen Nachbarn, oben, nebenan und bei mir, woraus ein Resümee der Temperamente zu ziehen wäre. Manche schlafen ganz fest, andere sind halbwach. Das ist nicht angenehm, besonders, wenn es Herr Dussel ist. Zuerst hört sich's an, als ob ein Fisch nach Luft schnappt, so ungefähr zehnmal. Dann werden schmatzend die Lippen befeuchtet. Dabei wirft er sich hin und her und zerrt und schiebt an den Kissen, bis er die richtige Lage gefunden hat. Mit kleinen Zwischenpausen wiederholt sich diese Gesamtprozedur mindestens dreimal, bis der gute Doktor sich dann endlich in Schlaf gelullt hat.

Oft kommt es vor, daß nachts zwischen eins und vier geschossen wird. Ich hab's noch kaum begriffen und stehe doch schon halbwach neben meinem Bett. Manchmal träume ich auch von unregelmäßigen Verben oder einem ehelichen Zwist über uns. Dann merke ich erst später, daß ich die Schießerei glücklich verschlafen habe. Aber meistens springe ich auf, packe meine Kissen und ein Taschentuch, schlüpfe in Bademantel und Pantoffel und laufe Schutz suchend zu Vater, so, wie Margot es in einem Geburtstagsgedicht beschrieben hat:

>Des Nachts beim allerersten Krach
Steht gleich danach in unserem Gemach
Ein kleines Mädchen lieb und nett
Mit flehenden Blicken an Vaters Bett!«

Wenn ich da geborgen bin, habe ich den Hauptschreck schon überwunden, wenn die Schießerei nicht zu dramatisch wird. *Dreiviertel sieben:* Krrrrr, oben der Wecker. Knack...pang, Frau v. Daan hat ihn abgestellt. Ihr Mann erhebt sich — man hört ihn —, setzt Wasser auf und geht als erster ins Badezimmer. Eine halbe Stunde später wird er von Dussel abgelöst. Endlich allein, entdunkele ich — und der neue Tag im Hinterhaus hat begonnen. Anne

Donnerstag, 5. August 1943

Liebe Kitty!
Heute will ich Dir mal etwas von der Mittagspause erzählen:
Es ist *halb eins:* Das ganze Rattennest atmet auf. Nun sind die Hausdiener weg. Oben hört man den Staubsauger, mit dem Frau v. Daan den Teppich, das »gute Stück«, liebevoll bearbeitet. Margot klemmt ihre Bücher unter den Arm und geht zu ihrem Schüler Dussel, der etwas schwer von kapé ist, zum holländischen Unterricht. Pim zieht sich mit seinem geliebten Dickens in eine ruhige Ecke zurück, um da zu genießen. Mutter begibt sich eine Etage höher, um der tüchtigen Hausfrau etwas zu helfen, und ich gehe ins Badezimmer, um aufzuräumen und mich ein bißchen zurechtzumachen.
Dreiviertel eins: Nach und nach kommen alle nach oben, v. Santen, Herr Koophuis oder Kraler, Elli und meistens auch Miep.
Ein Uhr: Gespannt horcht alles am Radio auf die Nachrichten des BBC. — Das ist die einzige Zeit, in der die Bewohner des Hinterhauses sich nicht gegenseitig in die Rede fallen, denn hier spricht jemand, dem nicht einmal Herr v. Daan widersprechen kann.
Viertel zwei: Kleiner Lunch. Jeder bekommt eine Tasse Suppe und, wenn es bei uns eine Nachspeise gibt, auch einen Teller davon. Zufrieden sitzt Henk v. Santen mit der Zeitung in der Diwanecke, die Katze neben sich, die Tasse auf dem Tisch, lauter Attribute seiner Gemütlichkeit. Herr Koophuis erzählt die Neuigkeiten aus der Stadt. Er ist eine ausgezeichnete Quelle. Holterdipolter springt Kraler die Treppe herauf, ein kurzes Klopfen, dann kommt er händereibend herein, je nach Stimmung, lebhaft bei guter Laune oder gedrückt und still.
Dreiviertel zwei: Die Gäste verabschieden sich, und jeder geht wieder an seine Arbeit. Mutter und Margot spülen, Herr und Frau v. Daan gehen schlafen, Peter verschwindet in seinem

Bau, Vater legt sich ein bißchen hin, Dussel auch, und ich lese
oder schreibe. Das ist die schönste Zeit. Wenn alle schlafen,
kann niemand stören.

Dussel träumt vom guten Essen. Das sehe ich an seinem Gesicht. Aber ich studiere es nicht lange, denn die Zeit vergeht
so schnell und eine Minute nach vier steht der Pedant schon neben mir und moniert, daß ich den Tisch noch nicht abgeräumt
habe.   Anne

Samstag, 7. August 1943

Liebe Kitty!

Eine kleine Unterbrechung meiner Beschreibung unseres Lebens
hier. Vor ein paar Wochen habe ich begonnen, eine Erzählung
zu schreiben, etwas frei Erfundenes, und dies macht mir so
viel Freude, daß sich schon eine ganze Anzahl meiner »Feder-
kinder« angesammelt hat.

Da ich Dir versprochen habe, Dir treu und aufrichtig über all
meine Erlebnisse zu berichten, möchte ich gerne wissen, ob Du
denkst, daß meine Erzählungen Kindern Freude machen würden.

KAATJE

Kaatje ist unser Nachbarskind. Bei schönem Wetter sehe ich sie im
Garten spielen, wenn ich hinausgucke. Kaatje hat ein weinrotes
Sonntagskleidchen aus Samt und ein baumwollenes für die Woche.
Sie ist flachsblond und hat festgeflochtene abstehende Zöpfchen und
strahlende blaue Augen. Sie hat eine liebe Mutter, aber keinen Vater
mehr. Kaatjes Mutter ist Waschfrau und am Tage sehr oft weg, als
Aushilfe beim Großreinemachen. Abends wäscht sie noch für ihre
Kunden, dann hängt sie spät die Wäsche auf und bürstet Decken
und Kleider.

Kaatje hat sechs Geschwister, ein kleiner Schreihals ist auch dabei,
der sich hinter Kaatjes Röckchen versteckt, wenn die Mutter die
Kinder zum Schlafengehen ruft. Kaatje hat auch ein Kätzchen,
schwarz wie ein kleiner Mohr. Sie sorgt gut für ihr Kätzchen, und
jeden Abend ruft sie: »Kätzchen, Kätzchen, katje ka ... tje!« Daher
kommt auch der Name Kaatje. Sie heißt vielleicht gar nicht so, aber
sie sieht wohl danach aus. Kaatje hat auch zwei Kaninchen, ein
weißes und ein braunes. Hupf, hupf, springen sie possierlich im
Garten herum und kommen beinahe bis in die Wohnung. Kaatje
kann auch ungezogen sein, so wie andere Kinder, aber das kommt
meistens nur vor, wenn es mit den Brüdern Streit gibt. Oh, wie
kann sie dann böse werden, hauen, schubsen und sogar beißen! Aber
lange dauert es nicht. Die Brüder haben wohl Respekt vor dem kräftigen Mädel.

»Kaatje, einkaufen«, ruft die Mutter. Kaatje hält sich fest die Ohren
zu, um nachher ehrlich sagen zu können, daß sie die Mutter nicht
gehört hat. Einkaufen findet Katje abscheulich, aber es lohnt sich
nicht zu lügen, um den Weg einzusparen. Kaatje lügt nicht, das
sieht man ihren blauen Augen an.

Der ältere Bruder von Kaatje ist schon sechzehn Jahre alt und hat eine Stellung als Lehrling. Er spielt sich gern ein bißchen auf und befiehlt den jüngeren Geschwistern. Gegen Peter wagt Kaatje auch nicht, etwas zu sagen. Er kann sehr heftig sein, das weiß sie aus Erfahrung. Aber sie weiß auch, daß sie Bonbons bekommt, wenn sie auf ihn hört, und Süßigkeiten hat sie so gerne und die kleinen Geschwister natürlich auch.

Wenn des Sonntags die Kirchenglocken mit ihren tiefen und hellen Stimmen zum Gottesdienst rufen, geht Kaatjes Mutter mit allen Kindern in die Kirche. Dann betet Kaatje für ihren lieben Vater im Himmel, und daß ihre Mutter gesund bleiben möge. Später gehen sie alle spazieren, darauf freut Kaatje sich schon die ganze Woche. Sie gehen in den Park und auch einmal in den Zoologischen Garten. Aber das kann immer nur im September sein, weil es dann billiger ist, oder zu Kaatjes Geburtstag, wenn sie es gern möchte. Das ist dann ihr Geschenk, denn für größere Geschenke hat Mutter kein Geld.

Kaatje tröstet die Mutter, wenn sie manchmal nach schwerer Arbeit sehr müde ist und weint. Dann verspricht sie ihr alles, was sie sich selber wünscht, wenn sie einmal groß ist. Kaatje möchte doch so gerne schon erwachsen sein, damit sie Geld verdienen kann und schöne Kleider kaufen und Süßigkeiten für die Kleinen – so wie Peter. Aber erst muß Kaatje noch viel lernen und lange zur Schule gehen. Mutter will Kaatje dann noch in die Haushaltungsschule schicken, aber dazu hat sie keine Lust. Sie will nicht in »Stellung« gehen. Sie möchte in die Fabrik, wie die vielen netten Mädels, die jeden Tag vorbeikommen. In der Fabrik ist sie nicht allein und kann sich gemütlich unterhalten. Kaatje schwätzt doch so gern! In der Schule muß sie manchmal in der Ecke stehen, weil sie den Schnabel nicht halten kann, aber sie lernt gut. Sie mag auch die Lehrerin sehr gern. Wie hübsch und klug ist die! Es ist bestimmt schrecklich schwer, auch mal so zu werden, aber vielleicht genügt es auch, wenn sie nicht ganz so wird. Mutter sagt immer, daß sie keinen Mann kriegt, wenn sie zu viel weiß, und das würde Kaatje sehr schlimm finden. Sie will doch auch gerne Kinder haben, aber nicht solche wie ihre kleinen Geschwister. Kaatjes Kinder müssen viel hübscher und feiner sein. Sie sollen schöne braune Locken haben und kein Flachshaar. Das ist gar nicht vornehm. Und keine Sommersprossen! – Kaatje hat eine Menge. – Kaatje will auch nicht so viele Kinder haben wie die Mutter, zwei oder drei sind genug. Aber das dauert noch so lange! Da muß sie mindestens noch einmal so alt sein!

»Kaatje«, ruft die Mutter, »schnell zu Bett! Wo warst du? Oder hast du wieder geträumt?«

Kaatje seufzt leise ... Sie war doch gerade mitten in den schönsten Zukunftsplänen!

KATRIENTJE

Katrientje saß in der Sonne auf einem großen Stein vor dem Bauernhaus und dachte angestrengt nach. Sie war ein ruhiges Mädchen. Worüber das Kind in der Bauernschürze nachdachte, wußte nur sie allein. Nie würde sie ihre Gedanken jemandem mitteilen, dazu war sie viel zu still und einsilbig. Freundinnen hatte sie nicht, wahrscheinlich würde sie auch kaum welche finden. Ihre Mutter fand, daß sie sonderbar sei, und das fühlte Katrientje. Der Vater, ein echter Bauer, hatte viel zuviel zu tun, um Zeit für sein einziges Kind zu haben. So war Katrientje auf sich selbst angewiesen. Es störte sie nicht, daß sie immer allein war, sie kannte es nicht anders und war damit zufrieden.

An diesem Sommerabend jedoch seufzte sie tief, als sie aufsah und ihren Blick über die Kornfelder schweifen ließ. Wie schön müßte es sein, jetzt mit den Mädchen dort hinten zu spielen! Guck, wie sie rennen und lachen, wie vergnügt sie sind! Nun kamen sie näher, immer näher... wollten sie etwas von ihr? Oh, wie garstig, sie kamen, um sie auszulachen, und jetzt hörte sie deutlich ihren Spottnamen, oh, wie sie den haßte! Immer wieder klang es hinter ihr her: »Trödeltrine, Trödeltrine!« Wie elend fühlte sie sich! Hätte sie doch nur ins Haus laufen können, aber dann würden die Kinder sie nur noch mehr auslachen. Armes Kind, es wird wohl nicht zum erstenmal in deinem jungen Leben sein, daß du dich so verlassen fühlst und andere Mädchen beneidest!

»Katrientje, Katrien, komm herein, wir essen!« Das Mädchen seufzte noch einmal tief, dann stand sie langsam auf, um der Mutter zu gehorchen. »Was für ein freundliches Gesicht macht unsere Tochter wieder, was für ein zufriedenes Kind haben wir nur!« rief die Bäuerin, als Katrientje langsam und noch verdrießlicher als sonst ins Zimmer kam. »Hast du denn die Sprache verloren?« fuhr die Mutter Katrientje an. Ihr Ton war unfreundlicher, als sie selbst wußte, aber die Tochter entsprach auch zu wenig ihrem Wunsche, ein fröhliches, lebenslustiges Kind zu haben. »Ja, Mutter«, kam es fast unhörbar. »Du bist mir die Rechte, den ganzen Morgen fortzubleiben und nichts zu tun! Wo hast du nur wieder gesteckt?« »Draußen.« Es war Katrientje, als sei ihr die Kehle zugeschnürt. Aber die Mutter faßte die Verlegenheit des Kindes anders auf und begann nun wieder neugierig zu fragen: »Gib nun deutlich Antwort, ich will wissen, wo du herkommst, hast du verstanden? Immer diese Trödelei, das kann ich nicht ausstehen!« Bei diesem Wort, das sich auf ihren verhaßten Spottnamen bezog, konnte Katrientje sich nicht mehr halten und brach in heftiges Weinen aus. »Was ist denn schon wieder? Du bist richtig feige. Du kannst doch sagen, wo du herumgeschlendert bist, oder ist das solch ein Geheimnis?« Das Kind konnte nicht antworten, weil Schluchzen ihm das Sprechen unmöglich machte. Plötzlich sprang sie auf, warf ihren Stuhl dabei um und lief weinend hinauf auf den Boden. Dort ließ sie sich in einer Ecke auf ein paar Säcke niederfallen und schluchzte herzzerbrechend weiter, immer weiter... Achselzuckend räumte die Mutter unten den Tisch ab, sie wunderte sich nicht mehr über das Kind. Diese Narrheiten kamen öfter vor, am besten war es, das Mädchen in Ruhe zu lassen. Es war doch nichts aus ihm herauszukriegen, und die Tränen flossen allzu schnell. Das war nun eine zwölfjährige Bauerntochter!

Katrien hatte sich oben auf dem Boden allmählich beruhigt und fing an zu überlegen. Sie wollte zur Mutter gehen und ihr sagen, daß sie nur auf dem Stein gesessen hatte, und gleichzeitig wollte sie anbieten, die versäumte Arbeit nachzuholen. Dann würde die Mutter doch sehen, daß ihr die Arbeit nichts ausmachte, und wenn sie fragen würde, warum sie den ganzen Morgen stillgesessen hätte, wollte sie antworten, daß sie über Wichtiges nachdenken mußte. Wenn sie dann abends die Eier weggebracht hätte, wollte sie für die Mutter einen neuen Fingerhut kaufen, einen schönen silbernen, der so herrlich glitzerte. Soviel Geld hatte sie noch. Dann könnte Mutter sehen, daß sie gar nicht so vertrödelt sei. Nun sann sie wieder darüber nach, wie sie den häßlichen Beinamen loswerden könnte, und es fiel ihr auch etwas ein. Von dem Geld, das sie nach dem Kauf des Fingerhutes übrigbehalten würde, wollte sie eine große Tüte Bonbons kaufen, und die würde sie am nächsten Tag in der Schule unter die Mädchen verteilen. Dann würden die sie auch nett finden und fragen, ob sie mitspielen wollte. Bald würden alle sehen, daß sie das auch könnte, und niemand würde sie mehr mit dem Spottnamen rufen. — Zögernd stieg Katrientje die Treppe herunter. Als sie der Mutter auf dem Gang begegnete und diese fragte: »Sind die Tränen nun getrocknet?«, hatte sie nicht den Mut, noch etwas über ihr Weglaufen zu sagen, sondern eilte sich, die Fenster noch vor der Dämmerung zu putzen.

Die Sonne war schon am Untergehen, als Katrientje den Korb mit Eiern zur Hand nahm und sich auf den Weg machte. Sie mochte wohl eine halbe Stunde gelaufen sein, als sie bei der ersten Kundin ankam, die schon mit einer Porzellanschüssel an der Tür stand. »Ich hätte gerne zehn Eier«, sagte die Frau freundlich. Katrien zählte die Eier ab, grüßte und ging weiter. Dreiviertel Stunden später war ihr Körbchen leer, und sie betrat einen Laden, wo man allerhand kaufen konnte. Bald hatte sie einen schönen Fingerhut und Süßigkeiten in ihrem Körbchen und trat den Rückweg an.

Nachdem sie die Hälfte des Weges zurückgelegt hatte, sah sie von weitem zwei Mädchen kommen, die sie am Morgen ausgelacht hatten. Am liebsten hätte sie sich versteckt, doch sie ging mit klopfendem Herzen weiter. »Guck mal, da ist Trödeltrin, die verrückte Trödeltrine!« Katrientje wurde schreckensbleich. Völlig entmutigt hielt sie den Kindern in ihrer Verzweiflung die Tüte mit Bonbons hin. Mit einem schnellen Griff entwendete ihr eines der Mädchen die ganze Tüte und lief damit fort. Die andere rannte hinterher und streckte Katrientje die Zunge heraus, bevor sie an einer Wegbiegung verschwand.

Ratlos vor Kummer, Hilflosigkeit und Einsamkeit fiel Katrientje ins Gras am Wegrand und weinte, weinte bis sie nicht mehr konnte. Es war schon dunkel, als sie das Körbchen, das inzwischen umgefallen war, wieder aufnahm und nach Hause ging ...

Irgendwo im Gras glitzerte ein silberner Fingerhut.

Montag, 9. August 1943

Liebe Kitty!

Nun geht es weiter mit der Beschreibung unseres Tageslaufs. Unser Mittagessen: Herr v. Daan eröffnet den Reigen. Ihm wird zuerst gereicht, und er nimmt ausgiebig von allem ..., wenn es nach seinem »goût« ist. Er redet überall mit, mischt sich überall ein, gibt seine Meinung zum besten, und wenn er sie geäußert hat, ist auch nicht mehr daran zu rütteln. Wehe, wenn jemand wagt, ihm zu widersprechen. Dann faucht er wie ein Kater..., und wenn man es einmal erlebt hat, hütet man sich bestimmt vor dem zweiten Male. Er hat die einzig richtige Ansicht, weiß alles besser! Na ja, er ist ziemlich gewitzt, aber seine Überheblichkeit ist auch nicht von Pappe.

Die gnädige Frau: Da sollte ich besser schweigen. Manchmal, und besonders, wenn sie schlecht aufgelegt ist, möchte ich sie am liebsten gar nicht ansehen. Eigentlich ist sie an den meisten Diskussionen schuld. Nicht das Objekt! O nein. Jeder hütet sich, mit ihr aneinander zu geraten, aber sie ist die Anstifterin. Hetzen, das kann sie aus dem Effeff! Gegen Frau Frank und Anne! Gegen Vater und Margot ist das nicht so leicht. Die bieten keine Angriffspunkte.

Also bei Tisch: Frau v. Daan kommt nicht zu kurz, wenn sie es sich auch einbildet. Die kleinsten Kartoffeln, die feinsten Bissen und von allem das Beste, das ist ihre Losung! Die anderen kriegen schon noch, wenn sie mal erst die guten Happen erwischt hat! Dabei redet sie ohne Punkt und Komma! Ob jemand zuhört oder sich dafür interessiert, darauf kommt es ihr nicht an. Sie ist überzeugt, daß ihre goldenen Worte für jeden ein Vergnügen sind.

Kokett lächelnd tut sie so, als wüßte sie alles, gibt jedem gern Ratschläge, bemuttert ein bißchen und denkt, damit den besten Eindruck zu machen. Aber bei näherem Hinsehen merkt man, daß wenig dahinter steckt.

Fleiß: Eins, Frohsinn: Zwei, Koketterie: Drei. Dabei ganz gut aufgemacht, das ist Petronella v. Daan.

Der dritte Tafelgenosse: Man hört ihn nicht viel. Der junge Herr v. Daan ist meistens still und zieht nicht die Aufmerksamkeit auf sich.

Sein Magen muß so eine Art Danaidenfaß sein, denn bei dem kräftigen Essen und nachdem er eine erstaunliche Menge »verdrückt« hat, behauptet er mit todernstem Gesicht, daß er bequem das Doppelte hätte essen können.

Nr. 4 ist Margot: Spricht sehr wenig und ißt wie ein Vögelchen. Das einzige, was noch rutscht, ist Gemüse und Obst. »Verwöhnt« ist das Urteil der v. Daans. Unsere Meinung hingegen: »Zu wenig Luft und Bewegung.«

Daneben Mama: Ißt gut, spricht viel und gern. Niemand hat bei ihr die Idee: *Das* ist die Hausfrau, wie es Frau v. Daan gern von sich betont. Der Unterschied? Madame kocht, und Mama darf putzen und spülen.

Nr. 6 und 7: Über Vater und mich will ich mal nicht zuviel sagen. Pim ist der Bescheidenste am ganzen Tisch. Er guckt immer erst, ob die anderen haben. Nie braucht er etwas, das Beste ist immer für die Kinder. Er ist das Vorbild von Güte und Größe..., und neben ihm sitzt das Nervenbündel vom Hinterhaus!

Dr. Dussel: Nimmt, guckt nicht. Ißt, spricht nicht. Wenn aber schon geredet werden muß, dann um Himmels willen nur übers Essen, da entstehen wenigstens keine Konflikte, es wird höchstens ein bißchen aufgeschnitten. Er kann enorme Portionen vertilgen, sagt nie »nein«, nicht beim Essen, aber auch nicht, wenn es ihm weniger gut schmeckt. Die Hose hat er viel zu hoch heraufgezogen, dazu trägt er ein rotes Jäckchen, schwarze Pantoffeln und auf der Nase hat er eine dunkle Hornbrille. So siehst Du ihn an unserem Arbeitstisch, beim Essen, beim Mittagsschläfchen und wenn er zu seinem Lieblingsplatz geht, dem WC.

Drei-, vier-, fünfmal täglich steht einer von uns ungeduldig vor der WC-Tür, hüppelt von einem Fuß auf den anderen und kann kaum mehr warten. Glaubst Du, daß er sich dadurch stören läßt? Kein Gedanke daran! Von viertel bis halb acht, von halb eins bis eins, von zwei bis viertel drei, von vier bis viertel fünf, von sechs bis viertel sieben und von halb zwölf bis zwölf Uhr, diese festen Sitzungen kann man notieren. Davon weicht er nicht ab, selbst dann nicht, wenn eine flehende Stimme vor der Tür nahendes Unheil prophezeit.

Nr. 9 ist kein Familienmitglied vom Hinterhaus, aber doch Haus- und Tafelgenosse. *Elli* hat einen gesunden Appetit, ist nicht wählerisch und läßt nichts stehen. Man kann sie mit allem erfreuen, und das macht uns ordentlich Vergnügen. Sie ist immer fröhlich, guter Laune, gefällig und nett, lauter gute Eigenschaften.

Anne

Dienstag, 10. August 1943

Liebe Kitty!

Eine neue Idee! Ich unterhalte mich bei Tisch mehr mit mir selbst als mit den anderen, praktisch nach zwei Seiten. Erstens sind wahrscheinlich alle zufrieden, wenn ich nicht soviel rede, und zweitens muß ich mich nicht über deren Ansichten ärgern. Da ich die meisten dumm finde, meine Meinung aber natürlich richtig, ist's schon besser, daß ich sie für mich behalte. Und ebenso mache ich es, wenn es etwas zu essen gibt, was ich nicht ausstehen kann. Ich bilde mir ein, es ist etwas ganz Gutes, tue auch so, und ehe ich viel zum Nachdenken komme, ist es auf. Morgens beim Aufstehen — auch so etwas, das nicht angenehm ist — springe ich aus dem Bett, sage zu mir selbst: »Legst Dich wieder hin«, nehme die Verdunkelung ab, schnüffele ein bißchen nach der guten Luft draußen, und schon bin ich wach. Wenn ich dann das Bett auslege, ist die Verführung, nochmal hineinzukriechen, vorbei.

Weißt Du, wie Mutter das nennt? »Eine Lebenskünstlerin!« Ein ulkiges Wort, findest Du nicht?

Seit Ende der Woche sind wir alle mit der genauen Zeit nicht

im reinen, weil unsere liebe, treue Westerturm-Glocke weggeholt wurde, wahrscheinlich werden Kanonen daraus gemacht.
Nun wissen wir nie genau, wie spät es ist. Ich hoffe, man wird
etwas finden, das die Zeit angibt und den schönen Klang ersetzt, damit nicht die ganze Gegend die traute Glocke so sehr
entbehrt.
Wo ich auch hinkomme, nach oben oder nach unten, jeder sieht
bewundernd auf meine Füße, an denen schöne neue Schuhe
prunken. Miep hat sie »zweiter Hand« für fl. 27,50 gekauft,
weinrotes Wildleder mit ziemlich hohem Blockabsatz. Ich gehe
wie auf Stelzen und sehe noch größer aus, als ich schon bin. Gestern hatte ich einen Unglückstag. Ich habe mir das »falsche«
Ende einer dicken Nadel in meinen rechten Daumen gestochen.
Die Folge war, daß Margot für mich Kartoffeln schälen mußte.
Dann bin ich mit meiner Stirn gegen die Schranktür gelaufen
und von der Wucht beinahe hintenüber gekugelt. Da es mächtigen Lärm machte, habe ich noch einen Rüffel dazu bekommen
und konnte nicht einmal meine Stirn kühlen, weil kein Wasser
laufen durfte. Nun habe ich eine große Beule über meinem rechten Auge. Zum Überfluß habe ich meine rechte kleine Zehe im
Staubsauger eingeklemmt. Aber ich hatte mit meinen anderen
Leiden so viel zu tun, daß ich mich darum gar nicht kümmerte.
Dumm genug, denn nun hat sich die Wunde infiziert, der Fuß
ist dick verbunden..., und ich kann meine schönen Schuhe
nicht anziehen.
Dussel hat uns indirekt in Lebensgefahr gebracht. Er ließ
durch Miep — die natürlich keine Ahnung davon hatte — ein
verbotenes Buch mitbringen, eine Schmähschrift auf Hitler und
Mussolini. Ausgerechnet an diesem Morgen wurde sie von
einem SS-Motorrad angefahren, verlor ihre Selbstbeherrschung,
schrie die Kerle an: »Schweinehunde!«, fuhr aber glücklich weiter. Wir wollen lieber nicht daran denken, was geschehen wäre,
wenn man sie mit zur Polizei genommen hätte!   Anne

Mittwoch, 18. August 1943

Liebe Kitty!
Heute schildere ich Dir etwas von den täglichen Pflichten der
Allgemeinheit: *Kartoffelschälen.*
Der erste holt die Zeitungen (für die Schalen), der zweite die Mes-
ser (von denen er das beste natürlich für sich behält), der dritte die
Kartoffeln und der vierte einen großen Topf mit Wasser.
Herr Dussel fängt an, schält meistens nicht sehr gut, aber hin-
tereinander weg, guckt mal nach rechts und nach links, ob es
auch alle genau so machen wie er. Nein!
»Anne, sieh mal her, ich nehme das Messer so in die Hand,
schäle von oben nach unten, nein, so nicht, *so!*«
»Ich finde es so bequemer«, wage ich schüchtern zu sagen.

»Aber so ist es viel besser, Du kannst es mir glauben. Mir kann es ja gleich sein, Du mußt es selber wissen.«

Wir schälen weiter. Ich gucke verstohlen meinen Nachbarn von der Seite an und sehe, wie er den Kopf schüttelt, wahrscheinlich über mich. Aber er sagt nichts mehr. Ich schäle weiter, dann gucke ich zu Vater hin, der gegenüber sitzt. Für ihn ist Kartoffelschälen keine Spielerei, sondern Präzisionsarbeit. Wenn er liest, hat er eine tiefe Falte am Hinterkopf, wenn er jedoch Kartoffeln schält, Erbsen oder Gemüse zurechtmachen hilft, dann scheint es, als ob nichts zu ihm durchdringt. Dann hat er sein Kartoffelgesicht, und nie wird er eine Kartoffel abliefern, die nicht tadellos geschält ist. Das ginge auch gar nicht mit solch einem Gesicht.

Ich arbeite fleißig weiter, gucke zwischendurch auf und weiß schon genug. »Madame« probiert wieder einmal, Dussels Aufmerksamkeit auf sich zu lenken. Sie fixiert ihn, aber er tut, als merke er nichts. Dann zwinkert sie ihm zu. Er schält weiter. Dann lacht sie, auch das ignoriert er. Jetzt muß Mutter lachen. Frau v. Daan hat nichts erreicht und denkt sich nun etwas anderes aus:

»Putti« (das ist ihr Mann), »nimm doch eine Schürze vor«, sagt sie, »sonst muß ich morgen wieder Deinen Anzug sauber machen.«

»Ich mache mich nicht schmutzig.« Sie überlegt wieder.

»Putti, warum setzt Du Dich nicht?«

»Ich stehe hier sehr gut; ich stehe lieber beim Schälen.«

Wieder ist es eine Weile still.

»Putti, siehst Du, nun hast Du doch gespritzt.«

»Ja, Mammi, ich passe schon auf.« Sie sinnt auf ein neues Thema.

»Sag, Putti, warum bombardieren die Engländer jetzt nicht?«

»Weil schlechtes Wetter ist, nehme ich an.«

»Aber gestern war so schönes Wetter und sie sind auch nicht geflogen.«

»Ach, nun rede nicht immer dasselbe.«

»Warum soll man nicht darüber seine Ansichten austauschen?«

»Nee!«

»Warum nicht?«

»Nun sei schon still, Mammichen!«

»Herr Frank gibt doch seiner Frau auch immer eine Antwort, wenn sie etwas wissen will.«

Das hört Herr v. Daan nicht gern. Es ist seine Achillesferse. Er kämpft mit sich, um nicht scharf zu antworten. Nach einer Weile fängt sie wieder an:

»Die Invasion kommt überhaupt nicht!«

Er wird weiß vor Zorn, sie rot, als sie es sieht, aber sie kann es doch nicht lassen.

»Die Engländer leisten auch gar nichts!«
Jetzt platzt die Bombe: »Nun halte aber endlich den Mund. Donnerwetter nochmal!«
Mutter kann sich das Lachen kaum verbeißen. Ich gucke niemanden an. So oder ähnlich wiederholt sich das beinahe täglich, wenn sie sich nicht gerade wieder gezankt haben. Das hat dann allerdings den Vorteil, daß beide den Mund nicht auftun.
Ich muß auf den Speicher, um noch mehr Kartoffeln zu holen. Oben ist Peter gerade damit beschäftigt, die Katze zu . . . entflöhen. Er guckt auf, als ich komme. Die Katze merkt, daß der Griff sich lockert, und hup!, ist sie durch das offene Fenster entwichen. Peter flucht, ich lache und verschwinde wieder.

Anne

Freitag, 20. August 1943

Liebe Kitty!
Punkt halb sechs gehen die Arbeiter aus dem Lager weg, und dann beginnt für uns die Freiheit.
Wenn Elli ungefähr um diese Zeit heraufkommt, ist es ein Zeichen, daß die Luft rein ist, und dann fängt bei uns der Betrieb an. Meistens gehe ich erst mit Elli nach oben, wo irgendeine kleine Leckerei für sie bereit steht. Elli sitzt noch nicht, und schon beginnt Frau v. Daan ihre verschiedenen Wünsche aufzuzählen: »Ach, Elli, ich möchte so gern . . .«
Elli zwinkert mir zu. Es kommt kaum vor, daß jemand oben ist, ohne daß Frau v. Daan einen Auftrag hätte. Das ist mit ein Grund, warum sie alle gar nicht so gern hinaufgehen.
Dreiviertel sechs. Elli geht, und ich verfüge mich zwei Etagen tiefer. Erst in die Küche, dann ins Privatkontor, dann öffne ich die Tür vom Kohlenkeller für Mouchi, die da auf Mäusejagd geht. Schließlich lande ich in Kralers Zimmer, wo v. Daan alle Mappen und Schubfächer durchstöbert, um die Tagespost einzusehen. Peter holt die Magazinschlüssel und Moffi. Pim schleppt die Schreibmaschinen nach oben. Margot sucht eine ruhige Ecke, um ihre Büroarbeit zu machen, Frau v. Daan setzt einen großen Kessel mit Wasser auf, Mutter kommt mit einem Topf Kartoffeln herunter. Jeder hat seine bestimmte Aufgabe.
Peter kommt schnell vom Lager zurück. Seine erste Frage gilt dem Brot, das jeden Tag für uns in Kralers Zimmer liegt. Es ist vergessen worden! So bleibt ihm nichts anderes übrig, als im großen Vorkontor nachzusehen. Er macht sich ganz klein und kriecht auf Händen und Füßen, um von draußen nicht gesehen zu werden, nach dem Schrank, nimmt das Brot und verschwindet, das heißt, er will verschwinden, aber während seiner Exkursion ist Mouchi über ihn weggesprungen und verbirgt

87

sich unter einem Schreibtisch. Peter sucht in allen Ecken. Endlich sieht er sie. Er kriecht wieder ins Zimmer und versucht, das Tier am Schwanz zu packen. Die Katze faucht, Peter seufzt. Mouchi sitzt vergnügt am Fenster und putzt sich. Als letztes Lockmittel hält Peter ihr ein Stück Brot hin, und es glückt. Mouchi »beißt an«, und schnell wird die Tür zugemacht. Ich habe die ganze Zeit durch einen kleinen Spalt zugesehen. Dann habe ich weitergearbeitet.

Tik, tik, tik! Dreimal klopfen heißt: Zum Essen!   Anne

Montag, 23. August 1943

Liebe Kitty!
Fortsetzung vom Tageslauf im Hinterhaus.
Wenn die Uhr halb neune schlägt (morgens):
Mutter und Margot sind nervös.
»Pst, Vater ... Otto, pst ... Pim!«
»Es ist halb neun, jetzt kannst Du doch kein Wasser mehr laufen lassen!«
»Geh doch bloß leise!«
Das sind die verschiedenen Ermahnungen für Vater, der noch im Badezimmer ist. Punkt halb neun muß er im Zimmer sein. Kein Tropfen Wasser mehr, WC darf nicht benutzt werden, nicht hin und her laufen, absolute Stille. Wenn unten im Büro noch jemand ist, schallen die Geräusche natürlich viel mehr bis hinunter ins Lager.
Oben bei v. Daans wird zehn Minuten vor halb neun die Tür aufgemacht und dreimal auf den Fußboden geklopft:
»Der Brei für Anne ist fertig!«
Ich klettere schnell hinauf, um mein Hundeschüsselchen zu holen. Wieder zurück, muß ich sehr schnell machen: Frisieren, Pot de chambre ausgießen, Betten an Ort und Stelle. Still, die Uhr schlägt!
Oben schleicht Frau v. Daan auf Pantoffeln durchs Zimmer, er auch, dann ist alles ruhig.
Nun könntest Du eine ideale Familienszene bewundern. Ich will lesen oder schreiben, auch Margot und die Eltern benutzen sehr gern diese ruhige halbe Stunde dafür (Vater natürlich mit dem geliebten Dickens). Er sitzt auf dem Rand seines ausgelegenen knarrenden Bettes, auf dem nicht mal ordentliche Matratzen liegen. Zwei Plumeaus sind Ersatz.
»Die brauche ich auch nicht, es geht auch so!«
Sowie er sich in sein Buch vertieft hat, guckt er nicht mehr auf, lacht manchmal leise und versucht, Mutter flüsternd etwas vorzulesen. Sie sagt: »Jetzt bitte nicht. Ich habe keine Zeit.«
Er ist ein bißchen enttäuscht, dann liest er weiter. Etwas später, wenn er wieder etwas besonders Hübsches entdeckt hat, probiert er es nochmals: »Mutter, das mußt Du lesen!«

Mutter sitzt auf dem Aufklappbett und liest oder näht, strickt und lernt dabei. Plötzlich fällt ihr etwas ein, was sie unbedingt sagen muß:
»Anne, weißt Du ... Margot, schreib mal auf.« Eine Weile ist Ruhe. Plötzlich schlägt Margot mit einem kleinen Knall ihr Buch zu. Vater kneift die Augenbrauen zu einem ganz ulkigen Bogen, aber schon hat er wieder seine Lesefalte und ist in die fesselnde Lektüre vertieft. Mutter fängt mit Margot leise ein Gespräch an. Ich werde neugierig und höre zu.
Pim wird auch hineingezogen ... Neun Uhr! Frühstück!

Anne

Freitag, 10. September 1943

Liebe Kitty!
Jedesmal, wenn ich Dir schreibe, ist wieder etwas Besonderes los. Meistens sind es mehr unangenehme als schöne Ereignisse. Nun ist aber mal was sehr Gutes zu berichten. Mittwoch abend (8. September) saßen wir um sieben Uhr alle am Radio und hörten:
»Here follows the best news of the whole war. Italy has capitulated!«
Italien bedingungslos kapituliert!!!!
Um acht Uhr begann der Oranje-Sender:
»Hörer! Als ich vor einer Stunde eben meinen Tagesbericht beendet hatte, bekamen wir die wunderbare Nachricht von der restlosen Übergabe Italiens. Meinen überholten Bericht habe ich nun mit größtem Vergnügen in den Papierkorb geworfen!«
God save the king, star spangled banner und die Internationale wurden gespielt. Der Oranje-Sender war wie immer herzerquickend und doch nicht zu optimistisch.
Wir haben aber auch Sorgen, und zwar um Herrn Koophuis. Du weißt, wir haben ihn alle sehr gern. Obwohl er oft krank ist und viel Schmerzen hat, wenig essen und laufen darf und sich schonen muß, ist er immer anregend, liebenswürdig und bewundernswert mutig.
»Wenn Herr Koophuis ins Zimmer kommt, geht die Sonne auf«, sagte Mutter neulich, und da hat sie recht. Nun muß er sich einer unangenehmen Darmoperation unterziehen und mindestens vier Wochen wegbleiben. Du hättest ihn sehen müssen, wie er sich von uns verabschiedete. Nicht, als ob er ins Krankenhaus müßte, sondern nur eben mal wegginge, um Besorgungen zu machen.

Anne

Donnerstag, 16. September 1943

Liebe Kitty!
Je länger es dauert, desto schlechter vertragen sich hier alle miteinander. Bei Tisch wagt niemand den Mund aufzumachen

(außer zum Essen natürlich), denn was man sagt, wird übelgenommen oder verkehrt aufgefaßt. Täglich schlucke ich Baldrian-Dispert wegen meiner Depressionen, aber das verhindert nicht, daß die Stimmung am nächsten Tag noch schlechter ist. Einmal wieder frei und froh lachen wäre besser als zehn von den kleinen weißen Pillen, aber das Lachen haben wir hier fast verlernt. Manchmal fürchte ich, daß ich nach dieser schweren Zeit ganz häßlich sein werde, einen zusammengekniffenen Mund und Sorgenfalten behalte. Bei den anderen ist es auch nicht besser: Alle sehen mit großer Sorge dem Winter entgegen.

Noch etwas, was uns nicht gerade ermuntert. Einer der Leute im Lager, M., ist argwöhnisch geworden bezüglich der Vorgänge im Hinterhaus. An sich könnte uns das ziemlich gleich sein, wenn er nicht so neugierig wäre und sich mit glatten Worten abspeisen ließe. Wir wissen auch nicht, wieweit er zuverlässig ist.

Eines Tages wollte Kraler besonders vorsichtig sein, nahm zehn Minuten vor eins Hut und Stock und ging in die Drogerie an der Ecke. Kaum fünf Minuten später war er wieder zurück und schlich wie ein Dieb die steile Treppe zu uns herauf. Um viertel zwei wollte er wieder gehen, traf aber Elli, die ihn aufhielt, weil M. sich unten im Kontor niedergelassen hatte. Kraler kehrte um und blieb bis halb zwei bei uns. Dann nahm er die Schuhe in die Hand und lief auf Strümpfen bis zur Tür vom vorderen Speicher, balancierte vorsichtig über jede Stufe und kam dann von der Straße wieder ins Büro. Elli, die inzwischen unter irgendeinem Vorwand M. aus dem Büro hinauskomplimentiert hatte, kam, um Kraler Bescheid zu sagen. Der »seiltanzte« aber schon über die Treppe. Was werden die Leute auf der Straße gesagt haben, die den Herrn gesehen haben, der sich gerade die Stiefel anzog?   Anne

Mittwoch, 29. September 1943

Liebe Kitty!

Frau v. Daan hat Geburtstag. Wir haben ihr außer einem Käse-, Fleisch- und Brotbon ein Glas Marmelade geschenkt. Von ihrem Mann, Dussel und unseren lieben Beschützern hat sie außer Blumen auch nur Eßwaren bekommen. Das bringt die Zeit so mit sich!

Elli hatte diese Woche beinahe einen Nervenzusammenbruch. Dauernd muß sie laufen, um etwas zu holen, und meistens wird sie dann noch zurückgeschickt, weil sie angeblich das Verkehrte gebracht hat. Wenn man dabei überlegt, daß sie sehr viel Büroarbeit hat, Koophuis krank und Miep wegen einer Erkältung zu Haus ist, sie selbst einen Knöchel verstaucht und dabei noch Liebeskummer hat und daheim den Vater, der nicht mit ihrer Wahl einverstanden ist, kann man begreifen, daß sie sich am liebsten jedes Haar einzeln ausraufen möchte. Wir haben sie getröstet und ihr geraten, nun öfter ganz kalt und ruhig zu sagen, daß sie unmöglich Zeit hat. Dann wird die Besorgungsliste schon kleiner werden.

Mit v. Daans muß wieder etwas gewesen sein. Vater ist aus irgendwelchen Gründen sehr wütend. Da wird sich wieder ein schönes Donnerwetter entladen. Wenn ich nur nicht so dicht dabei wäre, wenn ich nur weg könnte! Die machen uns noch alle verrückt!   Anne

Liebe Kitty!
Koophuis ist wieder da, Gott sei Dank! Er sieht zwar noch recht blaß aus, geht aber schon an die Arbeit und bemüht sich, Kleidung für v. Daans zu verkaufen. Es ist sehr peinlich, aber ihr Geld ist alle. Frau v. Daan will von ihren vielen Sachen nichts hergeben, und ein Anzug von ihm ist schwer verkäuflich, weil er einen viel zu hohen Preis fordert. Aber das ist noch nicht das Ende vom Lied. Ihr Pelzmantel wird wohl dran glauben müssen! Darüber hatten sie oben wieder einen schrecklichen Krach mit anschließender Versöhnungsperiode, und nun hört man nur noch: »Ach, liebster Putti!«
»Ja, Kerli-Schatz!«
Mir ist schon ganz schwindlig von den vielen Krachen und den unfeinen Ausdrücken, die dabei in unserem ehrbaren Haus herumschwirren. Vater läuft mit zusammengepreßten Lippen herum, und wenn man ihn anspricht, erschreckt er, als fürchtete er, daß schon wieder eine unangenehme Sache passiert ist, die er in Ordnung bringen soll. Mutter hat vor Aufregung rote Flecken auf den Backen, Margot klagt über Kopfschmerzen, Dussel kann nicht schlafen, Frau v. Daan stöhnt den ganzen Tag und ich bin ganz außer Fassung. Ehrlich gesagt: Manchmal vergesse ich, wer mit wem böse ist und mit wem man sich wieder vertragen hat. Die einzige Ablenkung ist Arbeit, und ich arbeite!   Anne

Liebe Kitty!
Es hat wieder mal donnernd gekracht zwischen »denen da oben«. Das kam so: Ich schrieb kürzlich, daß sie kein Geld mehr haben. Eines Tages sprach Koophuis von einem befreundeten Pelzhändler. Dadurch kam Herr v. Daan auf den Gedanken, nun doch den Pelzmantel seiner Frau zu verkaufen. Es ist ein Kaninchenpelz, der siebzehn Jahre getragen ist, und sie haben 375 Gulden dafür bekommen. Das ist eine Menge Geld! Natürlich wollte Frau v. Daan das Geld für sich behalten, um später neue Sachen dafür zu kaufen. Es kostete reichlich Mühe, ehe ihr

Mann ihr klargemacht hatte, daß das Geld für den Haushalt dringend nötig wäre. Dieses Schimpfen, Angeben, Schreien, Stampfen, Toben kannst Du Dir nicht vorstellen ... Es war, um Angst zu kriegen. Wir alle vier standen mit angehaltenem Atem unten an der Treppe, bereit, eventuell die Kampfhähne zu trennen. Solche Szenen sind so erregend, daß ich abends weinend auf meinem Bett liege, dankbar, nun endlich allein zu sein.

Herr Koophuis muß wieder zu Hause bleiben. Sein Magen läßt ihm keine Ruhe, und man weiß noch nicht sicher, ob die Blutung völlig zum Stehen gekommen ist. Wir haben ihn zum erstenmal deprimiert gesehen, als er uns erzählte, daß er sich so schlecht fühle, und nach Haus ging.

Mir geht es ganz gut, nur habe ich gar keinen Appetit. Immer wieder heißt es: »Du siehst so schlecht aus!«

Ich muß sagen, daß meine Familie sich die größte Mühe gibt, um mich gesund und kräftig zu erhalten. Abwechselnd bekomme ich Traubenzucker, Hefe, Kalk, Lebertran, um wieder hochzukommen. Leider bin ich nicht immer Herr über meine Nerven. Sonntags empfinde ich das am meisten. Dann ist die Stimmung im ganzen Haus gedrückt, so schläfrig und oft bleischwer. Man hört kaum Geräusche von draußen, und eine beklemmende Schwüle liegt über allem. Dann ist es, als ob schwere Gewichte mich tief hinunterziehen.

Vater, Mutter und Margot sind mir dann sogar gleichgültig. Ich irre im Haus herum, von einem Zimmer zum anderen, treppauf, treppab. Ich fühle mich wie ein Singvogel, dem man die Flügel beschnitten hat, und der im Dunkeln gegen die Stangen seines engen Käfigs anfliegt.

»Heraus, heraus«, schreit es in mir, »ich habe Sehnsucht nach Luft und Lachen!«

Aber ich weiß, daß es keine Antwort darauf gibt, und dann lege ich mich schlafen, um über diese Stunden mit ihrer Stille und Angst hinwegzukommen.   Anne

Mittwoch, 3. November 1943

Liebe Kitty!

Vater, der immer daran denkt, für unsere Ablenkung und gleichzeitige Fortbildung zu sorgen, hat den Prospekt eines Institutes kommen lassen, das »Fern-Unterricht« erteilt. Margot hat das dicke Buch schon dreimal durchstudiert, ohne bis jetzt das Richtige zu finden. Sie glaubte, den Kurs vom Taschengeld bezahlen zu müssen, und so war das meiste zu teuer. Vater hat nun eine Probestunde bestellt: Latein für Anfänger. Margot ging begeistert ans Werk und ließ sofort den ganzen Kursus kommen. Für mich ist es leider zu schwer, ich würde sehr gern Lateinisch lernen.

Damit ich auch etwas Neues lernen kann, hat Vater Koophuis gebeten, eine Kinderbibel zu besorgen, damit ich auch das Neue Testament kennenlerne.

»Willst Du Anne eine Bibel zu Chanuka schenken?« fragte Margot erstaunt.

»Ja ... eh ... ich denke, St. Nikolaus ist eine bessere Gelegenheit. Jesus paßt nicht zu Chanuka«, war Vaters Antwort.

Der Staubsauger ist kaputt. Nun muß ich den Teppich jeden Abend mit einer alten Bürste bei geschlossenen Fenstern bearbeiten, in der beklemmenden Ofenluft und bei künstlicher Beleuchtung.

»Das kann nicht gutgehen«, dachte ich bei mir selbst, und natürlich bekam Mutter auch Kopfschmerzen vom Staub, der im Zimmer hängen blieb. Der Schmutz ging doch nicht weg, und Vater war ungehalten, daß alles so ungepflegt aussah. Undank ist der Welt Lohn!

Augenblicklich sind die wüsten Krache abgeebbt, nur Dussel ist böse mit den v. Daans. Wenn er von Frau v. Daan spricht, sagt er nur »die dumme Kuh« oder »das alte Kalb« und umgekehrt betitelt sie den unfehlbaren studierten Herrn als »alte Jungfer« oder »verknöcherten Junggesellen«, der ewig auf den Fuß getreten ist!

»Ein Esel schimpft den andern Langohr!«   Anne

Montag abend, 8. November 1943

Liebe Kitty!

Wenn Du meine Briefe einmal hintereinander durchlesen würdest, würdest Du merken, in welchen verschiedenen Stimmungen sie geschrieben sind. Es ist dumm, daß ich hier im Hinterhaus so abhängig bin von Stimmungen. Aber ich bin es nicht allein, wir sind es alle. Lese ich ein Buch und stehe stark unter seinem Eindruck, muß ich mich immer erst zur Ordnung rufen, ehe ich mich wieder sehen lasse, sonst würden die anderen denken, ich sei ein bißchen verdreht. Du merkst sicher, daß ich mich wieder in einer ganz niedergeschlagenen und mutlosen Periode befinde. Warum, kann ich Dir wirklich nicht sagen, denn es liegt kein Grund vor, aber ich glaube, es ist eine gewisse Feigheit, die ich eben zeitweise nicht überwinden kann. Heute abend, als Elli noch da war, wurde andauernd und scharf geschellt. Ich wurde weiß wie ein Tuch, bekam Leibschmerzen und Herzklopfen und verging beinahe vor Angst. Wenn ich abends im Bett bin, habe ich schreckliche Visionen. Dann sehe ich mich allein im Gefängnis ohne Vater und Mutter. Manchmal irre ich irgendwo herum oder unser Hinterhaus steht in Flammen oder sie kommen des Nachts, um uns wegzuholen.

Ich fühle das alles wie Wirklichkeit und komme nicht von dem Gedanken los, daß gleich etwas Schreckliches passieren muß.

Miep sagt oft, daß sie uns beneidet, weil wir hier Ruhe haben. Im Prinzip hat sie recht, aber sie denkt nicht daran, daß wir immer in Angst leben. Daß die Welt je wieder so für uns wird wie sie war, kann ich mir kaum vorstellen. Ich sage wohl häufig: »Nach dem Krieg!« Aber das ist dann, als spräche ich von einem Luftschloß, über etwas, das nie Wirklichkeit werden kann. An unser Leben zu Haus, die Freundinnen, die Schule mit ihren Freuden und Leiden, an alles »Frühere« denke ich mit dem Empfinden, als hätte nicht ich, sondern jemand anders das erlebt!

Ich sehe uns acht hier im Hinterhaus, als wären wir auf einem lichten Stück blauen Himmels inmitten schwerer, dunkler Regenwolken. Noch ist unser Platz sicher, aber die Wolken werden immer dichter und der Ring, der uns noch von der nahenden Gefahr trennt, immer enger. Schließlich sind wir so eingehüllt von der Dunkelheit, daß wir in dem verzweifelten Wunsch, uns befreien zu wollen, aneinandergeraten. Wir sehen unten, wie die Menschen gegeneinander kämpfen, und blicken hinauf, wo Glück und Ruhe ist. Wir aber sind abgeschnitten durch die dicke, undurchdringliche Schicht, die uns den Weg dahin versperrt und uns umgibt wie eine unüberwindliche Wand, die uns zerschmettern wird, wenn es an der Zeit ist. Und ich kann nur rufen und flehen: »Oh, Ring, Ring, werde weiter und öffne Dich für uns!«

Anne

Donnerstag, 11. November 1943

Ode an meinen Füllfederhalter
»in memoriam«

Mein Füllfederhalter war mir immer ein kostbarer Besitz. Ich habe ihn sehr geschätzt, weil er eine Kugelspitze hatte und ich eigentlich nur mit Kugelspitz-Federn gut schreiben kann. Er hatte ein langes und interessantes Federhalterleben, das ich nun hier beschreiben will.

Als ich neun Jahre alt war, kam mein Füller (gut in Watte verpackt) hier an als »Muster ohne Wert«. Das generöse Geschenk kam von meiner lieben Großmutter, die damals noch in Aachen wohnte. Ich lag gerade mit Grippe im Bett, und draußen heulte der Februarwind ums Haus. Der glorreiche Füller hatte ein rotes Lederetui und wurde sehr schnell allen Freundinnen und Bekannten vorgeführt. Ich, Anne Frank, stolze Besitzerin eines Füllfederhalters!

Als ich zehn Jahre alt war, durfte ich ihn zur Schule mitnehmen, und die Lehrerin erlaubte auch, daß ich damit schrieb. Im nächsten Jahr mußte mein Schatz leider zu Haus bleiben, da die Klassenlehrerin der sechsten Klasse nur Schulfedern erlaubte.

Als ich mit zwölf Jahren aufs jüdische Lyzeum kam, wurde ein neues Etui spendiert mit einem Doppelfach noch für einen Bleistift, außerdem sehr schick mit Reißverschluß.

Als ich dreizehn war, kam der Füller mit ins Hinterhaus und begleitete mich treu zu Dir und bei meiner Arbeit. Nun bin ich vierzehn und er hat sein letztes Jahr mit mir verbracht...

Am Freitagnachmittag kam ich aus meinem Zimmer herüber und wollte mich an den Tisch setzen, um zu schreiben. Ich wurde aber gefühllos weggeschubst, weil Margot und Vater Latein arbeiteten. Unbenutzt blieb der Füller auf dem Tisch liegen. Anne mußte sich mit einer kleinen Ecke begnügen und seufzend »Bohnen reiben«, das bedeutet, angeschimmelte braune Bohnen wieder sauber machen.

Um dreiviertel sechs fegte ich den Fußboden und warf den Schmutz zusammen mit den Bohnenresten in den Ofen. Eine gewaltige Flamme schlug hoch, und ich war sehr erfreut, weil sich das Feuer, das sehr heruntergebrannt war, wieder erholte. Die »Lateiner« waren inzwischen fertig, und ich konnte wieder an den Tisch, um meine Arbeit fortzusetzen. Aber mein Füller war nicht zu entdecken. Ich suchte gründlich, Margot half, Mutter kam dazu, Vater und Dussel suchten auch, aber mein teurer Freund war spurlos verschwunden.

»Womöglich ist er mit den Bohnen in den Ofen gekommen«, meinte Margot.

»Ach, nein, das glaube ich nicht«, antwortete ich. Als mein lieber Füllfederhalter dann bis zum Abend nicht zum Vorschein kam, waren wir ziemlich sicher, daß er verbrannt war, um so mehr als Zelluloid doch so gut brennt. Und wirklich, die traurige Erwartung bestätigte sich, als Vater am nächsten Morgen den Klipp in der Asche fand. Von der Goldfeder war nichts mehr übrig. »Sicher zwischen den Resten eingeschmolzen«, meinte Vater. Einen Trost habe ich, wenn er auch nur dürftig ist: Mein Füllfederhalter ist eingeäschert, so wie ich es später für mich auch gern möchte!   Anne

Mittwoch, 17. November 1943

Liebe Kitty!
Umstürzlerische Veränderungen. Bei Elli zu Haus herrscht Diphtherie, und sie darf sechs Wochen nicht mit uns in Berührung kommen! Mit dem Essen und wegen der Besorgungen ist das für uns sehr unangenehm, von unserem persönlichen Bedauern gar nicht zu sprechen! Herrn Koophuis liegt noch und kann seit drei Wochen nichts anderes vertragen als Milch und Brei. Kraler hat schrecklich viel zu tun!

Margot hatte ihre lateinischen Übungen eingeschickt und von einem Lehrer korrigiert zurückbekommen. Er scheint sehr liebenswürdig und überdies geistvoll zu sein und wird sich wohl auch freuen, eine so gute Schülerin zu haben. Die Korrespondenz geht auf Ellis Namen.

Dussel ist ganz durcheinander. Niemand weiß eigentlich warum. Es begann so, daß er oben weder mit Herrn noch mit Frau v. Daan ein Wort sprach. Es fiel jedem auf, und als es ein paar Tage so gegangen war, nahm Mutter ihn vor, um ihm zu sagen, daß er doch nichts heraufbeschwören sollte. Frau v. Daan ist imstande, mehr Aufhebens davon zu machen, als es lohnt. Dussel behauptete, Herr v. Daan hätte damit begonnen, ihn zu ignorieren und nicht mit ihm zu sprechen, und ihm fiele es nun gar nicht ein, das Schweigen zu brechen. Nun mußt Du wissen, daß gestern der 16. November war, der Tag, an dem er voriges Jahr zu uns ins Hinterhaus gekommen ist. Mutter bekam aus diesem Anlaß Blumen von ihm. Frau v. Daan hatte in den letzten Wochen verschiedentlich darauf angespielt, daß es bei solchen Gelegenheiten üblich wäre, etwas zu spendieren. Sie wurde nun von ihm gänzlich übergangen. Anstatt daß er nun dankte für die Uneigennützigkeit, mit der er aufgenommen worden ist, schwieg er.

Als ich ihn am Morgen fragte, ob ich gratulieren solle oder kondolieren, sagte er, daß ihm alles recht sei. Mutter, die in der schönen Rolle des Friedensengels fungieren wollte, kam mit ihm auch keinen Schritt weiter, und so blieb alles mal wieder beim alten.

>Der Mann hat einen großen Geist
Und ist so klein von Taten!«

Anne

Samstag, 27. November 1943

Liebe Kitty!

Gestern abend vor dem Einschlafen stand mir plötzlich das Bild von Lies deutlich vor Augen.

Sie stand vor mir in Lumpen gekleidet mit eingefallenem, magerem Gesicht. Mit großen Augen sah sie mich traurig und vorwurfsvoll an, als wollte sie sagen: »Anne, warum hast Du mich verlassen? Hilf mir doch! Rette mich aus dieser Hölle!«

Und ich kann ihr nicht helfen, muß zusehen, wie andere Menschen leiden und sterben, und kann nur Gott bitten, sie zu erhalten und wieder mit uns zusammenzuführen. Gerade Lies sah ich, niemand sonst, und das begreife ich. Ich habe sie falsch beurteilt, war noch zu sehr Kind und konnte ihre Sorgen nicht begreifen. Sie hing an ihrer Freundin und fürchtete, daß ich sie ihr nehmen wollte. Wie schwer wird sie das empfunden haben! Ich weiß es, denn ich kenne das Gefühl selbst zu gut!

Manchmal dachte ich vorübergehend an sie, um dann sehr egoistisch wieder in meinen Vergnügungen oder auch in meinen Sorgen aufzugehen.

Es war häßlich, wie ich gehandelt habe, und nun sah sie mich an mit bleichem Gesicht und flehenden Augen, so traurig, oh... könnte ich doch helfen!

O Gott, daß ich hier alles habe, was ich mir wünschen kann, und sie ist dem harten Schicksal ausgeliefert! Sie war mindestens so fromm wie ich, sie wollte immer das Gute. Warum bin ich denn ausersehen zu leben, und sie soll vielleicht sterben? Welcher Unterschied war zwischen uns? Warum sind wir nun so voneinander getrennt?

Ehrlich gesagt, habe ich sie Monate, ja, fast ein Jahr vergessen. Nie ganz vergessen, aber nie habe ich *so* an sie gedacht, *so*, wie ich sie jetzt in ihrem Unglück vor mir sah.

Ach, Lies, ich hoffe, daß ich Dich aufnehmen kann bei uns, wenn Du das Ende dieses Krieges überlebst, um an Dir gutzumachen, was ich versäumt habe.

Aber, wenn ich wieder imstande bin, ihr zu helfen, braucht sie meine Hilfe nicht mehr. Ob sie wohl noch einmal an mich denkt? Was mag sie empfinden?

Lieber Gott, hilf ihr, daß sie nicht ganz allein ist. Lasse Du sie wissen, daß ich in Liebe und Mitgefühl an sie denke. Vielleicht gibt ihr das Kraft, um auszuhalten. Ich darf nicht weiter denken. Ich komme nicht los von dem Anblick. Immer wieder sehe ich ihre großen Augen, die auf mich gerichtet sind.

Trägt Lies den starken Glauben in sich oder ist er ihr nur von außen aufgedrängt worden? Ich weiß es nicht, aber ich habe sie auch nie danach gefragt. Lies, Lies, könnte ich Dich zurückholen, könnte ich alles mit Dir teilen, was ich hier genießen darf!

Es ist zu spät, ich kann nicht mehr helfen und nicht wiedergutmachen, was ich damals versäumte! Aber ich werde sie nie vergessen und immer für sie beten! Anne

Mittwoch, 22. Dezember 1943

Liebe Kitty!

Eine schwere Grippe hat mich verhindert, Dir regelmäßig zu schreiben. Es ist beinahe katastrophal, hier krank zu sein. Wenn der Hustenreiz kam, kroch ich schnell unter meine Decke und versuchte, meinen Hals zur Ruhe zu bringen, meistens mit dem Erfolg, daß das Kribbeln erst recht nicht aufhörte und erst nachließ, wenn ich Milch mit Honig oder Pastillen bekam. Wenn ich nur an die Kuren *denke*, die ich alle durchmachen mußte, flimmert es mir noch vor den Augen. Schwitzen, Halsumschläge, nasse Brustwickel, trockene Brustwickel, heiße Getränke, ganz still liegen, gurgeln, pinseln, Heizkissen, Wärmflaschen und alle zwei Stunden Temperatur messen. Auf diese Weise soll man gesund werden? Das Schlimmste aber war, daß Herr Dussel Doktor spielte und sein Pomadenhaupt auf meine nackte Brust legte, um festzustellen, ob Geräusche zu hören sind. Erstens kitzelten seine Haare mich schrecklich, und dann genierte ich mich trotz der unumstößlichen Tatsache, daß er vor 30 Jahren Medizin studierte und den Doktortitel hat. Was hat der Mann an meinem Herzen zu suchen? Er ist doch nicht mein Geliebter! Was da drin vorgeht und gesund ist oder nicht, kann er bestimmt nicht feststellen. Und außerdem soll er sich mal erst die Ohren ausspritzen lassen, denn ich glaube, daß er etwas schwerhörig ist!

Nun aber Schluß von der Krankheit! Ich bin wieder obenauf, 1 cm gewachsen und habe 2 Pfund zugenommen, bin zwar noch blaß, aber voller Tatendrang und freue mich auf die Arbeit.

Viel Neues ist inzwischen auch nicht passiert. Ausnahmsweise ist mal alles im besten Einvernehmen. Niemand hat Streit gehabt. Seit mindestens einem halben Jahr ist es im Haus nicht so friedlich gewesen.

Elli darf noch immer nicht zu uns kommen.

Zu Weihnachten gibt es extra: Öl, Naschwerk und Sirup fürs Butterbrot. Ein hübsches, zeitgemäßes Geschenk ist eine Brosche, die aus einem 2½-Cent-Stück gemacht wurde, schön glänzend poliert. Dussel hat Mutter und Frau v. Daan eine Torte geschenkt, die Miep auf seine Bitte gebacken hat. Das noch neben all ihrer anderen Arbeit. Ich habe auch etwas für Miep und Elli: Seit ungefähr zwei Monaten habe ich den Zucker, den ich immer zum Brei essen sollte, aufgespart, und Herr Koophuis läßt nun Fondants davon machen.

Das Wetter ist einschläfernd, der Ofen raucht, das Essen drückt uns alle im Magen. Das kann man auch an den wenig ästhetischen Geräuschen hören.

Mit dem Krieg geht es auch nicht recht vorwärts ...

Stimmung unter Null!   Anne

Freitag, 24. Dezember 1943

Liebe Kitty!

Ich habe schon öfter davon gesprochen, daß wir hier alle sehr unter Stimmungen leiden. Bei mir wird das in letzter Zeit immer stärker. Da kann man gut sagen: »Himmelhochjauchzend, zu Tode betrübt!« Himmelhochjauchzend bin ich, wenn ich daran denke, wie gut wir es hier haben, besonders im Vergleich zu anderen jüdischen Menschen. »Zu Tode betrübt« ... ja, es überfällt mich, wenn ich höre, wie das Leben draußen weitergeht. Frau Koophuis war heute hier und erzählte, daß ihre Tochter Corrie Sport treibt, Kanufahrten mit Freunden unternimmt und Theater spielt. Ich bin nicht neidisch, aber wenn ich es höre, möchte ich doch so gerne wieder einmal mitmachen, vergnügt sein mit den anderen und unbeschwert und glücklich lachen! Gerade jetzt in der schönen Ferienzeit zu Weihnachten und Neujahr sitzen wir hier wie Ausgestoßene. Eigentlich dürfte ich so etwas gar nicht schreiben, weil es undankbar erscheint, und es ist auch übertrieben. Wie Du nun auch über mich denkst... ich kann es nicht alles für mich behalten und zitiere darum nochmal, was ich anfangs schon sagte: »Papier ist geduldig!«

Wenn jemand von draußen kommt, noch mit dem typischen frischen Windgeruch in den Kleidern und mit rotgefrorenen Backen, möchte ich meinen Kopf unter die Decken wühlen, um nicht immer wieder daran denken zu müssen: »Wann endlich werden wir wieder hinaus dürfen in Luft und Freiheit!«

Aber wenn ich mich auch nicht verbergen kann, mich im Gegenteil mutig und aufrecht zeigen muß, lassen die Gedanken sich nicht kommandieren und kommen wieder, immer wieder. Glaub mir, wenn man eineinhalb Jahre so eingeschlossen sitzt, wird es manchmal zuviel. Mag es auch unrecht und undankbar sein, aber Gefühle lassen sich nicht wegleugnen. Tanzen möchte ich, pfeifen, radeln, die Welt sehen, meine Jugend genießen, frei sein! Das sag ich *hier*, aber zeigen darf ich es nicht. Denn wenn wir nun alle acht nur klagten und mit unglücklichen Gesichtern herumliefen, wohin sollte das führen?

Manchmal denke ich:

»Ob Dich wohl jemand begreift oder ob sie in Dir bloß den Backfisch sehen, der nur wieder sein Vergnügen haben will?« Ich weiß es nicht und kann auch mit niemandem darüber sprechen, weil ich sonst bestimmt losheulen würde. Und doch! Es würde mich erleichtern, wenn ich mich einmal richtig ausweinen könnte! Ungeachtet aller Theorien, aller Bemühungen vermisse ich jeden Tag *die* wahre Mutter, die mich versteht. Darum denke ich bei allem, was ich tue oder schreibe, immer daran, daß ich später für meine Kinder die Mutter sein will, wie ich sie mir wünsche. *Die* »Mams«, die nicht alles so tragisch nimmt, was mal so geredet wird, aber wohl alles ernst auffaßt, was ihr Kind bewegt. Ich merke, daß ich mich nicht so ausdrükken kann, wie ich gern möchte, aber das Wort »Mams« sagt eigentlich schon alles. Weißt Du, was ich herausgefunden habe, um doch so etwas Ähnliches wie »Mams« zu meiner Mutter zu sagen? Ich sage oft »Mansa«, und daraus ist »Mans« geworden, also ein unvollkommenes »Mams«, das ich so viel lieber noch mit dem kleinen Strich an dem »n« ehren würde! Das kommt meiner Mutter aber nicht zum Bewußtsein, und es ist gut, weil sie sonst sehr unglücklich wäre.

Genug davon! Mein »zu Tode betrübt« habe ich mir nun vom Herzen geschrieben und bin auch wirklich darüber hinweg.

Anne

Liebe Kitty!

Heute am ersten Weihnachtstag muß ich immer wieder an Pim denken und an das, was er mir im vergangenen Jahr von seiner Jugendliebe erzählt hat. Damals begriff ich die Bedeutung seiner Worte nicht so gut wie heute. Wenn er doch nur noch einmal sprechen würde, dann würde ich ihm wohl zeigen können, daß ich ihn begreife.

Ich glaube, daß Pim darüber gesprochen hat, weil er, der »so viel Herzensgeheimnisse von anderen weiß«, sich auch einmal mitteilen wollte; denn Pim sagt sonst nie etwas über sich selbst, und ich glaube auch nicht, daß Margot vermutet, was Pim alles hat durchmachen müssen.

Der arme Pim, er kann mir nicht weismachen, daß er alles vergessen hat. Niemals wird er das vergessen. Er ist ausgeglichener geworden. Ich hoffe, daß ich ihm ein bißchen ähnlich werde, ohne daß ich das auch einmal durchmachen muß.
                                                                    Anne

Liebe Kitty!

Ich habe zum erstenmal in meinem Leben etwas zu Weihnachten bekommen. Die Mädels, Koophuis und Kraler hatten wieder eine reizende Überraschung. Miep hat einen Kuchen gebacken mit der Aufschrift: *Friede 1944*. Elli hat ein Pfund Vorkriegs-Plätzchen ergattert. Außerdem bekamen Peter, Margot und ich jeder eine Flasche Yoghurt, die Erwachsenen je eine Flasche Bier. Alles war hübsch verpackt, immer mit passenden Verschen auf jedem Paket.

Die Weihnachtstage sind schnell vorübergegangen.   Anne

Liebe Kitty!

Gestern abend war ich wieder recht traurig. Ich sah im Geiste Oma und Lies! Oma, liebe Oma! Zu wenig haben wir begriffen, was sie gelitten hat. Immer war sie für uns da, hatte für alles, was uns anging, Verständnis und Interesse. Sie hatte eine schwere innere Krankheit. Ob sie wohl davon wußte und nie davon sprach, um uns zu schonen? Immer war Oma lieb und gut, und niemals wäre einer ohne Rat und Trost oder Hilfe von ihr gegangen. Was auch war, und war ich noch so ungezogen, Oma fand für alles eine Entschuldigung. Oma, hast Du mich sehr lieb gehabt oder hast Du mich auch nicht verstanden? Ich weiß es nicht.

Wie einsam muß Oma gewesen sein, einsam, obgleich wir da waren. Ein Mensch kann einsam sein, obwohl er von vielen geliebt wird, wenn er nicht für *einen* Menschen »Der Liebste« ist. Und Lies? Lebt sie noch? Was tut sie? O Gott, erhalte sie und bringe sie zu uns zurück! Lies, an Dir sehe ich, wie mein Schicksal sich hätte gestalten können, und ich sehe mich immer, als wäre ich an Deiner Stelle. Warum bin ich dann noch so oft unglücklich über die Zustände hier? Müßte ich nicht dankbar, froh und zufrieden sein? Außer, wenn ich an sie und ihre Schicksalsgenossen denke!

Ich bin selbstsüchtig und feige! Warum drehen sich meine Träume und Gedanken nur um alles Schwere, so daß ich oft herausschreien möchte? Weil ich trotz allem noch nicht das rechte Gottvertrauen habe! Er hat mir so viel gegeben, was ich gar nicht verdient habe, und doch mache ich noch jeden Tag etwas falsch!

Wenn man an seine Nächsten denkt, müßte man weinen. Eigentlich müßte man den ganzen Tag weinen. So bleibt nur das Gebet und die Bitte zu Gott, daß er ein Wunder geschehen lasse und einige von ihnen am Leben erhalte!

Und ich bete aus tiefstem Herzen. Anne

Sonntag, 2. Januar 1944

Liebe Kitty!

Als ich heute morgen nichts zu tun hatte, blätterte ich in meinem Tagebuch und fand mehrere Briefe, in denen ich mich leidenschaftlich, beinahe jähzornig mit dem Thema »Mutter« auseinandergesetzt habe. Ich erschrak und fragte mich: »Bist du das, Anne, die so voller Haß spricht, ist das möglich?«

Mit dem aufgeschlagenen Buch in der Hand blieb ich sitzen, um darüber nachzudenken, wie es so weit kommen konnte, daß ich so bis obenhin voller Wut und wirklich haßerfüllt war. Ich habe versucht, die Anne von damals zu verstehen und zu entschuldigen, denn ich habe kein reines Gewissen, solange ich Dir nicht erklären kann, wie ich zu diesen Anklagen gekommen bin. Ich litt und leide an Stimmungen, und dann bin ich — bildlich gesprochen — wie ein Taucher unter Wasser, der alles verzerrt sieht. Ich sah alles subjektiv und habe gar nicht versucht, in Ruhe über das nachzudenken, was der andere sagte. Dann hätte ich wahrscheinlich den Sinn der Gegenargumente besser verstanden und anders gehandelt, um mit meinem aufbrausenden Temperament nicht immer zu verletzen.

Ich habe nur mich gesehen, mich in mich selbst zurückgezogen und unbekümmert um andere meine Freude, meinen Spott und auch meine Trübsal mir von der Seele geschrieben. Dieses Tagebuch ist für mich sehr wertvoll, weil es ein Memoiren-Buch geworden ist. Aber viele Seiten könnte ich nun streichen oder überschlagen und darunter schreiben *Vorbei!*

Oft war ich wütend auf Mutter, bin es manchmal noch. Sie verstand mich nicht, das stimmt, aber ich verstand sie auch nicht. Ich bin ihr Kind, und sie ist gut und zärtlich zu mir. Da ich sie

aber auch häufig in unangenehme Situationen gebracht habe,
ist es verständlich, wenn sie mich dann ausschalt. Denn dadurch und durch alles andere, was sie durchmacht, mußte sie
nervös und reizbar werden. Ich habe das nicht erkannt, war
beleidigend, frech und ausfallend, und dann wurde sie traurig.
So entstand ein Hin und Her von Mißverständnissen und Ver-
druß, und das war für uns beide nicht schön. Aber nun ist es
vorbei!
Daß ich das alles nicht einsehen wollte und mir selbst leid tat,
ist begreiflich. Meine heftigen Äußerungen waren Ausbrüche
von Bosheit, die ich im gewöhnlichen Leben ganz anders und
ohne Zeugen abreagiert hätte ... in meinem Zimmer ein paarmal heftig mit dem Fuß aufgestampft und hinter Mutters Rük-
ken meinem Herzen Luft gemacht.
Die Zeit, daß Mutter meinetwegen weinen muß, ist vorüber.
Ich bin vernünftiger geworden und Mutters Nerven sind etwas
zur Ruhe gekommen. Ich halte meistens den Mund, wenn ich
ärgerlich bin, und Mutter auch, und dadurch geht es viel besser. Mutter so bedingungslos lieben, wie es sonst bei Kindern
üblich ist, das kann ich nicht, da widerstrebt etwas in mir. Ich
beruhige mein Gewissen in der Idee, daß es besser ist, hier
auf dem Papier zu schelten als Mutter ins Herz zu treffen.

Anne

Mittwoch, 5. Januar 1944

Liebe Kitty!

Heute muß ich Dir zweierlei gestehen, das wohl ziemliche Zeit
in Anspruch nehmen wird. Mit jemand muß ich mich aussspre-
chen, und natürlich am besten mit Dir, weil ich weiß, daß Du
immer und unter allen Umständen schweigen wirst. Das erste
geht um Mutter. Du weißt, wie viel ich mich über Mutter beklagt, aber mich doch immer wieder bemüht habe, lieb mit
ihr zu sein. Plötzlich ist mir klar geworden, was ich an ihr auszusetzen habe. Mutter selbst hat uns gesagt, daß sie uns mehr
als ihre Freundinnen, denn als Töchter betrachtet. Das ist
schön, aber eine Freundin kann eine Mutter nicht ersetzen. Ich
möchte mir gern meine Mutter zum Vorbild nehmen und zu ihr
aufsehen. Ich habe das Gefühl, daß Margot über all diese Dinge
ganz anders denkt und niemals begreifen würde, was ich hier
sage, und Vater weicht solchen Gesprächen immer aus. In meiner Vorstellung ist eine Mutter in erster Linie ein Mensch mit
sehr viel Taktgefühl, vor allem für ihre Kinder meines Alters.
Sie darf es nicht so machen wie Mutter, die mich auslacht, wenn
ich weine, nicht um Schmerzen weine, sondern weil innerlich
etwas weh tut.
Eines — es mag unverständlich sein — habe ich ihr nie vergeben. Als ich einmal zum Zahnarzt mußte, gingen Mutter und

Margot mit und fanden es richtig, daß ich mein Rad mitnahm. Als wir nach der Behandlung vor der Tür standen, erzählten die beiden, daß sie noch in die Stadt gingen, um Besorgungen zu machen oder etwas anzusehen — genau weiß ich das nicht mehr. Ich wollte mit, durfte aber nicht, weil ich das Rad mit hatte. Voller Wut kamen mir die Tränen, aber die beiden lachten mich aus. Ich war so außer mir, daß ich ihnen auf der Straße die Zunge herausstreckte. Zufällig ging eine einfache Frau vorbei, die ganz erschreckt war. Ich radelte allein nach Hause und heulte noch lange.

Es ist eigenartig, daß diese Wunde, die Mutter mir damals zugefügt hat, immer noch brennt, wenn ich daran denke, wie böse ich gewesen bin.

Es kostet mich viel Mühe, von dem zweiten zu sprechen, das mich selbst betrifft. Ich habe gestern einen Artikel von Sis Heyster gelesen über Erröten. Mir war, als spräche sie zu mir — obgleich ich nicht so schnell erröte. Aber alles andere ist wie für mich zugeschnitten. Sie sagt, daß ein Mädchen in den Entwicklungsjahren ruhiger und nachdenklich wird und sich mit dem Wunder beschäftigt, das sich mit und in ihrem Körper vollzieht. So ist es in letzter Zeit auch bei mir, und ich geniere mich jetzt auch vor Margot und den Eltern. Margot hingegen, die sonst viel verlegener ist als ich, geniert sich nicht. Ich empfinde nicht nur das Seltsame der äußeren Veränderung, vielmehr das, was sich da innen verwandelt. Gerade weil ich über das, was mich da bewegt, mit niemandem spreche, versuche ich, mir selbst darüber klar zu werden.

Jedesmal, wenn ich unwohl bin — und das ist bis jetzt dreimal gewesen —, habe ich das Gefühl, trotz der Schmerzen, des Unangenehmen und Ekligen, ein süßes Geheimnis mit mir zu tragen. Trotz aller Beschwerden freue ich mich auf die Zeit, in der ich es von neuem fühle. Sis Heyster sagt, daß junge Mädchen meines Alters noch unsicher sind, aber dann zu der Erkenntnis des Eigenlebens kommen mit selbständigen Ideen, Gedanken und Gewohnheiten. Ich bin hierher ins Hinterhaus gekommen, als ich eben dreizehn Jahre alt war, und so habe ich vielleicht schon früher als andere Mädchen angefangen, über alles nachzudenken und mich als Menschen zu empfinden, der für sich selbst einstehen will. Mitunter kann ich es des Abends nicht unterlassen, meine Brüste zu betasten und zu hören, daß mein Herz sicher und ruhig schlägt.

Schon früher, ehe ich hierher kam, empfand ich unbewußt Ähnliches, denn einmal, als ich bei einer Freundin übernachtete, fragte ich sie, ob wir als Beweis unserer Freundschaft uns gegenseitig die Brüste befühlen wollten, aber sie weigerte sich. Ich fand es immer schön, sie zu küssen, und habe es auch getan. Jedesmal gerate ich in Ekstase, wenn ich eine nackte

Frauengestalt sehe, z. B. eine Venus. Das ist etwas so Schönes, daß ich an mich halten muß, um nicht zu weinen!
Ach, wenn ich doch eine Freundin hätte!   Anne

Donnerstag, 6. Januar 1944
Liebe Kitty!
Mein Verlangen, mit jemandem zu sprechen, wurde so stark, daß ich, ich weiß nicht warum, mir Peter dazu ausersehen habe. Wenn ich bei Peter oben war, fand ich es immer sehr gemütlich. Da er aber sehr bescheiden ist und niemand, der ihn stört, heraussetzen würde, habe ich nie gewagt, länger zu bleiben, aus Angst, daß er mich langweilig fände.
Ich versuche nun, unauffällig länger zu bleiben, um mich mit ihm zu unterhalten, und gestern fand sich ein guter Anlaß. Neuerdings hat Peter nämlich eine Manie für Kreuzworträtsel und möchte am liebsten den ganzen Tag nichts anderes tun. Ich half ihm, und schon saßen wir uns an seinem Tisch gegenüber, er auf dem Stuhl, ich auf dem Diwan.
Es war mir jedesmal wunderlich zumute, wenn ich in seine dunkelblauen Augen sah und ihn mit seinem Lächeln um den Mund beobachtete. Daraus konnte ich so gut in seinem Innern lesen. Auf seinem Gesicht stand seine ganze Unsicherheit und Hilflosigkeit und doch gleichzeitig ein Anflug vom Bewußtsein seiner Männlichkeit. Diese Verlegenheit ließ mich ganz sanft werden und immer wieder seine Augen suchen. So gern hätte ich ihn gebeten: »Erzähle mir doch alles, was in Dir vorgeht, *Du* brauchst vor meiner dummen Schwatzsucht keine Angst zu haben!«
Aber der Abend ging vorbei, und nichts geschah, außer, daß ich ihm von dem Erröten erzählte, natürlich nicht, was ich hier aufgeschrieben habe. Seinetwegen sprach ich davon, damit er etwas sicherer werden sollte.
Als ich abends im Bett darüber nachdachte, war mir die ganze Situation unangenehm, und ich empfand es beinahe als übertrieben, daß mir so viel an Peters Gunst lag. Es ist doch merkwürdig, was man alles tut, um ein Verlangen zu befriedigen. Das kannst Du an mir sehen. Denn ich nahm mir vor, öfter zu Peter ins Zimmer zu gehen, um ihn zum Sprechen zu bringen. Du mußt nicht denken, daß ich in ihn verliebt bin, davon ist keine Rede. Wenn die v. Daans anstatt eines Sohnes eine Tochter hätten, würde ich auch versuchen, mit ihr Freundschaft zu schließen.
Heute morgen wurde ich schon vor 7 Uhr wach und wußte gleichzeitig ganz deutlich, was ich geträumt hatte. Ich saß am Tisch und mir gegenüber Peter... Wessel. Wir blätterten in einem illustrierten Buch. Der Traum war so deutlich, daß ich mich genau der Zeichnungen erinnern konnte. Es ging auch

noch weiter. Unsere Blicke begegneten sich, und lange sah ich in Peters schöne, sammetbraune Augen. Dann sagte Peter ganz sacht und leise: »Wenn ich das gewußt hätte, wäre ich schon längst zu Dir gekommen!«

Brüsk drehte ich mich um, weil die Rührung in mir zu mächtig wurde. Da fühlte ich ganz sanft und zart Peters Wange an der meinen, und mir war so wohl, ach, so wohl! Als ich wach wurde, glaubte ich, seine Berührung noch zu fühlen, und mir war, als hätten seine lieben braunen Augen tief in mein Herz gesehen und darin gelesen, wie gern ich ihn hatte und daß ich ihn jetzt noch liebe. Mir kamen die Tränen, und ich war traurig, weil er so fern ist, und auch wieder froh, weil ich so stark empfand, daß ich Peter immer noch so besonders lieb habe.

Eigenartig, daß ich hier oft so deutliche Traumbilder habe. Erst erschien mir eines Nachts Omi[1] so deutlich, daß ich die Sammetfältchen in ihrer Haut zu sehen meinte. Dann kam Oma[2] als Schutzengel zu mir und danach Lies, die für mich ein Symbol ist von all dem Unglück, das meine Freundinnen und die Juden betroffen hat. Wenn ich für sie bete, schließe ich alle Juden und alle verfolgten unglücklichen Menschen ein.

Und nun Peter, mein lieber Peter! Noch nie habe ich ihn so deutlich vor meinem geistigen Auge gesehen. Ich brauche kein Foto von ihm, ich habe ihn so gut in Erinnerung, so gut und so lieb!

Anne

Freitag, 7. Januar 1944

Liebe Kitty!

Dummkopf, der ich bin! Noch nie habe ich daran gedacht, Dir die Geschichte von mir und meinen Verehrern zu erzählen.

Als ich noch ganz klein war, eigentlich noch im Kindergarten, hatte Karl Samson meine Sympathie geweckt. Er hatte keinen Vater mehr und wohnte mit seiner Mutter bei einer Tante. Deren Sohn, sein Vetter Bobby, war ein kluger, schlanker, dunkler Knabe, der immer mehr die Aufmerksamkeit auf sich lenkte als der kleine, ulkige dicke Karl. Ich sah nicht aufs Äußere und war jahrelang mit Karl befreundet. Wir waren lange Zeit echte, gute Kameraden.

Dann kreuzte Peter meinen Weg, und die erste Kinderverliebtheit kriegte mich zu packen. Ich sehe uns noch — Hand in Hand — durch die Straßen laufen, er in seinem Leinenanzug, ich in einem Sommerkleidchen.

Als er auf die Oberrealschule überging, kam ich in die höchste Vorschulklasse. Er holte mich von der Schule ab oder ich ihn. Peter war ein bildhübscher Junge, groß, schlank, hübsch gewachsen mit einem ruhigen, ernsten, intelligenten Gesicht. Er hatte dunkles Haar, rotbraune Backen, schöne große braune

1 Großmutter väterlicherseits. 2 Großmutter mütterlicherseits.

Augen und eine spitze Nase. Besonders liebte ich sein Lachen. Dann sah er immer aus wie ein Taugenichts.

In den großen Ferien waren wir verreist. Als wir zurückkamen, war Peter umgezogen und wohnte mit einem viel älteren Jungen zusammen, mit dem er »dick« befreundet war. Der machte ihn nun wahrscheinlich darauf aufmerksam, daß ich noch ein so kleines Balg war, und Peter ließ mich laufen. Ich hatte ihn so gern, daß ich es nicht wahr haben wollte, bis ich schließlich einsehen mußte, daß ich für »mannstoll« verschrien würde, wenn ich ihm weiter nachliefe.

Die Jahre gingen vorüber, Peter verkehrte nur mit Mädels seines Alters, und mich grüßte er nicht einmal, aber ich konnte ihn nicht vergessen. Als ich aufs jüdische Lyzeum kam, verliebten sich viele Jungens aus unserer Klasse in mich. Ich fand es sehr nett, fühlte mich, aber es ging nie tief.

Später war Harry mächtig hinter mir her. Aber wie gesagt: Ich war nie mehr verliebt.

Ein Sprichwort heißt: »Die Zeit heilt alle Wunden!«

So schien es auch mir zu gehen. Ich bildete mir ein, daß ich Peter vergessen hätte und mir auch nichts mehr aus ihm machte. Die Erinnerung an ihn lebte jedoch so stark in meinem Unterbewußtsein, daß ich mir eines Tages selbst eingestand, daß die Eifersucht auf alle Mädchen seines Kreises mich beherrschte und ich ihn darum nicht mehr so nett finden wollte.

Heute morgen ist mir klar geworden, daß sich nichts geändert hat, im Gegenteil: während ich älter und reifer wurde, wuchs meine Liebe mit mir. Nun kann ich verstehen, daß Peter mich damals zu kindlich fand, und doch empfand ich es immer schmerzlich, daß er mich so schnell vergessen hatte. Ganz deutlich habe ich ihn vor mir gesehen und weiß jetzt, daß niemand anderes jemals so mein Denken ausfüllen kann.

Der Traum hat mich ganz verwirrt. Als Vater mir heute morgen einen Kuß gab, hätte ich am liebsten laut gerufen: »Ach, wäre es doch Peter!« Immerwährend denke ich an ihn und wiederholte den ganzen Tag heimlich für mich: »O Petel, mein liebes Petel!«

Helfen kann mir niemand. Ich muß weiter leben und Gott bitten, daß er mich Peter wiederfinden läßt, wenn ich wieder in Freiheit bin. Dann wird er in meinen Augen lesen, wie ich ihn liebe, und mir dann sagen: »O Anne, wenn ich es gewußt hätte, dann wäre ich schon lange zu Dir gekommen!«

Vater sagte einmal zu mir, als wir über Sexualität sprachen, daß ich dieses Verlangen noch nicht begreifen könne. Ich wußte aber, daß ich es verstand, und nun begreife ich es ganz sicher! Nichts ist mir so teuer wie Du, mein Petel!

Ich habe mein Gesicht im Spiegel gesehen, und das sieht jetzt ganz anders aus. Meine Augen sind hell und tief, meine Wangen so rosig wie seit Wochen nicht, und mein Mund wirkt viel weicher. Ich sehe glücklich aus, und doch ist etwas Trauriges in meinem Blick, das das Lächeln wieder von meinen Lippen verschwinden läßt. Ich kann nicht glücklich sein, weil ich weiß, daß Peters Gedanken nicht bei mir sind. Aber ich fühle immer wieder den Blick seiner lieben Augen auf mich gerichtet und seine kühle, weiche Wange an der meinen.

O Petel, Petel, wie komme ich wieder von Deinem Bild los? Ist jeder andere an Deiner Stelle nicht armseliger Ersatz? *Dich* liebe ich so sehr, daß die Liebe keinen Platz mehr in meinem Herzen hatte, sondern hervorbrechen mußte, um sich mir in ihrem ganzen gewaltigen Umfang zu offenbaren.

Vor einer Woche, gestern noch, würde ich, wenn jemand mich gefragt hätte, wen ich später heiraten will, geantwortet haben: »Das weiß ich nicht!« Nun aber könnte ich hinausschreien: »Peter, nur Peter, den ich liebe von ganzem Herzen, mit ganzer Seele und aller Hingebung, jedoch — er darf nicht zudringlich werden und höchstens mein Gesicht berühren.«

In Gedanken saß ich heute auf dem Speicher am offenen Fenster. Nach einem kurzen Gespräch begannen wir beide zu weinen, und dann spürte ich seinen Mund und seine Wangen voller Zärtlichkeit.

»O Peter, denke an mich und komme doch zu mir, mein lieber, lieber Petel!«   Anne

Mittwoch, 12. Januar 1944

Liebe Kitty!
Seit vierzehn Tagen ist Elli wieder bei uns. Miep und Henk konnten zwei Tage nicht kommen. Sie hatten sich beide den Magen verdorben.

Mein neuestes ist, daß ich mich für Ballett und Tanz interessiere und abends fleißig übe. Aus einem hellblauen Spitzenunterkleid hat Mansa mir ein hypermodernes Tanzkleid gemacht. Oben ist ein Band durchgezogen, das über der Brust schließt. Eine große Schleife vollendet das Ganze. Aus meinen Turnschuhen Ballettsandalen zu machen, habe ich vergeblich versucht.

Meine steifen Glieder sind bereits auf dem besten Wege, wieder so geschmeidig zu werden wie früher. Eine ganz große Übung ist: Auf dem Boden sitzend mit jeder Hand eine Ferse festhalten und dann beide Beine hochschnellen lassen. Dabei muß ich ein Kissen unterlegen, damit mein armes Steißbein nicht zu sehr mißhandelt wird.

Die Großen lesen ein Buch »Wolkenloser Morgen«, das Mutter außergewöhnlich gut gefällt. Es werden viele Jugendprobleme darin berührt. Ironisch habe ich bei mir gedacht: »Befasse Dich lieber etwas mehr mit der Jugend, die Dich angeht.«

Ich glaube, daß Mutter denkt, Margot und ich hätten das beste Verhältnis zu unseren Eltern, das es überhaupt gibt, und daß niemand sich mehr um seine Kinder bemüht als sie. Dabei kann sie eigentlich nur an Margot denken, und ich glaube auch, daß die solche Probleme und Gedanken, wie sie in mir fortwährend auftauchen, niemals hat. Ich werde Mutter bestimmt nicht auf den Gedanken bringen, daß es bei einem ihrer Sprößlinge ganz anders aussieht, als sie es sich vorstellt. Sie würde ganz überrascht sein und doch nicht wissen, wie sie die Sache anpacken soll. Sie hätte nur Kummer, und den will ich ihr ersparen, besonders, da sich für mich doch nichts ändern würde.

Mutter fühlt auch, daß Margot mehr an ihr hängt als ich. Aber sie glaubt, das ginge vorüber. Margot ist sehr lieb zu mir geworden, sie scheint mir ganz anders als früher. Sie ist fast nie mehr schnippisch und nun eine echte Freundin für mich. Sie sieht nicht mehr das kleine Ding in mir, mit dem man sich nicht ernsthaft zu befassen braucht.

Es ist eigenartig, daß ich mich manchmal so betrachte, als sähe ich durch die Augen eines anderen. Dann sehe ich mir diese Anne mit aller Gemütsruhe an und blättere in meinem Lebensbuch, als wenn es das einer Fremden wäre. Früher zu Hause, als ich noch nicht soviel nachdachte, redete ich mir ein, daß ich gar nicht zu Vater, Mutter und Margot gehörte und so eine Art Kuckucksei wäre. Mitunter spielte ich dann so für mich die Rolle eines Waisenkindes, bis ich mir selbst klar machte, wie dumm es war, daß ich solch traurige Figur sein wollte, während ich es in Wirklichkeit so gut hatte. Darauf folgte eine Zeit, in der ich mich zwang, freundlich und lieb zu sein. Jeden Morgen, wenn jemand die Treppe zu unserem Zimmer heraufkam, wünschte ich, daß es Mutter sein würde, um uns »Guten Morgen« zu sagen. Dann begrüßte ich sie zärtlich, weil ich mich wirklich freute, wenn sie mich so liebevoll ansah. Manchmal war sie durch das eine oder andere Geschehnis nicht so freundlich, und dann ging ich ganz entmutigt zur Schule. Auf dem Rückweg entschuldigte ich sie dann mit allerlei Sorgen, die sie hatte, und kam munter und vergnügt nach Hause, voll von allen Erlebnissen, die ich loswerden mußte ... bis sich dann dasselbe wiederholte und ich wieder traurig und grübelnd zur Schule ging. Manchmal nahm ich mir auch vor, meine Enttäuschung zu zeigen. Wenn ich dann aber nach Hause kam, hatte ich so viel zu erzählen, daß ich diese Absicht ganz vergaß und bei Mutter unter allen Umständen ein offenes Ohr finden mußte.

Dann kam wieder eine Zeit, in der ich nicht mehr nach den Schritten auf der Treppe lauschte, mich einsam fühlte und abends heiße Tränen in meine Kissen weinte. Hier ist das alles

noch schlimmer geworden. Du weißt es ja. Nun hat Gott mir eine Hilfe geschickt in aller Not: *Peter!* Ich nehme meinen Anhänger, den ich immer trage, drückte zart einen Kuß darauf und denke: »Was geht mich der ganze Rummel eigentlich an? Ich habe meinen Petel und niemand weiß es!«
Und auf diese Weise werde ich nun vieles überwinden. Wer ahnt wohl, was in der Seele eines Backfisches vorgeht?

Anne

Samstag, 15. Januar 1944

Liebe Kitty!
Es hat keinen Sinn, daß ich Dir die Krache und Dispute bis ins kleinste beschreibe; es genügt, Dir zu sagen, daß wir jetzt vieles getrennt haben, z. B. Fett, Fleisch und Butter, und unsere Kartoffeln selbst braten. Seit kurzer Zeit haben wir etwas Roggenbrot extra, weil wir um vier Uhr schon wieder Hunger hatten und unsere knurrenden Mägen sich nicht beruhigen lassen wollten.
Mutters Geburtstag nähert sich. Sie hat von Kraler extra Zucker bekommen für die Festbewirtung, und Frau v. Daan ist neidisch, weil sie zu ihrem Geburtstag nichts bekommen hatte. Es ist kein Vergnügen, immer wieder Heulszenen und Wutausbrüche mitzumachen. Sei überzeugt, Kitty, wir haben es schon lange satt!
Mutter hat den vorläufig unerfüllbaren Wunsch geäußert, die v. Daans mal 14 Tage nicht sehen zu müssen. Ich frage mich, ob man mit allen Menschen, mit denen man so eng zusammen wohnt, auf die Dauer Streit bekommt. Oder haben wir besonderes Pech? Ist die Mehrzahl der Menschen egoistisch und knauserig? Es ist gewiß gut, daß ich hier ein bißchen Menschenkenntnis bekommen habe, aber nun habe ich genug davon. Der Krieg ist noch nicht zu Ende, trotz unserer Streitereien, unseres Hungers nach Luft und Freiheit, und darum müssen wir probieren »to make the best of it«.
Wozu predige ich eigentlich? Wenn es noch lange dauert, wird schließlich aus mir noch eine ausgetrocknete Bohnenstange! Und ich würde doch viel lieber ein echter, rechter Backfisch sein!

Anne

Samstag, 22. Januar 1944

Liebe Kitty!
Kannst Du mir vielleicht sagen, wie es kommt, daß die meisten Menschen ihr Inneres so ängstlich verbergen? Wie es kommt, daß ich mich in Gesellschaft ganz anders benehme, als ich es tun müßte? Ich weiß, daß es sicher Gründe dafür gibt, aber ich finde es unheimlich, daß man selbst den Menschen, die einem am nächsten stehen, nie ganz vertraut.

Ich habe das Gefühl, daß ich seit jenem Traum viel älter geworden bin, viel mehr »eine Persönlichkeit«. Du wirst auch sehr erstaunt sein, wenn ich Dir jetzt sage, daß ich auch die v. Daans nun anders einschätze. Ich sehe die Diskussionen und Reibereien nicht nur von unserem voreingenommenen Standpunkt. Warum bin ich so verändert?

Ja, siehst Du, ich habe darüber nachgedacht, daß unser Verhältnis untereinander ganz anders hätte sein können, wenn Mutter eine richtige ideale Mams wäre. Bestimmt ist Frau v. Daan alles andere als ein feiner Mensch. Aber vielleicht hätte die Hälfte aller Auseinandersetzungen vermieden werden können, wenn Mutter auch weniger schwierig im Umgang wäre und sich die Gespräche nicht so zuspitzten. Frau v. Daan hat nämlich auch eine gute Seite: Sie läßt mit sich reden. Trotz allem Egoismus, der Knauserigkeit und der Streitsucht ist sie leicht zum Nachgeben zu bewegen, wenn man sie nicht reizt und aufstachelt. Dies Mittel wirkt zwar nicht auf die Dauer, aber wenn man Geduld mit ihr hätte, käme man wahrscheinlich auch weiter. Alle Fragen hier über unsere Erziehung, Verwöhnung, Essen usw. hätten offen und freundschaftlich besprochen werden müssen. Dann wäre es nicht so weit gekommen, daß man immer nur die schlechten Seiten der anderen sieht!

Ich weiß genau, was Du jetzt sagen willst, Kitty!

»Aber, Anne, stammen diese Gedanken von Dir? Von Dir, die soviel harte Worte ›von oben‹ gehört hat? Von Dir, die all das Unrecht kennt, das geschehen ist?« Ja, es kommt wirklich von mir! Ich will selbst alles ergründen, aber nicht nach dem Sprichwort: »Wie die Alten sungen...«, nein, ich will die v. Daans beobachten und sehen, was wahr und was übertrieben ist. Wenn ich dann *auch* enttäuscht bin, kann ich an demselben Strick mit den Eltern weiterziehen. Sind die beiden aber besser als ihr Ruf, würde ich erst versuchen, Vater und Mutter von ihrer falschen Einstellung abzubringen, und wenn das nicht glücken sollte, würde ich doch meine eigene Meinung und mein Urteil behalten. Ich werde jede Gelegenheit benutzen, um über allerlei mit Frau v. Daan zu sprechen, und mich bestimmt nicht scheuen, ganz neutral meine Meinung zu äußern. Ich bin nun doch einmal das Fräulein Naseweis.

Ich will nun nicht etwa gegen meine eigene Familie auftreten, aber Klatschen gibt's von nun an bei mir nicht mehr. Bisher glaubte ich felsenfest, daß van Daans an allem schuld haben, aber ein Teil wird wohl auch an uns liegen. Im Prinzip hatten wir wahrscheinlich immer recht. Aber von einsichtigen Menschen — wozu wir uns doch rechnen — erwartet man, daß sie mit den verschiedensten Menschen umgehen können. Da mir nun diese Einsicht gekommen ist, hoffe ich, daß ich Gelegenheit haben werde, sie auch in die Praxis umzusetzen!
Anne

Liebe Kitty!

Etwas Merkwürdiges ist mir passiert. Früher wurde zu Hause oft geheimnisvoll und in der Schule in häßlicher Weise über geschlechtliche Dinge gesprochen. Es wurde geflüstert, und wenn ein Mädel nicht verstand, was gemeint war, wurde sie ausgelacht. Ich fand das merkwürdig und dachte:

»Warum spricht man davon so heimlich oder häßlich?« Da es nicht zu ändern war, hielt ich den Mund oder unterhielt mich auch mal mit einer ganz intimen Freundin darüber. Als ich später ziemlich Bescheid wußte, und auch die Eltern mit mir gesprochen hatten, sagte Mutter einmal: »Anne, ich gebe Dir den guten Rat, nicht mit Jungen über das Thema zu sprechen und, wenn sie davon anfangen, das Gespräch abzubrechen.«

Ich weiß noch ganz genau, daß ich antwortete: »Nein, natürlich nicht, Mama, was denkst Du!« Und dabei blieb es.

In der ersten Zeit, als wir hier waren, sprach Vater oft von Dingen, die ich lieber von Mutter gehört hätte, und das übrige entnahm ich aus Büchern und Gesprächen. Peter v. Daan war nie zudringlich in dieser Richtung, sagte einmal am Anfang etwas, aber nicht um eine Antwort von mir herauszufordern.

Frau v. Daan hat einmal gesagt, daß sie nie mit Peter davon gesprochen hat, auch ihr Mann nicht. Sie wußte auch nicht einmal, wieweit Peter aufgeklärt ist.

Gestern, als Margot, Peter und ich beim Kartoffelschälen waren, kam das Gespräch auf Moffi, die Katze.

»Wir wissen noch immer nicht, ob Moffi ein Kater oder eine Katze ist«, sagte ich.

»Doch«, sagte Peter, »es ist ein Kater.«

»Schöner Kater, der in anderen Umständen ist«, lachte ich. Vor einigen Wochen hatte Peter nämlich erklärt, daß Moffi bald Junge kriegen würde, weil sie so dick war. Aber wahrscheinlich kam der dicke Bauch von den vielen gestohlenen Leckerbissen, denn die Kinderchen ließen auf sich warten. Nun wollte sich Peter aber verteidigen.

»Du kannst selbst mitkommen und ihn ansehen«, sagte er. »Als ich mich mal mit ihm gebalgt habe, konnte ich deutlich sehen, daß er ein Kater ist.«

Ich konnte meine Neugier nicht bezwingen und ging mit ins Lager. Moffi hatte aber keine Besuchszeit und war nirgends zu entdecken. Nachdem wir eine Weile gewartet hatten, gingen wir wieder nach oben, weil es kalt war. Spät nachmittags hörte ich Peter wieder hinuntergehen. Ich nahm allen Mut zusammen und lief durch das stille Haus nach unten ins Lager. Peter spielte mit Moffi auf dem Packtisch, er setzte ihn gerade in die Waagschale, um sein Gewicht festzustellen.

»Hallo, willst Du mal sehen?« Er machte kein langes Federlesen, packte Moffi sehr geschickt am Kopf, gleichzeitig die Pfoten festhaltend, drehte ihn um, und die Lektion begann: »Hier ist sein Geschlechtsteil, da sind lose Haare und da ist der Hintern!« Schon machte Moffi eine halbe Drehung und stand wieder auf seinen weißen Pfötchen.

Jeden anderen Jungen, der mir das »männliche Geschlechtsteil« auf diese Weise gezeigt hätte, würde ich nicht mehr angesehen haben. Aber Peter sprach so unbefangen über das heikle Thema, daß ich schließlich auch nichts Besonderes mehr dabei fand. Wir spielten mit Moffi, amüsierten uns mit ihm, erzählten noch allerlei und schlenderten langsam durch das große Lager langsam nach oben. »Meistens finde ich das, was ich gern wissen möchte, zufällig in einem Buch, Du auch?« sagte ich.

»Warum? Dann frage ich oben; denn Vater weiß doch viel und hat große Erfahrung.«

Wir standen schon wieder auf der Treppe und ich schwieg. Mit einem Mädel hätte ich gar nicht so einfach davon gesprochen. Ich weiß auch, daß Mutter dies gemeint hat, als sie mir riet, solche Gespräche mit Jungens zu vermeiden. Mir war doch den ganzen Tag ein bißchen komisch, als ich an das Zusammensein im Lager dachte. Aber ich habe gelernt, daß man auch mit jungen Menschen des anderen Geschlechts vernünftig und ohne dumme Witze sprechen kann.

Bespricht Peter wirklich viel mit seinen Eltern? Ist er wirklich so, wie er sich gestern zeigte?

Ach, was weiß ich davon?

Anne

Donnerstag, 27. Januar 1944

Liebe Kitty!

In der letzten Zeit habe ich eine starke Liebhaberei für Stammbäume und die Genealogie der Fürstenhäuser. Wenn man da einmal mit dem Nachforschen beginnt, muß man immer weiter zurückgehen und kommt schließlich zu den interessantesten Entdeckungen.

In meinen Lehrfächern bin ich außerordentlich eifrig und kann auch schon ziemlich gut dem Home-Service vom englischen Radio folgen. Die Sonntage aber benutze ich meistens für das Aussuchen und Sortieren meiner großen Filmstarsammlung, die einen respektablen Umfang angenommen hat. Herr Kraler macht mir jeden Montag die Freude, mir die Filmzeitschrift mitzubringen. Obgleich das von unseren unmondänen Hausgenossen oft als Geldverschwendung bezeichnet wird, sind sie dann doch immer wieder erstaunt, weil ich nun, nach mehr als einem Jahr, noch alle Mitwirkenden in irgendeinem bestimmten Film aufzählen kann. Elli geht an ihren freien Tagen öfter mit ihrem Freund ins Kino, und wenn sie mir am Samstag die beabsichtigte Auswahl für die folgende Woche mitteilt, rassele ich ihr schon vorher Besetzung und Kritik herunter. Vor kurzem sagte Mansa, daß ich später gar nicht ins Kino zu gehen brauchte, weil ich Inhalt, Qualität und Besetzung der Stücke doch schon vorher wüßte.

Wenn ich mal mit einer neuen Frisur angesegelt komme, sehen mich alle mit abfälligen Mienen an und fragen, welcher Filmstar diese Coiffüre trägt. Wenn ich erkläre, daß es meine eigene Erfindung ist, wird es mir nur halb geglaubt. Länger als eine halbe Stunde dauert das Vergnügen meist nicht. Dann haben die Meckerer mir auch das verleidet, und ich eile ins Badezimmer und schnell ist meine alltägliche Wald- und Wiesenfrisur wiederhergestellt.

Anne

Freitag, 28. Januar 1944

Liebe Kitty!

Heute morgen habe ich mich gefragt, ob Du Dir nicht vorkommst wie eine Kuh, die alle alten Neuigkeiten wiederkauen muß und, schon sehr gelangweilt von dieser einseitigen Kost, mit lautem Gähnen wünscht, daß Anne mal etwas Neues bringt. Ja leider, ich weiß, daß die ollen Kamellen schrecklich langweilig sind, aber Du kannst Dir vorstellen, wie sehr auch mich diese aufgewärmten Geschichten anwidern. Wenn ein Tischgespräch mal nicht über Politik oder gutes Essen geht, kramen Mutter und Frau v. Daan Jugenderinnerungen aus oder Dussel faselt von dem wohlassortierten Kleiderschrank seiner Frau, von Rennpferden oder einem lecken Ruderboot, von Wunderkindern, die mit vier Jahren schon schwimmen, von Muskelschmerzen und ängstlichen Patienten. Es ist nun schon so, daß, wenn einer von uns achten etwas erzählt, die anderen einfallen und die Fortsetzung selber machen können. Wir wissen im voraus die Pointe von jedem Witz, und außer dem Erzähler lacht keiner mehr darüber. Die verschiedenen Lieferanten der Ex-Hausfrauen, Metzger, Kaufleute und Bäcker, sind schon x-mal durchgedroschen, und ich wüßte überhaupt nichts, was es bei uns im Hinterhaus noch Neues geben könnte. Alles hat soooo 'n Bart!

Das alles wäre noch erträglich, wenn die Erwachsenen nicht die peinliche Gewohnheit hätten, Geschichten, die von Koophuis, Miep oder Henk stammten, zehnmal in anderer Form wiederzugeben, jedesmal mit neuen Erfindungen weiter ausgeschmückt. Dann muß ich mich selbst unterm Tisch kneifen, um dem begeisterten Erzähler nicht ins Wort zu fallen. Denn Kinder wie Anne dürfen Erwachsene unter keinen Umständen verbessern, wenn die auch noch so sehr aufschneiden oder sich Unwahrheiten oder Erfindungen aus den Fingern saugen.

Koophuis und Henk erzählen uns alles, was sie von Versteckten und Untergetauchten hören. Sie wissen, daß uns das alles brennend interessiert und daß wir mitleben und -leiden mit den Menschen, die aufgespürt wurden, und uns freuen mit Gefangenen, die wieder befreit worden sind.

Untertauchen und Verschwinden sind jetzt so alltägliche Begriffe wie früher Vaters Hausschuhe, die im Winter am Ofen auf ihn warteten.

Organisationen, z. B. »Freies Niederland«, fälschen Identitätskarten, sorgen für ein sicheres Versteck, versorgen ihre Schützlinge dann mit Geld und Lebensmitteln und verschaffen den christlichen Jungens, die sie haben untertauchen lassen, Arbeit bei zuverlässigen Meistern oder Betrieben. Es ist erstaunlich, wieviel durch edle und uneigennützige Menschen getan wird, die unter Einsatz des eigenen Lebens anderen helfen und viele retten. Das beste Vorbild sind unsere Beschützer, die uns bisher durchgeholfen haben und uns hoffentlich noch ans sichere Ufer bringen werden. Sonst müßten sie selber das Los teilen von allen Helfern, die Juden beschützen. Nie hören wir ein Wort, welche Last wir sind — und das sind wir! —, niemals klagt einer von ihnen über die große Mühe, die sie mit uns haben. Täglich kommen sie herauf, sprechen mit den Herren über Geschäft und Politik, mit den Damen vom Essen und von der Erschwerung der Haushaltsführung, mit uns über Bücher und Zeitungen. Immer kommen sie mit frohen Gesichtern, bringen an Geburts- und Festtagen Blumen und Geschenke mit und sind immer für uns da. Das ist es, war wir nie vergessen wollen, so viel Heldenmut im Kriege und im Streit gegen die Unterdrückung auch gezeigt wird — die Opfer unserer Freunde *hier*, die täglichen Beweise der Zuneigung und Liebe!

Die verrücktesten Geschichten gehen um, und doch sind sie meistens passiert. Koophuis erzählte uns von einem Fußballspiel in Gelderland, bei dem auf der einen Seite nur Untergetauchte spielten, auf der anderen... Mitglieder der Landgendarmerie.

In Hilversum wurden neue Lebensmittelkarten ausgegeben. Damit die vielen Menschen, die untergetaucht sind, nicht um ihre Rationen kommen, haben die dortigen Beamten alle »Beschützer« aus dem Umkreis zu einer bestimmten Zeit bestellt, damit sie die Karten für die Untergetauchten in Empfang nehmen können. Man muß aber vorsichtig sein, denn solche Heldenstückchen dürfen den »Moffen«[1] nicht zu Ohren kommen.

Anne

Donnerstag, 3. Februar 1944

Liebe Kitty!

Man erwartet in allernächster Zeit die Invasion. Wenn Du hier wärest, würdest du wohl genau so wie ich tief unter diesem

[1] Spottname für die Deutschen.

Eindruck stehen oder uns sogar auch auslachen, weil wir uns vielleicht unnötig verrückt machen. Alle Zeitungen sind voll davon und bringen die Menschen ganz durcheinander, weil sie schreiben:

»Sollten die Engländer in Holland landen, dann wird die deutsche Leitung mit allen Mitteln das Land verteidigen und es nötigenfalls sogar unter Wasser setzen.«

Es werden Karten veröffentlicht, auf denen die Strecken des Landes schraffiert sind, die dafür in Frage kommen. Da große Teile von Amsterdam dabei sind, wurde naturgemäß hier die Frage aufgeworfen, was zu tun ist, wenn das Wasser einen Meter hoch in den Straßen steht. Von allen Seiten kamen die verschiedensten Antworten: »Da Radeln und Laufen ausgeschlossen ist, müssen wir eben waten, wenn das Wasser zum Stillstand gekommen ist.«

»Wir werden probieren zu schwimmen. Wenn wir in Badeanzug und Taucherkappe sind und möglichst viel unter Wasser schwimmen, wird niemand merken, daß wir Juden sind.«

»Schöner Unsinn! Ich sehe die Damen schon schwimmen, wenn die Ratten sie an den Beinen packen!«

(Natürlich war es ein Mann, der sich da lustig machte, wollen mal sehn, wer zuerst brüllt!)

»Wir werden gar nicht aus dem Haus herauskommen. Das Lager ist so morsch, daß das ganze Haus beim ersten Druck des Wassers schon zusammenfällt.«

»Nun mal Scherz beiseite. Wir wollen sehen, ein Boot zu bekommen.«

»Das brauchen wir nicht. Jeder nimmt eine von den großen Milchzuckerkisten vom Speicher, und dann rudern wir mit einem Küchenlöffel.«

»Ich gehe Stelzen laufen. Darin war ich Champion in meiner Jugend.«

»Henk van Santen hat das nicht nötig. Wenn der seine Frau auf den Rücken nimmt, hat Miep Stelzen.«

Nun bist Du im Bilde, Kitty! Dieses Geschwätz ist ja sehr ulkig. Die Wahrheit wird es anders lehren!

Die zweite Invasionsfrage kann nicht ausbleiben. Was ist zu tun, wenn Amsterdam durch die Deutschen evakuiert wird?

»Mitgehen, möglichst unauffällig.«

»Auf keinen Fall mitgehen. Das einzig Richtige ist hierbleiben. Die Deutschen sind imstande, die Menschen alle immer weiter vor sich herzutreiben, bis sie in Deutschland umkommen!«

»Ja, natürlich, wir bleiben hier. Hier ist es am sichersten. Dann müßten wir versuchen, Koophuis zu überreden, daß er mit seiner Familie hierher zieht. Wir wollen Holzwolle besorgen, dann können wir auf dem Fußboden schlafen. Das beste wäre, wenn Miep und Koophuis jetzt schon Decken hierher schaffen würden. Wir werden zu den 60 Pfund Mehl noch etwas dazu bestellen. Henk soll versuchen, Hülsenfrüchte zu bekommen. Jetzt haben wir 60 Pfund Bohnen und 10 Pfund Erbsen im Haus, die 50 Büchsen Gemüse nicht gerechnet.«

»Mutter, willst Du bitte die anderen Eßwaren zählen?«

»10 Dosen Fisch, 40 Büchsen Milch, 10 kg Milchpulver, 3 Flaschen Öl, 4 Weckgläser mit Butter, 4 mit Fleisch, 4 Korbflaschen mit Erdbeeren, 2 Flaschen Fruchtsaft, 20 Flaschen Tomaten, 10 Pfund Haferflocken, 8 Pfund Reis. Das ist alles!«

»Das ist ein ganz netter Vorrat, aber wenn Du bedenkst, daß wir dann noch Besuch mit ernähren wollen und jede Woche ein Teil davon weggeht, scheint es großartiger als es ist.«

Kohlen und Brennstoff haben wir genug, Kerzen auch. Wir wollen uns alle Brustbeutel nähen, um unser Geld mitzunehmen, falls es mal nötig ist.

Wir müßten eine Liste machen, was wir im Falle der Flucht als Wichtigstes brauchen, und unsere Rucksäcke schon möglichst jetzt packen.

Wenn es soweit kommt, müßten zwei Beobachtungsposten auf Wache, einer auf dem Vorderhaus, einer hinten auf dem oberen Speicher.

Aber was tun wir mit all unseren Eßwaren, wenn wir ohne Gas, Wasser und Elektrizität sitzen?

Dann kochen wir auf dem Ofen. Wasser wird filtriert und gekocht. Wir wollen ein paar Korbflaschen saubermachen, um ständig Wasser darin aufzubewahren.

Diese Erzählungen höre ich nun schon den ganzen Tag: Invasion vorne, Invasion hinten, Dispute über Hungertod, Sterben, Bomben, Feuerspritzen, Schlafsäcke, Judenausweise, Giftgase und so in einem fort.

Ein klares Bild der unzweideutigen Sorgen der Hinterhausbewohner spiegelt sich in folgendem Gespräch mit Henk.

Hinterhaus: »Wir haben Angst, daß die Deutschen bei einem etwaigen Rückzug die ganze Bevölkerung mitnehmen.«

Henk: »Das ist unmöglich. Dafür haben sie durchaus nicht genug Zugmaterial zur Verfügung.«

Hhs.: »Züge? Denken Sie, daß sie die Bevölkerung auch noch fahren lassen werden? Kein Gedanke! Die können laufen.« (Per pedes apostolorum, sagt Dussel in solchem Fall.)

Henk: »Das halte ich für ausgeschlossen. Ihr seht immer alles viel zu schwarz. Was sollten sie davon haben, alle, die ganze Bürgerbevölkerung mitzuschleppen?«

Hhs.: »Wissen Sie nicht, daß Goebbels gesagt hat: Wenn wir zurück müssen, knallen wir hinter uns in allen besetzten Gebieten die Türe zu!«

Henk: »Was die schon alles gesagt haben!«
Hhs.: »Denken Sie, daß die Deutschen dafür zu edel oder zu menschlich sind? Die werden, wenn sie in ernste Gefahr kommen, noch alles mitzureißen versuchen, was sich in ihrem Machtbereich befindet.«
Henk: »Ihr könnt mir viel erzählen, ich glaube es doch nicht!«
Hhs.: »Es ist immer wieder dasselbe Lied. Niemand will die drohende Gefahr sehen, bevor er sie nicht am eigenen Leibe gespürt hat.«
Henk: »Sie wissen doch auch nichts Positives. Das sind doch alles nur Annahmen von Ihnen.«
Hhs.: »Wir haben es doch zur Genüge selbst mitgemacht, erst in Deutschland und dann hier. Und was geschieht in Rußland?«
Henk: »Die Judenfrage steht außerhalb der Betrachtung. Niemand weiß, was da im Osten vorgeht. Wahrscheinlich ist die russische und englische Propaganda auch übertrieben, ebenso wie die Deutsche.«
Hhs.: »Das stimmt sicher nicht. Das englische Radio hat immer die Wahrheit gesagt. Aber wenn Sie selbst annehmen, daß vieles übertrieben ist, sind die Tatsachen noch schlimm genug. Sie können doch nicht in Abrede stellen, daß in Polen und Rußland Millionen Unschuldiger vergast und ermordet werden!«
Die weiteren Gespräche will ich Dir ersparen. Ich bin ganz ruhig und lasse möglichst wenig an mich herankommen. Ich bin inzwischen so weit, daß es mir schon ganz gleich ist, ob ich sterben muß oder leben bleibe. Die Welt wird auch ohne mich weitergehen, und ich kann die Geschichte auch nicht aufhalten. Ich lasse es darauf ankommen, und inzwischen lerne und arbeite ich in der Hoffnung auf ein gutes Ende.   Anne

Samstag, 12. Februar 1944

Liebe Kitty!
Die Sonne scheint, der Himmel ist tiefblau, es weht ein herrlicher Wind, und ich ... ich habe solche Sehnsucht. Ich sehne mich ... nach allem, nach Freiheit, nach Freunden. Ich sehne mich danach, mich aussprechen zu können und allein zu sein. Könnte ich mich einmal richtig ausweinen! Ich möchte meinem Herzen Luft machen und weiß, es würde besser werden, wenn ich weinen könnte, aber ich weiß auch, ich kann es nicht. Ich bin unruhig, laufe von einem Zimmer ins andere, stehe am geschlossenen Fenster und möchte die Luft von draußen durch die Ritzen atmen, fühle mein Herz klopfen, als ob es sagte: Stille doch endlich meine Sehnsucht.
Ich glaube, daß es der Frühling ist. Ich fühle den erwachenden Lenz, fühle ihn in meinem ganzen Körper und in meiner Seele. Ich muß mich zwingen, ruhig zu bleiben, ich bin total durchein-

ander, bringe mich nicht dazu, etwas zu lesen, zu schreiben oder zu tun. Ich weiß nur, daß ich mich nach etwas sehne...

Anne

Liebe Kitty!

Seit gestern hat sich viel für mich verändert. Das kam so: Ich sehnte mich so und ich sehne mich noch, aber... etwas ist doch anders geworden. Heute morgen merkte ich, und ich sage es ehrlich: zu meiner großen Freude — daß Peter mich immerfort ansah. So ganz anders als sonst, ich weiß nicht wie, ich kann es auch nicht beschreiben. Früher dachte ich, daß Peter in Margot verliebt sei, aber plötzlich fühlte ich, daß es anders ist. Ich habe ihn den ganzen Tag absichtlich nicht zuviel angesehen, denn wenn ich es tat, guckte er auch gerade, und dann hatte ich ein so herrliches Gefühl, das ich besser nicht zu oft haben sollte.

Ich habe so sehr das Bedürfnis, allein zu sein. Vater merkt, daß ich anders bin als sonst, aber ich kann ihm auch nicht alles erzählen. »Laßt mich in Ruhe, laßt mich allein«, möchte ich ihnen immer sagen. Wer weiß, vielleicht werde ich noch einmal mehr allein gelassen als mir lieb ist.

Anne

Montag, 14. Februar 1944

Liebe Kitty!

Sonntag abend saßen alle am Radio, um die »unsterbliche Musik deutscher Meister« zu hören. Pim und ich nicht. Dussel drehte andauernd am Apparat. Peter ärgerte sich darüber, die anderen auch. Nach einer halben Stunde war Peter ganz nervös geworden und bat etwas gereizt, mit diesem ewigen Schalten aufzuhören. Dussel antwortete auf seine herablassende Manier: »Ich weiß schon, was ich tue!«

Peter wurde böse, fuhr auf, sein Vater pflichtete ihm bei und Dussel mußte nachgeben. Das war alles. Die Sache an sich ist gar nicht besonders wichtig, aber anscheinend muß sie Peter sehr zu Herzen gegangen sein. Denn als ich heute morgen auf dem Speicher in der Bücherkiste kramte, kam er und erzählte mir die ganze Geschichte. Ich wußte noch nichts davon, und als Peter merkte, daß er eine andächtige Zuhörerin hatte, kam er in Fahrt.

»Ja, sieh mal«, begann er, »ich sage nicht so schnell etwas, weil ich im voraus weiß, daß ich mich nicht so gut ausdrücken kann. Ich beginne zu stottern, werde rot und sage oft etwas ganz anderes, als ich sagen wollte. Schließlich höre ich dann auf, weil ich die richtigen Worte doch nicht finde. Gestern ging es mir auch so. Ich wollte auch wieder etwas sagen, und als ich eben begonnen hatte, kam ich außer Fassung, und das ist dann

immer schrecklich. Früher hatte ich eine sehr schlechte Gewohnheit, die ich nun manchmal am liebsten noch anwenden möchte.
Wenn ich mit jemandem Krach hatte, habe ich ihn lieber mit
meinen Fäusten bearbeitet, anstatt mit ihm zu diskutieren. Ich
weiß wohl, daß man mit dieser Methode nicht vorwärts kommen kann, und darum bewundere ich Dich. Du kannst gut reden, sagst den Leuten, was Du zu sagen hast, und bist nie
verlegen.«
»Da irrst Du Dich sehr«, antwortete ich, »meistens sage ich
nicht, was ich mir ursprünglich vorgenommen hatte, und dann
rede ich viel zuviel und viel zu lang, und das ist ebenso
schlimm.«
Im stillen mußte ich über mich selber lachen, ließ ihn aber
nichts von meiner Fröhlichkeit merken. Ich wollte doch so gern,
daß er mehr von sich spräche, ließ mich gemütlich auf einem
Kissen auf dem Fußboden nieder, schlug die Arme über meine
angezogenen Knie und sah ihn aufmerksam an.
Ich bin mächtig froh, daß hier noch einer im Haus ist, der
ebensolche Wutanfälle kriegen kann wie ich. Es tat Peter sichtlich gut, daß er Dussel mit den schärfsten Ausdrücken kritisieren konnte, ohne Sorge, daß da gleich gepetzt wird. Und ich,
ich fand es auch famos, weil ich ein so echtes Gemeinschafts-
gefühl empfand, wie ich es früher nur mit meinen Freundinnen
kannte.   Anne

                              Mittwoch, 16. Februar 1944

Liebe Kitty!
Margot hat Geburtstag. Um halb eins kam Peter, um die Geschenke anzusehen, und blieb viel länger, als dafür nötig war,
was er früher nie getan hätte. Mittags habe ich den Kaffee geholt und später die Kartoffeln, weil ich Margot einmal im Jahr
ganz besonders verwöhnen wollte. Als ich durch Peters Zimmer ging, nahm er sofort alle Papiere von der Treppe weg, und
ich fragte ihn, ob ich die Speicherluke wieder zumachen sollte.
»Ja«, sagte er, »wenn Du zurückkommst, klopfst Du, und ich
mache Dir gleich auf.« Ich dankte, ging nach oben und suchte
wohl 10 Minuten lang in der großen Tonne, um die kleinsten
Kartoffeln zu bringen, bis ich von der gebückten Haltung Rük-
kenschmerzen bekam und mir kalt wurde. Ich klopfte natürlich
nicht, sondern öffnete die Klappe selbst. Aber da kam er mir
schon dienstfertig entgegen, um mir den großen Topf abzuneh-
men. »Ich habe lange gesucht, aber kleinere konnte ich nicht
finden«, sagte ich.
»Hast Du in der großen Tonne nachgesehen?«
»Ja, ich habe sogar alles mit der Hand umgewühlt.«
Inzwischen stand ich unten an der Treppe, und er sah kritisch
in den Topf, den er noch in der Hand hatte.

»Aber die sind doch sehr gut«, und als er mir den Topf zurückgab, fügte er hinzu »ausgezeichnet!«. Dabei sah er mich mit einem warmen, sanften Blick an, so daß mir auch von innen ganz warm und sanft zumute wurde. Ich fühlte, daß er mir etwas Liebes tun wollte. Weil er aber keine großen Worte machen kann, legte er seine Gedanken in seinen Blick.

Ich verstand ihn so gut und war ihm von Herzen dankbar. Jetzt noch bin ich froh, wenn ich an seine Worte und seinen Blick denke.

Als ich herunterkam, sagte Mutter, daß noch mehr Kartoffeln gebraucht würden, und zwar zum Abendessen. Ich bot mich sofort an, noch einmal hinaufzugehen.

Als ich bei Peter anlangte, entschuldigte ich mich, daß ich ihn noch einmal störte. Er stand auf, stellte sich zwischen Wand und Treppe und wollte mich mit Gewalt zurückhalten.

»Ich gehe hinauf«, sagte er. Darauf erwiderte ich, daß das wirklich nicht nötig sei und ich ja nun auch keine kleinen Kartoffeln mehr holen müßte. Das überzeugte ihn, und er ließ sofort meinen Arm los. Als ich zurückkam, öffnete er die Luke und nahm mir den Topf ab. Im Hinausgehen fragte ich ihn: »Was machst Du da eigentlich?«

»Franz«, antwortete er. Ich fragte, ob ich mir die Aufgaben mal ansehen dürfte, wusch meine Hände und setzte mich ihm gegenüber auf die Couch.

Nachdem ich ihm einiges erklärt hatte, fingen wir an, uns zu unterhalten. Er erzählte mir, daß er später nach Niederländisch-Indien in die Plantagen gehen wollte. Er sprach über sein Leben zu Hause, über den Schwarzhandel und daß er so ein Nichtsnutz wäre. Ich sagte ihm, daß er ein starkes Minderwertigkeitsgefühl hätte. Er sprach dann auch von den Juden. Er hätte es viel bequemer gefunden, wenn er Christ gewesen wäre oder wenn er es nach dem Krieg sein wollte. Ich wollte wissen, ob er die Absicht hätte, sich nach dem Krieg taufen zu lassen, aber das wollte er auch nicht. Nach dem Krieg würde niemand wissen, ob er Christ oder Jude sei, sagte er. Dabei ging mir ein Stich durchs Herz. Ich finde es so schade, daß immer noch ein Stückchen Unehrlichkeit in ihm ist.

Wir sprachen dann weiter über Vater, über Menschenkenntnis und alles mögliche. Ich ging erst um halb fünf weg.

Des Abends sagte er noch etwas sehr Hübsches. Wir sprachen von einem Filmstar, dessen Bild er einmal von mir bekommen hat und das nun wohl schon eineinhalb Jahre lang in seinem Zimmer hängt. Er fand es so nett, und ich bot ihm an, ihm auch Bilder von anderen Filmstars zu geben.

»Nein«, sagte er, »ich lasse es lieber so. Dies hier, das schaue ich mir jeden Tag an, und es ist nun meine Freundin geworden.«

Warum er Mouchi immer mit sich schleppt und liebkost, begreife ich nun besser. Er hat auch ein Bedürfnis nach Zärtlichkeit. Noch etwas vergaß ich, worüber er sprach.

»Angst kenne ich nicht«, sagte er, »nur wenn mir etwas fehlt, bin ich ängstlich. Aber das werde ich auch noch verlernen.«

Sein Minderwertigkeitsgefühl ist sehr groß. Er denkt z. B., daß er sehr dumm sei und wir sehr klug. Wenn ich ihm Französisch helfe, bedankt er sich tausendmal. Nächstens werde ich ihm sagen: »Hör doch auf mit dem Unsinn. Dafür kannst Du Englisch und Geographie viel besser als ich.«   Anne

Freitag, 18. Februar 1944

Liebe Kitty!

Wann ich auch nach oben gehe, immer tue ich es natürlich mit der Absicht, »ihn« zu sehen. Mein Leben hier ist viel schöner geworden, weil es wieder einen Sinn hat und ich mich immer auf etwas freuen kann.

Der Gegenstand meiner Freundschaft ist auch immer zu Hause, und ich brauche (außer vor Margot) keine Angst vor Rivalen zu haben. Denke nicht, daß ich verliebt sei, das ist es nicht. Aber ich habe das feste Gefühl, daß sich zwischen Peter und mir noch etwas sehr Schönes entwickeln wird, das uns Freundschaft und Vertrauen gibt. Wenn es nur möglich ist, gehe ich zu ihm. Nun ist es nicht mehr so wie früher, daß er nicht weiß, was er mit mir anfangen soll. Im Gegenteil, er redet noch, wenn ich schon halb aus der Tür heraus bin.

Mutter sieht es nicht gern, daß ich so oft nach oben gehe. Sie sagt, ich sollte Peter nicht belästigen und ihn in Ruhe lassen. Begreift sie wirklich nicht, daß es um ein eigenes inneres Erleben geht? Immer, wenn ich hinübergehe ins kleine Zimmer, sieht sie mich so eigentümlich an. Wenn ich von oben komme, fragt sie mich, wo ich gewesen sei. Das kann ich nicht leiden und finde es abscheulich.   Anne

Samstag, 19. Februar 1944

Liebe Kitty!

Es ist wieder Samstag, und das sagt eigentlich schon genug. Der Morgen war ruhig. Ich habe oben etwas geholfen, aber »ihn« habe ich nur flüchtig gesprochen. Um halb drei zog ich mit einer Decke nach unten ins Privatkontor, um da am Schreibtisch in Ruhe lesen oder schreiben zu können. Es dauerte nicht lange, da überkam es mich, und mit dem Kopf auf den Armen lag ich auf dem Schreibtisch und weinte mich aus. Die Tränen flossen, und ich fühlte mich tief unglücklich. Ach, wäre »er« doch gekommen, um mich zu trösten. Es war schon vier Uhr, als ich wieder nach oben ging. Ich mußte Kartoffeln holen und hoffte, ihn dann zu treffen. Während ich aber dabei war, im

Badezimmer meine Haare noch etwas zurechtzumachen, hörte ich, daß er zu Moffi ins Lager hinunterging. Aufs neue kamen meine Tränen, und ich flüchtete ins WC, noch schnell den Handspiegel packend. Da blieb ich, tief betrübt, und meine rote Schürze bekam dunkle Flecken vom Weinen.

»So werde ich Peter nie gewinnen«, dachte ich, »vielleicht macht er sich doch nichts aus mir und hat gar nicht das Bedürfnis nach Vertrauen. Vielleicht denkt er nur ganz oberflächlich an mich? Ich muß wieder allein weiter und ohne Peter. Vielleicht bald ohne Hoffnung, Trost und Erwartung!«

Einmal möchte ich den Kopf an seine Schulter lehnen und mich nicht so hoffnungslos und verlassen fühlen! Vielleicht liegt ihm gar nichts an mir und er guckt die anderen auch so freundlich an. Habe ich mir vielleicht nur eingebildet, daß es mir gilt? O Peter, könntest Du mich nur hören oder sehen! Jedoch die Wahrheit, die womöglich eine Enttäuschung wäre, könnte ich nicht ertragen. Und während innerlich noch die Tränen flossen, blühte doch wieder Hoffnung und Erwartung in mir auf.

Anne

Sonntag, 20. Februar 1944

Liebe Kitty!

Was bei anderen Leuten in der Woche gemacht wird, geschieht bei uns im Hinterhaus am Sonntag. Während die anderen fein angezogen spazieren gehen, ist bei uns Großreinemachen.

Acht Uhr: Ohne Rücksicht auf die Langschläfer steht Dussel am Sonntag bereits um 8 Uhr auf, geht ins Badezimmer, dann nach unten, wieder nach oben, und dann hält er im Badezimmer Generalreinigung, die eine Stunde dauert.

Halb zehn: Es wird entdunkelt, die Öfen werden angemacht und v. Daans gehen sich waschen.

Viertel elf: Die v. Daans pfeifen. Das Badezimmer ist frei. Bei uns erheben sich die ersten Schlafmützen aus den Kissen. Aber dann geht's eins, zwei, drei! Abwechselnd gehen Margot, Mutter und ich zur »großen Wäsche«. Es ist sehr kalt, und wir sind froh, lange Hosen zu haben. Nach uns ist Vater an der Reihe.

Halb zwölf: Frühstück. Hierüber will ich mich nicht weiter auslassen. Übers Essen wird bei uns schon genug geredet.

Viertel eins: Jeder macht, was er will. Vater liegt im Overall auf den Knien und bürstet den Teppich mit solchem Elan, daß das ganze Zimmer in Staubwolken gehüllt ist. Dussel kehrt sein Bett von unten nach oben und pfeift jedesmal dabei das Violinkonzert von Beethoven. Mutter hört man auf dem Boden hin und her gehen. Sie hängt Wäsche auf. Van Daan setzt seinen Hut auf und verschwindet in die unteren Regionen, meistens gefolgt von Peter und Mouchi. Madame zieht eine lange Schürze an, schwarze Wollweste und Überschuhe, bindet einen dicken roten Schal um den Kopf, nimmt ein Bündel Wäsche unter den Arm und verschwindet mit einem gut einstudierten Waschfrauen-Knicks. Margot und ich spülen das Geschirr und räumen das Zimmer auf. Anne

Liebe Kitty!

Seit gestern ist es draußen herrlich, und ich bin richtig aufgekratzt. Ich gehe fast jeden Morgen auf den Speicher, wo Peter arbeitet, um frische Luft zu atmen. Von meinem Lieblingsplatz auf dem Fußboden sehe ich ein Stück vom blauen Himmel, sehe den kahlen Kastanienbaum, an dessen Zweigen kleine Tropfen schillern, und die Möwen, die in ihrem eleganten Gleitflug wie aus Silber scheinen. Er stand mit dem Kopf an den Balken gelehnt, ich saß da, wir atmeten die reine Luft, guckten hinaus und fühlten, daß da etwas war, das nicht mit Reden fortgescheucht werden durfte. Wir sahen lange hinaus, und als er nach oben mußte, um Holz zu hacken, wußte ich mehr, wußte, daß er ein feiner Kerl ist. Er stieg die schmale Treppe hinauf, ich folgte, und eine Viertelstunde, während er arbeitete, sprachen wir wieder kein Wort. Ich beobachtete, wie er sich sichtlich bemühte, es gut zu machen, um mir seine Kraft zu zeigen. Aber ich sah auch aus dem offenen Fenster über ein großes Stück von Amsterdam hin, über alle Dächer bis an den Horizont, der so im hellen Blau verschwommen war, daß ich die Scheidungslinie nicht deutlich sehen konnte. »Solange es das noch gibt«, dachte ich, »diese strahlende Sonne, diesen wolkenlosen blauen Himmel, und ich das noch erleben kann, darf ich nicht traurig sein.«

Für jeden, der einsam oder unglücklich ist oder in Sorge, ist das beste Mittel, hinauszugehen, irgendwohin, wo er allein ist, allein mit dem Himmel, mit der Natur und Gott. Dann, nur dann fühlt man, daß alles ist wie es sein soll und daß Gott die Menschen in seiner einfachen, schönen Natur glücklich sehen will. Solange es so ist — und es wird wohl immer so sein —, weiß ich, daß es unter allen Umständen einen Trost gibt für jeden Kummer, und ich glaube bestimmt, daß die Natur so vieles Leid erleichtert.

Vielleicht kann ich dieses überströmende Glücksgefühl bald mit jemand teilen, der es genau so empfindet wie ich.

Gedanken:

Wir entbehren hier viel und entbehren es lange. Ich fühle das genau so wie Du. Ich spreche nicht von äußeren Dingen. Davon haben wir hier genug, nein, ich meine das, was uns innerlich bewegt. Ich verlange ebenso wie Du nach Freiheit und Luft, aber nun glaube ich, daß wir für diese Entbehrungen ausreichend entschädigt sind. Das erfaßte ich plötzlich, als ich heute morgen vor dem Fenster saß, ich meine die innere Erkenntnis. Als ich hinaussah und Gott tief in der Natur erkannte, da war ich glücklich, nichts anderes als glücklich. Und *Peter*, solange dieses Glück in uns ist, dieses Glück der Natur, der Gesundheit und noch viel mehr, solange man das in sich trägt, wird man immer wieder glücklich werden. Reichtum, Ansehen, alles kannst Du verlieren, aber das Glück Deines Herzens kann höchstens einmal verhüllt sein und wird Dich doch immer aufs neue glücklich machen, solange Du lebst. Solange Du ohne Furcht zum Himmel aufsehen kannst, solange weißt Du, daß Du reinen Herzens bist, und das Glück wird immer mit Dir sein.   Anne

Sonntag, 27. Februar 1944

Liebe Kitty!

Von morgens früh bis abends spät denke ich an nichts anderes als an Peter. Ich schlafe ein mit seinem Bild vor Augen, träume von ihm, und wenn ich aufwache, ist es, als ob er mich noch ansieht.

Ich glaube, daß Peter und ich gar nicht so verschieden sind, wie man bei äußerer Betrachtung meint, und ich will Dir auch erklären, warum. Peter und ich vermissen alle beide eine Mutter. Die seine ist zu oberflächlich, flirtet gern und kümmert sich nicht viel um ihn und sein Erleben. Meine befaßt sich wohl mit mir, aber ihr fehlt das feine Gefühl, mit dem eine Mutter alles versteht.

Wir ringen beide mit unserem Inneren. Wir sind noch unsicher und zu scheu und zart, um innerlich hart angepackt zu werden. Wenn es doch geschieht, ist meine Reaktion darauf der Drang, »hinaus zu wollen«. Da das aber unmöglich ist, verberge ich meine Gefühle und versuche mich irgendwie auszutoben, so daß jeder nur wünscht, ich wäre schon weg.

Peter dagegen schließt sich ab, spricht fast nicht, ist ganz still, träumt und verbirgt sich ängstlich.

Aber wie und wo werden wir uns endlich finden?

Ich weiß nicht, wie lange mein Verstand noch Herr bleiben wird über dieses Verlangen.   Anne

Montag, 28. Februar 1944

Liebe Kitty!

Es wird zum Alptraum! Ich bin fortwährend in seiner Nähe, kann nicht zu ihm, darf mir nichts anmerken lassen, muß unbefangen und vergnügt sein, während ich tief innen so hoffnungslos bin.

Peter Wessel und Peter v. Daan sind zusammengeschmolzen in einen Peter, der lieb und geliebt ist und nach dem ich nun so sehr verlange. Mutter ist unausstehlich, Vater sehr lieb und dadurch noch unerträglicher, Margot macht Anspruch auf ein freundliches Gesicht und *ich* möchte meine Ruhe haben.

Peter kam nicht zu mir, als ich auf dem Speicher war. Er ging hinaus, um etwas zu zimmern. Mit jedem Schlag bröckelte ein Stückchen von meinem Mut ab, und ich wurde noch trauriger. Drüben spielt das Glockenspiel: »Aufrecht das Haupt! Aufrecht das Herz!«

Ich bin sentimental, ich weiß es. Ich bin verzweifelt und unvernünftig, das weiß ich auch.

Hilf Du mir! Hilf mir!   Anne

Mittwoch, 1. März 1944

Liebe Kitty!

Meine eigenen Sorgen sind in den Hintergrund gedrängt worden, und zwar ... durch einen Einbruch. Es wird allmählich langweilig mit den Einbrüchen, aber was kann ich dagegen tun, daß die Einbrecher gerade solch ein Vergnügen daran haben, Kolen & Co. mit ihrem Besuch zu beehren? Dieser Einbruch ist viel komplizierter als der im Juli 43. Als Herr v. Daan gestern wie gewöhnlich um halb acht in das Büro von Kraler ging, sah er, daß die Zwischen-(Glas-)Tür und die Kontortür offenstanden. Er wunderte sich, guckte schnell weiter und erstaunte noch mehr, als er im Hauptkontor ein ziemliches Durcheinander fand.

»Hier waren Diebe!« schoß es ihm durch den Kopf, und um sich sofort Gewißheit zu verschaffen, lief er schnell die Treppe hinunter zum Eingang. Aber die Tür und das Sicherheitsschloß waren in Ordnung.

»Dann sind also Peter und Elli heute abend sehr nachlässig gewesen«, dachte er. Er blieb eine Zeitlang in Kralers Kontor, schaltete dann das Licht aus, ging nach oben und machte sich weder Sorgen um die offenen Türen noch über den ungewohnten Wirrwarr im Kontor.

Heute morgen klopfte Peter schon recht früh bei uns und meldete die sehr unerfreuliche Tatsache, daß die Außentür weit offenstand und sowohl der Projektionsapparat als auch Kralers neue Aktentasche aus dem Wandschrank verschwunden waren. Peter wurde beauftragt, die Außentür zu schließen, und jetzt erzählte v. Daan seine Beobachtungen vom Abend vorher und wir waren sehr beunruhigt.

Die Sache ist nicht anders zu erklären, als daß der Dieb einen Nachschlüssel hat, denn die Tür war nicht aufgebrochen. Er muß sehr früh am Abend hereingeschlichen sein und die Tür hinter sich abgeschlossen haben und hat sich versteckt, als er durch

v. Daan gestört wurde. Als der weggegangen war, ist er dann mit seiner Beute geflüchtet und ließ in der Eile die Tür offenstehen. Wer kann unsere Schlüssel haben? Warum ist der Dieb nicht ins Lager gegangen? Sollte womöglich einer der Lagerangestellten der Täter sein und uns nun verraten, da er v. Daan sicher gehört, wahrscheinlich gesehen hat? Es ist so unheimlich, weil wir nicht wissen, ob und wann es dem Einbrecher noch einmal einfällt, wieder unsere Tür zu öffnen. Oder hat er vielleicht selbst einen Schreck gekriegt, als er jemandem begegnete?

Anne

Donnerstag, 2. März 1944

Liebe Kitty!

Margot und ich waren heute oben auf dem Speicher. Aber mit ihr zusammen kann ich es doch nicht so genießen, wie ich es mir vorgestellt habe, obgleich ich weiß, daß sie das meiste ebenso empfindet wie ich.

Beim Spülen hat Elli heute mit Mutter und Frau v. Daan über ihre Niedergeschlagenheit gesprochen. Wie helfen nun die beiden? Weißt Du, welchen Rat Mutter ihr gegeben hat? Sie soll an alle die denken, die nun in der Welt zugrunde gehen. Wem helfen die Gedanken an das Elend, wenn der Mensch selbst verzagt ist? Das sagte ich auch und erhielt die Antwort: »Du kannst darüber gar nicht mitreden.«

Die Erwachsenen sind doch blöd und dumm. Als ob Margot, Peter, Elli und ich nicht alle dasselbe fühlten! Aber dann kann nur Mutterliebe helfen oder Liebe von sehr guten Freunden. Aber die Mütter hier haben eben keinen Funken Verständnis für uns, Frau v. Daan vielleicht noch etwas mehr als Mutter. Ich hätte der armen Elli so gern etwas gesagt, etwas, wovon ich aus Erfahrung weiß, daß es hilft. Aber Vater kam dazwischen und schob mich beiseite. Wie dumm sind sie doch alle! Wir dürfen kein Urteil haben! Ja, sie sind alle so riesig modern! Kein Urteil haben! Man kann sagen, Du sollst den Mund halten, aber kein Urteil haben, das gibt es nicht. Niemand kann einem anderen verbieten, ein Urteil zu haben, und wenn der andere noch so jung ist. Elli, Peter, Margot und mir kann nur eine echte hingebende Liebe helfen, die wir alle vier nicht empfangen. Und niemand, und vor allem keiner von diesen idiotischen Wesen hier, versteht uns, denn wir sind viel empfindsamer, viel weiter in unserem Denken, als sie in den fernsten Fernen vermuten.

Zur Zeit hat Mutter wieder allerlei auszusetzen. Sie ist sichtlich eifersüchtig, weil ich jetzt mehr mit Frau v. Daan spreche als mit ihr.

Heute nachmittag habe ich Peter endlich erwischt. Wir haben mindestens eine dreiviertel Stunde miteinander geredet. Es fällt Peter sehr schwer, von sich selbst zu sprechen, es kommt nur nach und nach. Er erzählte, daß seine Eltern sich oft zankten über Politik, um Zigaretten und aus allerlei anderen Gründen. Er war sehr verlegen. Dann sprach ich von meinen Eltern. Peter war begeistert von Vater und nannte ihn einen »Mordskerl«. Wir unterhielten uns auch über »unten« und »oben«. Er war etwas erstaunt zu hören, daß wir seine Eltern nicht gern mögen.

»Peter«, sagte ich, »Du weißt, daß ich ehrlich bin. Warum soll ich Dir das nicht sagen? Wir kennen doch ihre Fehler!« Und dann sagte ich noch:

»Peter, ich möchte Dir so gern helfen. Kann ich das nicht? Du sitzt hier so dazwischen, und ich weiß, wenn ich auch nicht darüber spreche, daß es Dich doch drückt.«

»Ja, ich werde immer sehr dankbar für Deine Hilfe sein.«

»Vielleicht gehst Du lieber zu Vater. Der erzählt auch nie etwas weiter und man kann alles mit ihm besprechen.«

»Ja, der ist ein guter Kamerad.«

»Du kannst ihn gut leiden, wie?« Er nickte, und dann sagte ich ihm: »Er Dich auch, Peter!«

Er wurde richtig rot, und es war wirklich rührend, wie froh ihn diese wenigen Worte machten.

»Meinst Du?« fragte er.

»Ja, sicher«, sagte ich, »das habe ich schon verschiedene Male gehört.«

Peter ist auch ein Mordskerl, genau wie Vater!   Anne

Freitag, 3. März 1944

Liebe Kitty!

Als heute abend die Kerzen angezündet wurden[1], war ich wieder froh und ruhig. In diesem Lichtschein sehe ich Oma, und Oma ist es auch, die mich behütet und beschützt und mich immer wieder froh macht.

Aber ... ein anderer beherrscht meine Gedanken, und das ist Peter. Als ich heute die Kartoffeln holte und noch mit dem vollen Topf an der Treppe stand, fragte er: »Was hast Du heute nachmittag gemacht?«

Ich setzte mich auf die Treppe und wir unterhielten uns. Um viertel sechs (eine Stunde nachdem ich sie geholt hatte) kam ich mit den Kartoffeln erst unten an.

Peter sprach kein Wort mehr über seine Eltern. Wir unterhielten uns über Bücher und von früher. Was hat der Junge für eine reizende Art! Ich glaube, es fehlt nicht viel und ich könnte mich in ihn verlieben!

Am Abend sprach er davon. Nach dem Kartoffelschälen ging ich zu ihm. Es war so warm und ich sagte:

1 Freitag abend werden bei den jüdischen Familien Kerzen angezündet.

»An Margot und mir kannst Du immer die Temperatur feststellen. Wenn es kalt ist, sind wir blaß und, wenn es warm ist,
rot.«

»Verliebt?« fragte er.

»Warum soll ich verliebt sein?« Meine Antwort klang ganz
harmlos.

»Warum nicht?« fragte er. Dann mußten wir zum Essen.

Hat er mit dieser Frage etwas beabsichtigt? Heute habe ich ihn
endlich fragen können, ob er mein Geschwätz sehr lästig findet.
Er sagte kurz: »Ich finde es sehr nett!« Inwieweit das Verlegenheit war, kann ich nicht beurteilen. Kitty, ich bin wirklich
wie eine Verliebte, die von nichts anderem sprechen kann als
von ihrem Schatz. Peter ist aber auch wirklich ein Schatz. Wann
werde ich ihm das mal sagen können? Natürlich nur, wenn er
es auch von mir findet. Aber ich bin kein Kätzchen, das man
ohne Handschuhe anpacken kann, das weiß ich wohl. Aber er
liebt seine Ruhe, und so habe ich keine Ahnung, ob er mich
mag.

Jedenfalls lernen wir uns jetzt ein bißchen kennen, und ich
wünschte, daß wir noch viel mehr wagten, aus uns herauszu-
gehen. Wer weiß, vielleicht kommt es schneller als ich denke.
Ein paarmal am Tag wirft er mir einen Blick des Einverständ-
nisses zu, ich zwinkere zurück und wir sind beide vergnügt!
Es klingt wohl ein bißchen verrückt, wenn ich so von unserem
Glück erzähle, aber ich habe das unwiderstehliche Empfinden,
daß er genau so denkt wie ich!   Anne

Samstag, 4. März 1944

Liebe Kitty!

Dieser Samstag ist seit Monaten und Monaten der erste, der
nicht langweilig, düster und niederdrückend ist, und niemand
anders ist die Ursache als Peter.

Als ich heute morgen auf den Speicher kam, um meine Schürze
aufzuhängen, war Vater, der täglich mit Peter arbeitet, da und
fragte mich, ob ich nicht bleiben wollte, um Französisch mitzumachen. Ich ließ mir das nicht zweimal sagen, und wir sprachen zuerst Französisch. Erst erklärte ich Peter etwas, dann
gingen wir zum Englischen über. Vater las uns etwas aus
Dickens vor, und ich war im siebenten Himmel, denn ich saß
bei Vater auf dem Stuhl und ganz dicht bei Peter.

Um 11 Uhr ging ich hinunter. Als ich um halb zwölf wieder
nach oben kam, stand er schon an der Treppe und erwartete
mich. Wir redeten wieder bis dreiviertel eins. Wenn es gerade
geht und niemand aufpaßt, sagt er nach dem Essen, wenn ich
hinausgehe: »Tag, Anne, bis nachher!«

Ach, ich bin so froh! Ob er mich doch gern hat? Auf jeden Fall
ist er ein feiner Kerl, und ich denke, wir werden uns noch recht

gut verstehen. Frau v. Daan sieht es gerne, wenn wir zusammen sind. Aber heute fragte sie neckend: »Kann man Euch beiden da oben auch vertrauen?«

»Natürlich«, sagte ich protestierend, »wollen Sie mich beleidigen?«

Ich freue mich von morgens bis abends darauf, Peter zu sehen.

Anne

Montag, 6. März 1944

Liebe Kitty!

Peters Gesicht sehe ich an, daß er ebensoviel an mich denkt wie ich an ihn. Gestern abend habe ich mich schrecklich geärgert, als seine Mutter spottend sagte: »Der Denker!« Peter wurde rot und verlegen, und ich wäre ihr am liebsten ins Gesicht gesprungen.

Warum können die Menschen nicht den Mund halten. Du kannst Dir nicht vorstellen, wie schmerzlich es ist, untätig ansehen zu müssen, wie einsam er ist. Ich kann mich hineindenken, als hätte ich es selbst erlebt, wie verzweifelt er manchmal ist bei den Streitereien und in der Leere um ihn. Armer Peter! Wie sehr hast Du Liebe nötig!

Es klang so hart in meinen Ohren, als er davon sprach, daß er keine Freunde brauche. Er irrt sich! Ich glaube auch, daß er es gar nicht so meint. Er klammert sich an seine gespielte Gleichgültigkeit, will nicht aus der Rolle fallen und seine Gefühle zeigen. Wie lange, Peter, soll das noch dauern? Wird dieser übermenschlichen Anspannung nicht ein schrecklicher Zusammenbruch folgen?

O Peter, könnte und dürfte ich Dir nur helfen! Wir beide würden unsere Einsamkeit schon gemeinsam vertreiben! Ich denke viel, aber ich äußere es nicht. Ich bin froh, wenn ich ihn sehe und wenn dann auch noch die Sonne scheint.

Gestern beim Kopfwaschen war ich schrecklich ausgelassen! Ich wußte, daß er im Zimmer nebenan war. Ich kann nichts dafür, aber je stiller und ernster ich innerlich bin, desto mehr gebe ich an. Wer wird der erste sein, der das entdeckt und diesen Panzer durchbricht? Es ist doch gut, daß die v. Daans keine Tochter haben! Meine Eroberung hätte nie so schwierig, so schön und so beglückend sein können, wenn es nicht eben die Anziehung des anderen Geschlechts gewesen wäre! Anne

PS. Du weißt, daß ich Dir alles ehrlich schreibe. Darum muß ich Dir auch gestehen, daß ich eigentlich nur von einer Begegnung zur anderen lebe. Wenn ich nur wüßte, ob er auch so auf mich wartet! Ich bin immer entzückt, wenn ich seine kleinen verlegenen Annäherungen bemerke. Er möchte, ebenso gern wie ich, endlich sein Herz erschließen. Er weiß nicht, daß gerade seine Unbeholfenheit mich so anzieht. Anne

Liebe Kitty!

Wenn ich über mein Leben von 1942 nachdenke, kommt mir alles so unwirklich vor. Dieses Leben führte eine ganz andere Anne als die, die nun hier so vernünftig geworden ist. Ein gutes Leben, das war es. An jedem Finger einen Verehrer, ungefähr zwanzig Freundinnen und Bekannte, der Liebling fast aller Lehrer, sehr verwöhnt von den Eltern, immer Süßigkeiten, genug Geld, was willst Du mehr?

Du wirst mich fragen, wie ich es fertiggebracht habe, die Menschen alle so um den Finger zu wickeln? Wenn Peter sagt, daß es »Charme« ist, stimmt es nicht ganz. Die Lehrer fanden meine beschwingten Antworten, meine ulkigen Bemerkungen, mein lachendes Gesicht und den kritischen Blick nett, amüsant und unterhaltend, mehr war auch nicht daran. Ich war ein schrecklicher »flirt«, kokett und lustig. Aber ich hatte auch ein paar gute Eigenschaften, durch die ich immer ziemlich in Gunst blieb, nämlich Fleiß, Ehrlichkeit und Offenherzigkeit. Niemals habe ich jemandem, wer es auch war, abgeschlagen, von mir abzuschreiben, war nie eingebildet und habe Süßigkeiten mit vollen Händen verteilt. Ob ich durch all die Bewunderung vielleicht übermütig geworden wäre? Vielleicht ist es gut, daß ich mittendrin, sozusagen auf dem Höhepunkt des Festes, in den Alltag versetzt wurde, aber es hat reichlich ein Jahr gedauert, ehe ich daran gewöhnt war, nicht mehr bewundert zu werden.

Wie nannten sie mich in der Schule? Die Anführerin bei allen Streichen und Scherzen, immer »Anne vorneweg«, nie schlecht gelaunt oder verstimmt. War es da ein Wunder, daß jeder gern mit mir den Schulweg machte und nett und aufmerksam war?

Ich sehe diese Anne als ein sehr nettes, aber oberflächliches Mädel, das mit mir heute nichts mehr gemein hat. Peter sagt sehr richtig:

»Wenn ich Dich traf, warst Du von zwei oder mehr Jungens und einem Trupp Mädels umringt, immer lachend, vergnügt und stets der Mittelpunkt.«

Was ist von diesem Mädel noch übriggeblieben? Mein Lachen und meine Antworten habe ich noch nicht verlernt. Ich kann die Menschen noch recht gut oder noch besser kritisieren, und ich kann noch flirten, wenn ich ... will. Ich möchte wohl noch einmal einen Abend, ein paar Tage, eine Woche so leben, scheinbar unbesorgt und fröhlich, aber am Ende dieser Woche hätte ich es so über, daß ich dem ersten Besten dankbar wäre, der etwas Vernünftiges mit mir redet. Ich brauche keine Verehrer, sondern Freunde, keine Bewunderer für ein liebes Lächeln, sondern die ehrliche Schätzung meiner Art und meines Charakters. Ich weiß wohl, daß dann der Kreis um mich viel kleiner sein würde. Aber das schadet nichts, wenn ich nur ein paar Menschen, ein paar aufrechte Menschen behalte!

Trotz allem bin ich damals auch nicht restlos glücklich gewesen. Ich fühlte mich oft verlassen, aber da ich von morgens bis abends beschäftigt war, dachte ich nicht weiter nach und amüsierte mich, so viel ich nur konnte. Bewußt oder unbewußt versuchte ich mit Scherzen die Leere zu vertreiben. Nun schaue ich auf mein bisheriges Leben zurück und gehe an die Arbeit. Ein Abschnitt ist unwiderruflich abgeschlossen: die unbesorgte, unbekümmerte Schulzeit kommt nicht wieder. Ich sehne mich auch nicht mehr danach zurück, ich bin darüber hinausgewachsen. Nur so harmlos vergnügt sein, das kann ich nicht mehr. Ein Teil von mir bewahrt doch immer seinen Ernst.

Ich sehe mein Dasein bis zum Beginn dieses Jahres wie unter einer scharfen Lupe. Zu Hause das Leben mit viel Sonne, dann 1942 hierher, der plötzliche Übergang, die Streitereien, die Beschuldigungen. Ich konnte das nicht alles verarbeiten, war überrumpelt und habe meine Haltung nur durch Kratzbürstigkeit bewahren können.

Die erste Hälfte von 1943: Meine häufige Neigung zum Weinen, die Einsamkeit, das langsame Einsehen all der Fehler und Mängel, die zwar wohl groß sind, aber noch größer schienen.

Ich redete über alles hin und versuchte, Pim nur für mich allein zu gewinnen, das glückte nicht. So stand ich allein vor der schweren Aufgabe, mich so umzustellen, daß ich keine Ermahnungen mehr zu hören brauchte, denn die erdrückten mich beinahe bis zum Verzagen.

Die zweite Hälfte des Jahres wurde besser. Als Backfisch wurde ich mehr als den Erwachsenen zugehörig betrachtet. Ich fing an nachzudenken, begann Geschichten zu schreiben und kam zu dem Resultat, daß die anderen nun kein Recht mehr hatten, mich wie einen Spielball hin und her zu werfen. Ich wollte mich nach meinem eigenen Willen formen. Ich kam auch zu der Erkenntnis, daß Vater nicht in allem mein Vertrauter sein könne. Ich will niemandem mehr vertrauen als mir selbst.

Nach Neujahr: Die zweite große Veränderung ... mein Traum. Dadurch entdeckte ich meine Sehnsucht nach einem Jungen, nicht nach einer Freundin, sondern nach einem *Freund*, entdeckte das Glück in mir selbst und außen meinen Panzer von Oberflächlichkeit und Fröhlichkeit. Nach und nach wurde ich ruhiger und fühlte ein grenzenloses Verlangen nach allem, was gut und schön ist.

Wenn ich des Abends im Bett liege und mein Gebet mit den Worten endige:

»Ich danke Dir für all das Gute und Liebe und Schöne«, dann jubelt es in mir. Dann denke ich an das »Gute«: unser Verschwinden, meine Gesundheit, an das »Liebe«: Peter und das, was noch zart und empfindsam ist, so daß wir beide es noch nicht zu berühren wagen, an das, was einmal kommen soll: die Liebe, die Zukunft, das Glück. Das »Schöne«, das die Welt umfaßt: Natur, Kunst, Schönheit und alles Große, was damit verbunden ist.

Dann denke ich nicht an all das Elend, sondern an das Herrliche, was übrigbleibt. Hier liegt auch größtenteils der Unterschied zwischen Mutter und mir. Wenn man schwermütig ist, gibt sie den Rat: »Denke an alles Elend in der Welt und sei dankbar, daß Du es nicht erlebst.« Ich sage:

»Gehe hinaus in die Felder, die Natur und die Sonne, gehe hinaus, suche das Glück in Dir selbst und in Gott. Denke an das Schöne, das sich in Dir und um Dich immer wieder vollzieht, und sei glücklich!«

Nach meiner Ansicht muß Mutters Rat falsch sein, denn was willst Du tun, wenn Du selbst ins Unglück kommst? Dann bist Du verloren. Ich hingegen finde, daß selbst da immer noch etwas Schönes bleibt: die Natur, die Sonne, Freiheit und etwas in Dir selbst. Daran mußt Du Dich halten, dann findest Du Dich selbst wieder und findest Gott, dann behältst Du Dein Gleichgewicht. Und wer selbst glücklich ist, wird auch andere glücklich machen. Wer Mut und Vertrauen hat, wird im Unglück nicht untergehen!   Anne

Sonntag, 12. März 1944

Liebe Kitty!

In der letzten Zeit habe ich kein Sitzfleisch mehr. Ich unterhalte mich riesig gern mit Peter, habe aber immer Angst, daß es ihm zuviel wird. Er hat mir viel von früher, von seinen Eltern und sich selbst erzählt. Ich finde es viel zu wenig.

Dann frage ich mich aber, wie ich dazu komme, mehr zu erwarten. Früher fand er mich unausstehlich, umgekehrt war es ähnlich. Ich bin nun anderer Meinung, muß es dann vice versa auch so sein? Muß er die seine auch geändert haben? Ich glaube schon, aber das besagt noch nicht, daß wir nun dicke Freunde werden müssen. Ich meinerseits würde dann allerdings diese ganze Abgeschlossenheit besser ertragen. Ich will mich nun nicht extra nervös machen. Ich beschäftige mich reichlich genug mit ihm, und warum soll ich Dich noch anstecken, weil mir so elend zumute ist?

Samstag nachmittag war ich, nach einer Reihe trauriger Berichte von draußen, so durchgedreht, daß ich mich hinlegte, um zu schlafen. Ich wollte nur schlafen und nicht denken. Ich schlief bis 4 Uhr, und dann mußte ich zu den Eltern ins Zimmer. Es fiel mir sehr schwer, Mutter auf alle Fragen zu antworten und Vater etwas vorzureden, weil ich mich hingelegt hatte. Ich schützte Kopfweh vor, und das war nicht gelogen, ich hatte Kopfweh, wirklich Kopfweh ... von innen!

Normale Menschen, normale Mädels, Backfische so wie ich, finden mich wahrscheinlich gelinde verdreht mit meinem Klagen. Aber ja, das ist es eben, *Dir* sage ich alles, was ich auf dem Herzen habe, und dann bin ich den übrigen Tag lang so frech, fröhlich und selbstbewußt wie nur möglich, um allen Fragen aus dem Wege zu gehen, um allen Ärger, auch für mich selbst, zu vermeiden.

Margot ist rührend und lieb mit mir und möchte wohl gern meine Vertraute sein, aber ich kann ihr doch nicht alles sagen. Sie ist lieb und gut und schön, aber ein bißchen zu akademisch, wenn man über tiefere Dinge mit ihr spricht. Sie nimmt mich ernst, furchtbar ernst und denkt lange über ihr verdrehtes Schwesterlein nach, prüft mich bei allem was ich sage mit untersuchendem Blick und denkt:

»Ist es nun Theater oder meint sie es wirklich so?« Wir sind hier unausgesetzt zusammen, und ich möchte meine Vertraute nicht immer ganz so nah um mich haben.

Wann komme ich aus diesem Gedanken-Wirrwarr wieder einmal heraus? Wann wird wieder Ruhe und Frieden in mir sein?

Anne

Dienstag, 14. März 1944

Liebe Kitty!

Es ist vielleicht unterhaltend für Dich — für mich weniger — zu hören, was wir heute essen werden. Augenblicklich sitze ich (da die Putzfrau unten ist) an dem mit Wachstuch gedeckten Tisch bei v. Daans, ein parfümiertes Taschentuch — der Wohlgeruch stammt aus der Zeit vor dem Untertauchen — gegen Mund und Nase gepreßt. Diese weitschweifige Art zu erzählen wird Dich noch stutziger machen, also fange ich noch einmal an: Da unsere Lieferanten für »schwarze« Lebensmittelkarten und andere wichtige Dinge erwischt wurden, haben wir keine Karten und auch kein Fett. Miep und Koophuis sind krank, Elli kann nicht weg, um Besorgungen zu machen, und nun ist die Stimmung trostlos und das Essen natürlich auch. Für morgen haben wir kein Stückchen Fett mehr, geschweige denn Butter oder Margarine. Zum Frühstück gibt es nun nicht mehr Bratkartoffeln (wie bisher wegen Brotersparnis), sondern Brei, und da Frau v. Daan Angst hat, daß wir verhungern, wurde dafür »schwarze« Vollmilch gekauft. Unser heutiges Mittagessen: Faßbohnen!! Darum auch die Vorsichtsmaßregel mit dem Taschentuch. Unglaublich, wie so etwas stinken kann, wenn es ein Jahr lang aufbewahrt worden ist. Es riecht hier im Zimmer nach einer Mischung von verdorbenen Pflaumen, einem scharfen Konservierungsmittel und faulen Eiern. Bah, mir wird schon schlecht bei der Idee, daß ich das Zeugs nachher essen muß. Dazu kommt noch, daß unsere Kartoffeln eine eigenartige Krankheit haben und von jedem Eimer pommes de terre ungefähr immer die Hälfte im Abfall landet. Wir unterhalten uns beim Schälen damit, die verschiedenen Krankheiten zu diagnostizieren, und haben festgestellt, daß Krebs, Pocken und Masern abwechseln. Es ist keine Kleinigkeit, im vierten Kriegsjahr untergetaucht zu sein. Wäre all das Unglück nur erst vorbei! Ehrlich gesagt, wäre mir das Essen nur halb so wichtig, wenn es nur sonst hier etwas angenehmer wäre. Aber da liegt der Hase im Pfeffer. Wir beginnen bereits alle bei diesem eintönigen Leben kribbelig zu werden. Hier hast Du mal die Ansichten von fünf erwachsenen Untertauchern über unser Leben:

Frau v. Daan: »Der Posten als Küchenfee ist mir schon lange über. Wenn ich nichts zu tun habe, ist's langweilig. Also koche ich. Aber kochen ohne Fett ist ausgeschlossen, mir wird schon übel bei den schlechten Gerüchen. Unzufriedenheit und Geschrei ist der Lohn für meine Mühe. Ich bin für alles das schwarze Schaf und bin immer an allem schuld. Außerdem bin ich überzeugt, daß es mit dem Krieg nicht vorwärts geht und womöglich die Deutschen noch gewinnen. Ich habe schreckliche Angst, daß wir verhungern. Kein Wunder, daß ich nicht immer guter Laune bin.«

Herr v. Daan: »Ich muß rauchen, rauchen und nochmal rauchen. Dann ist alles, Politik, Essen, Kerlis Laune nicht so schlimm. Wenn ich nicht genug zu rauchen habe, will ich zum mindesten Fleisch essen. Dann heißt es: ›Wir leben zu schlecht!‹ Dann ist alles nicht gut genug und es gibt bestimmt einen großen Krach. Schrecklich dumm ist doch die Kerli!«

Frau Frank: »So wichtig ist doch das Essen gar nicht. Nun möchte ich aber eine Scheibe Roggenbrot, denn ich habe schrecklichen Hunger. Wenn ich Frau v. Daan wäre, hätte ich meinem Mann das starke Rauchen längst abgewöhnt. Bitte gib mir eine Zigarette, um meine Nerven zu beruhigen. Die Engländer haben viele Fehler, aber mit dem Krieg geht es gut. Ich muß reden und bin froh, daß ich nicht in Polen sitze.«

Herr Frank: »Alles in Ordnung, ich brauche nichts. Nur Ruhe, wir haben Zeit. Gib mir nur Kartoffeln, dann bin ich zufrieden, aber hebt von meiner Portion noch etwas für Elli auf.«

Herr Dussel: »Ich muß mein Pensum rechtzeitig fertig kriegen. Politik: Jroßartig! Daß wir hier entdeckt werden? Ausgeschlossen!« Ich, ich, ich ...   Anne

Liebe Kitty!

Pf... he... he... heute hört man nur: »Wenn dies oder das passiert, dann gibt es die größten Schwierigkeiten... und wenn die auch noch krank wird, dann sitzen wir allein auf der Welt... und wenn dann...«, wie es ungefähr weitergeht, kannst Du Dir wohl denken. Ich vermute wenigstens, Du kennst »die vom Hinterhaus« inzwischen so gut, daß Du ihre Gespräche erraten kannst.

Der Grund für dieses »wenn, wenn« ist, daß Herr Kraler zum Arbeitsdienst aufgerufen ist, Elli mehr als erkältet, Miep von der Grippe noch nicht aufgestanden und Herr Koophuis wieder eine schwere Magenblutung hatte mit Bewußtlosigkeit. Eine traurige Litanei!

Die Leute im Lager haben für morgen frei bekommen. Sollte Elli zu Hause bleiben müssen, bleibt die Tür geschlossen und wir müssen uns mäuschenstill verhalten, damit uns die Nachbarn nicht hören. Dann kommt Henk um eins, um sich nach den Verlassenen umzusehen und so ungefähr die Rolle von einem Zoowärter zu spielen. Heute mittag hat er uns seit langer Zeit zum erstenmal wieder etwas von der großen Welt erzählt. Da hättest Du sehen müssen, wie wir alle voller Spannung um ihn herumsaßen. Es gibt ein Bild: »Großmutter erzählt!« So muß es ausgesehen haben. Er kam vom Hundertsten ins Tausendste, natürlich sprach er auch vom Essen und dann über Mieps Arzt, nach dem wir gefragt hatten.

»Doktor, sprecht mir nicht vom Doktor! Heute früh rief ich an, bekam endlich so ein Assistentchen ans Telephon, bat um ein Rezept gegen Grippe und erhielt die Antwort, daß ich es zwischen acht und neun Uhr abholen könne. Wenn man eine sehr schwere Grippe hat, kommt wahrscheinlich der Doktor selbst an den Apparat und sagt: ›Stecken Sie mal die Zunge raus... aaahhhh sagen... ja, ich höre schon, Sie haben einen roten Hals. Ich gebe ein Rezept an die Apotheke durch. Holen Sie es da. Guten Tag!‹ — — Und damit basta! Feine Praxis ist das, nicht wahr? Ausschließlich Bedienung durchs Telephon!«

Aber wir wollen den Ärzten doch nicht zu große Vorwürfe machen. Schließlich hat jeder nur zwei Hände, und leider ist heute ein Maximum an Patienten und ein Minimum an Ärzten da. Wir mußten aber doch lachen, als Henk dieses Telephongespräch spielte. Man kann sich vorstellen, wie ein Arztwartezimmer jetzt verändert ist. Auf Kassenpatienten sieht man nicht mehr herab, aber Menschen, denen *nichts* Ernstes fehlt und die immer ein bißchen klagen müssen, sagt man heute: »Was hast Du hier zu suchen? Hinten anstellen, jetzt haben wirklich Kranke den Vorrang!«

Anne

Liebe Kitty!

Das Wetter ist herrlich, unbeschreiblich schön. Ich werde gleich auf den Speicher gehen.

Jetzt weiß ich auch, warum ich viel unruhiger bin als Peter. Er hat sein eigenes Zimmer zum Träumen, Denken und Schlafen. Ich werde von einem Zimmer ins andere geschubst. Allein bin ich in dem Zimmer, das ich mit Dussel teile, fast nie, und möchte es doch manchmal so gern sein. Das ist auch der Grund, warum ich so oft nach oben flüchte. Dort und bei Dir, Kitty, kann ich eben so recht ich selber sein. Aber ich darf nicht soviel angeben, im Gegenteil, ich will mutig sein. Die anderen merken glücklicherweise nichts von all meinen Gefühlen, nur, daß ich gegen Mutter etwas kühler bin, mit Vater nicht mehr so zärtlich und mit Margot kaum mehr etwas über meine eigensten Dinge spreche. Ich halte dicht. Vor allem muß ich meine äußere Sicherheit wahren. Es braucht niemand zu wissen, daß innerlich bei mir so eine Art Kriegszustand herrscht, zwischen meinem Verlangen und meinem Verstand. Bis jetzt ist letzterer noch immer Sieger geblieben, aber wird er nicht doch einmal unterliegen? Manchmal fürchte ich, manchmal wünsche ich es!

Es ist schrecklich schwer, mit Peter nicht davon reden zu können, aber ich weiß, daß *er* beginnen muß. Es ist so schwer, meine Traumgespräche nicht am Tag fortsetzen zu können und daß die geträumten Erlebnisse nicht Wirklichkeit werden! Ja, Kitty, Anne ist ein bißchen übergeschnappt! Ich lebe aber auch in einer verrückten Zeit und unter verrückten Umständen! Ich bin so froh, daß ich aufschreiben kann, was ich denke und fühle. Sonst würde ich noch komplett daran ersticken.

Wie denkt Peter nun über das alles? Immer wieder hoffe ich, daß wir bald darüber sprechen können. Er muß doch manches erraten haben, denn die Anne, die er bis jetzt kannte, konnte ihm bestimmt nicht gefallen. Kann er, der Ruhe und Frieden so liebt, für meine Lebhaftigkeit und Unruhe Sympathie haben? Sollte er der erste und einzige auf der Welt sein, der hinter meine steinerne Maske geschaut hat? Hat er entdeckt, was dahinter steckt? Ist es nicht eine alte Regel, daß Liebe oft aus Mitleid entsteht und daß beides dann miteinander verschmilzt? Ist das auch bei mir so? Er tut mir oft ebenso leid, wie ich mir selber.

Ich weiß nicht, wirklich nicht, wie man das erste Wort finden soll. Wie soll er es denn machen, dem das Sprechen noch viel schwerer fällt? Könnte ich ihm nur schreiben! Dann wüßte er wenigstens, was ich sagen möchte, was aber so viel schwerer in Worte zu fassen ist!

Anne

Liebe Kitty!

Durch das Hinterhaus geht eine Welle der Erleichterung. Kraler ist frei, und Elli hat ihrem Schnupfen verboten, sich weiter auszubreiten und sie an der Ausübung ihrer Pflichten gegen uns zu verhindern. Alles ist wieder in bester Ordnung, außer daß Margot und ich unserer Eltern ein bißchen müde werden. Du mußt mich nicht falsch verstehen. Du weißt ja, daß ich mich mit Mutter momentan nicht so gut verstehe, Vater habe ich genau so lieb wie immer, Margot alle beide. Aber wenn man in unserem Alter ist, möchte man auch einmal über sich selbst bestimmen und los von Mutters Rockschoß. Gehe ich nach oben, wird gefragt, was ich da tue, Salz darf ich zum Essen nicht nehmen, jeden Abend um halb neun fragt Mutter todsicher, ob ich noch nicht anfange, mich auszuziehen. Jedes Buch, das ich lesen will, wird erst begutachtet. Ehrlich gesagt, diese Zensur ist nicht streng, und ich darf beinahe alles lesen, aber schon die Kontrolle und den ganzen Tag Be- und Anmerkungen finden wir beide lästig. Vor allem bei mir ist nicht alles ganz nach dem Sinn der Eltern, aber ich bin nicht mehr das kleine Kind mit Küßchen hier und Küßchen da und finde alle die Kinderkosenamen ein bißchen geziert. Kurzum, ich kann die liebevoll besorgten Eltern ganz eine Weile entbehren. Gestern sagte Margot: »Es ist beinahe lächerlich, daß man nicht einmal den Kopf in die Hand stützen kann oder ein bißchen aufseufzen, ohne daß gefragt wird, ob man Kopfschmerzen hat oder sich sonst nicht gut fühlt.«

Es ist eine Enttäuschung für uns beide, nun plötzlich zu konstatieren, wie wenig noch übrig ist von dem trauten harmonischen Zuhause. Zum großen Teil liegt das daran, daß hier das Verhältnis in jeder Beziehung etwas schief ist, ich meine, daß wir noch oft wie Kinder behandelt werden, während wir innerlich viel weiter sind als gleichaltrige Mädels. Wenn ich auch erst 14 bin, weiß ich doch recht gut, was ich will, weiß, wer recht hat und wer unrecht. Ich habe meine Meinung, meine Auffassung, meine Prinzipien. Vielleicht klingt das überheblich von einem Backfisch, aber ich fühle mich viel mehr Mensch als Kind, ich fühle mich gänzlich unabhängig, von wem es auch sei. Ich weiß, daß ich besser debattieren und diskutieren kann als Mutter, daß ich objektiver bin und nicht so übertreibe, daß ich ordentlicher und geschickter bin als sie, und darum — Du kannst darüber lachen, wenn Du willst — fühle ich mich ihr in manchem überlegen. Wenn ich jemanden lieb habe, muß ich ihn in erster Linie bewundern können, bewundern und respektieren. Alles wäre besser, wenn ich Peter erst hätte. Ihn kann ich in vielem bewundern. Er ist solch ein lieber feiner Kerl.
Anne

Liebe Kitty!
Gestern war ein sehr wichtiger Tag für mich. Ich war entschlossen, mich mit Peter auszusprechen. Ehe wir zu Tisch
gingen, fragte ich ihn flüsternd: »Machst Du heute abend Steno,
Peter?«
»Nee«, sagte er.
»Ich möchte Dich gern nachher noch sprechen.«
»Einverstanden.« Anstandshalber blieb ich nach dem Spülen
noch etwas bei seinen Eltern, aber nicht lange, dann ging ich
zu Peter. Er stand links vom offenen Fenster, ich ging auf die
rechte Seite. Es läßt sich viel besser im Halbdunkel sprechen
als bei Beleuchtung. Ich glaube, Peter findet das auch.
Wir haben uns so viel erzählt, so viel, daß ich es nicht alles
niederschreiben kann, aber es war wunderschön, der schönste
Abend, den ich seit unserem Hiersein verlebte. Einiges kann
ich Dir in Kürze noch wiedergeben. Erst sprachen wir von den
Streitereien, denen ich ja nun ganz anders gegenüberstehe,
dann von der inneren Entfremdung von unseren Eltern. Dabei
erzählte ich Peter von Vater und Mutter, von Margot und mir
selbst. Plötzlich fragte er: »Ihr gebt Euch sicher immer einen
Kuß beim Gute-Nacht-Sagen?«
»Ja, natürlich, 'ne ganze Menge! Ihr nicht?«
»Nein, ich habe fast noch niemals jemandem einen Kuß gegeben.«
»Auch nicht zu Deinem Geburtstag?«
»Ja, dann schon!«
Wir sprachen davon, daß wir beide unseren Eltern nicht volles
Vertrauen schenkten, daß seine Eltern so gern sein Vertrauen
besitzen möchten, er es ihnen aber nicht geben kann. Ich erzählte ihm, daß ich meinen Kummer im Bett ausheule, er aber
geht auf den Speicher und flucht. Daß Margot und ich uns
eigentlich erst jetzt richtig kennengelernt haben, daß wir uns
aber doch nicht alles erzählen, weil wir zu nahe beieinander
sind. Über alles und noch was haben wir gesprochen, und er
war gerade so, wie ich es mir immer gedacht hatte.
Dann kamen wir auf 1942 zurück, wie anders wir damals
waren, daß wir heute uns selbst beinahe nicht mehr wieder-
erkennen und daß wir uns anfangs nicht ausstehen konnten.
Er fand mich viel zu lebhaft und unangenehm, und ich konnte
an dem ganzen Jungen schon gar nichts finden. Mir war es unbegreiflich, daß er nicht flirtete, aber jetzt bin ich froh. Er
sprach auch davon, daß er sich immer abgesondert habe. Da
sagte ich ihm, daß zwischen meinem lebhaften Wesen und
seiner Ruhe kein großer Unterschied sei und ich mich mindestens so nach Stille sehnte, aber nirgends für mich allein
wäre außer mit meinem Tagebuch. Wir sagten uns, daß *er*

froh ist, daß meine Eltern hier *mit* den Kindern sind, und daß ich es schön finde, daß *er* hier ist, daß ich ihn nun so gut begreife in seiner Zurückgezogenheit und seinem Verhältnis zu den Eltern und ihm so gern helfen würde.

»Du hilfst mir doch immer!« sagte er.

»Womit denn?« fragte ich sehr erstaunt.

»Mit Deiner Fröhlichkeit!«

Das war das Schönste, was er mir sagen konnte. Es war herrlich. Er hat mich als guten Kameraden schätzen gelernt, und das ist vorläufig genug. Ich habe keine Worte dafür, wie dankbar und froh ich bin, aber ich muß mich bei Dir entschuldigen, Kitty, daß mein Stil heute unter dem sonstigen Niveau liegt.

Ich habe alles so aufgeschrieben, wie es mir eingefallen ist. Nun habe ich das Gefühl, daß Peter und ich ein Geheimnis teilen. Wenn er mich ansieht, lacht oder mit den Augen zwinkert, ist es, als ginge ein Licht in mir auf. Ich wünsche, daß es so bleibt und wir noch viele, viele glückliche Stunden miteinander verbringen dürfen!

Deine dankbare und glückliche Anne

Montag, 20. März 1944

Liebe Kitty!

Heute morgen fragte Peter, ob ich abends wieder einmal käme, und fügte hinzu, daß ich ihn bestimmt nicht störte. In seinem Zimmer wäre ebensogut Platz für zwei wie für einen. Ich sagte, daß es nicht jeden Abend ginge, weil sie das unten nicht richtig fänden, aber er meinte, daß ich mich dadurch nicht hindern lassen sollte. Ich sagte mich für Samstag abend bei ihm an und bat, es mir zu sagen, wenn wieder Mondnächte seien.

»Natürlich«, antwortete er, »dann gehen wir nach unten, um von da aus den Mond zu beobachten.«

Inzwischen ist ein Schatten auf mein Glück gefallen. Ich habe mir schon lange gedacht, daß auch Margot Peter sehr nett findet. Ob sie ihn sehr gern hat, weiß ich nicht, aber es ist unangenehm. Jedesmal, wenn ich nun mit Peter zusammen bin, muß ich ihr Schmerz zufügen. Es ist sehr fein von ihr, daß sie sich fast nichts anmerken läßt. Ich weiß bestimmt, daß ich außer mir vor Eifersucht wäre. Margot sagt nur, daß ich kein Mitleid mit ihr zu haben brauchte. »Ich finde es nicht schön, daß Du so als Dritter dabei stehst«, sagte ich.

»Das bin ich gewöhnt«, sagte sie ein wenig bitter. Noch wage ich nicht, Peter dies zu erzählen. Vielleicht später einmal. Jetzt müssen wir uns erst richtig aussprechen. Mutter hat mir gestern eins versetzt. Ich habe es auch verdient und darf mich in meiner Gleichgültigkeit ihr gegenüber nicht mehr so gehen lassen. Ich will auch versuchen, mich besser zu beherrschen, trotz allem freundlich zu sein und unnütze Bemerkungen zu unterlassen. Auch Pim ist nicht mehr so herzlich. Er versucht, mich nicht mehr als Kind zu behandeln, und ist nun viel zu kühl. Abwarten, wie sich das weiter entwickelt!

Nun genug. Ich kann nichts tun als immer nur Peter anzusehn und bin voll bis zum Rande!

Beweis von Margots Güte: Dies erhielt ich heute, am 20. März 1944:

»Anne, als ich gestern sagte, daß ich nicht eifersüchtig auf Dich bin, war ich nur zur Hälfte ehrlich. Der Fall liegt nämlich so, daß ich weder auf Dich noch auf Peter eifersüchtig bin, aber für mich selbst finde ich es schade, daß ich noch niemanden gefunden habe – und wohl auch vorläufig nicht finden werde –, mit dem ich meine Gedanken austauschen und über meine Gefühle sprechen kann. Euch beiden jedoch gönne ich von Herzen, daß Ihr Vertrauen zueinander haben könnt. Du mußt hier schon genug von dem entbehren, was viele andere als etwas Selbstverständliches besitzen.

Andererseits weiß ich, daß ich mit Peter nie so weit gekommen wäre, weil ich das Gefühl habe, daß ich mit demjenigen, mit dem ich alles besprechen möchte, auch auf einem sehr intimen Fuß stehen muß. Ich müßte fühlen, daß er mich, auch ohne viel Worte, ganz und gar versteht. Darum muß es auch jemand sein, der mir geistig überlegen ist, und das ist Peter nicht. Bei Dir und Peter kann ich es mir aber gut vorstellen. Darum brauchst Du Dir auch keine Vorwürfe zu machen, daß Du mir etwas wegnimmst oder daß ich zu kurz komme, das würde nicht stimmen. Ihr beide könnt aber durch den gegenseitigen Umgang nur gewinnen.«

Meine Antwort:

»Liebe Margot!

Dein Brief war außergewöhnlich lieb, aber ich bin doch noch nicht beruhigt und werde es wohl auch nie sein können.

Von Vertrauen in dem Maße, wie Du es meinst, ist zwischen Peter und mir noch nicht die Rede, aber am offenen Fenster im Dunkeln kann man sich besser aussprechen als bei Tageslicht im Sonnenschein. Über Gefühle läßt sich's leichter im Flüsterton reden als daß man sie ausposaunt.

Ich glaube, daß Du für Peter eine Art schwesterlicher Zuneigung hast und ihm sicher ebensogern helfen willst wie ich. Vielleicht wirst Du das auch noch einmal tun können, obgleich es kein Vertrauen in dem von uns gemeinten Sinne ist. Vertrauen muß von beiden Seiten kommen. Ich glaube, dies ist auch der Grund, warum ich mit Vater nie so sprechen kann.

Laß uns nun dieses Thema beenden und sprich bitte auch nicht mehr davon. Wenn noch etwas zu sagen ist, tue es bitte schriftlich. Ich kann mich dann auch viel besser äußern als mündlich. Du weiß nicht, wie sehr ich Dich bewundere. Ich hoffe nur, daß ich auch mal etwas haben werde von Vaters und Deiner Güte, denn darin sehe ich zwischen Euch beiden nicht viel Unterschied.«   Anne

Liebe Kitty!

Gestern abend bekam ich diesen Brief von Margot:

»Liebe Anne!

Nach Deinem gestrigen Brief habe ich das Gefühl, daß Du Gewissensbisse hast, wenn Du zu Peter gehst, um zu arbeiten oder Dich mit ihm auszusprechen. Dafür ist aber nicht der geringste Grund. Bei mir gibt es nur ein Recht auf gegenseitiges Vertrauen, und dafür ist Peter nicht der Richtige. Es ist gerade so, wie Du schriebst, nämlich, daß ich Peter als eine Art Bruder betrachte, aber... als einen jüngeren Bruder! Es ist beinahe so, als ob wir Fühlhörner ausstrecken, die tastend festzustellen suchen, ob wir einander vielleicht später, vielleicht nie, geschwisterliche Neigungen entgegenbringen können, aber so weit ist es noch lange nicht.

Du brauchst nun wirklich kein Mitleid mit mir zu haben. Genieße nur die Freundschaft, die Du gefunden hast.«

Inzwischen wird es hier immer schöner. Ich glaube, Kitty, daß wir hier im Hinterhause noch eine echte, große Liebe erleben. Ich denke wirklich nicht darüber nach, ob ich ihn später mal heirate, denn ich weiß ja nicht, wie er sein wird, wenn er erwachsen ist. Ich weiß auch nicht, ob wir uns dann noch so lieb haben werden, daß wir heiraten wollen. Daß Peter mich auch gern hat, dessen bin ich inzwischen sicher. Welcher Art diese Zuneigung ist, weiß ich nicht. Ob er sich nur einen guten Kameraden wünscht, ob ich ihm als Mädel gefalle oder mehr als Schwesterersatz: Ich kann nicht dahinterkommen.

Als er mir sagte, daß ich ihm eine Stütze sei bei dem Streit, der oben oft ist, war ich riesig froh und schon einen Schritt weiter im Glauben an seine Freundschaft. Gestern fragte ich ihn, was er tun würde, wenn nun ein Dutzend Annes hier wären, die fortwährend zu ihm kämen. Da antwortete er: »Wenn sie alle so wären wie Du, könnte man es sich schon gefallen lassen.«

Er ist immer so gastfreundlich, und ich glaube, daß er mich gern kommen sieht. Er lernt auch mächtig fleißig Französisch, selbst noch des Abends nach 10 Uhr im Bett. Oh, wenn ich an Samstag abend denke, an unsere Gespräche, unsere Stimmung, dann bin ich zum erstenmal mit mir selbst zufrieden. Ich wünschte kein Wort anders als ich es gesagt habe, wie das sonst wohl oft geschieht. Er ist so hübsch, wenn er lacht, und auch, wenn er ganz ruhig ist, er ist lieb und gut. Nach meiner

Ansicht war er von mir ordentlich überrumpelt, als er merkte, daß ich nicht das oberflächlichste Mädel auf der Welt bin, sondern ein ebenso verträumtes Geschöpf wie er selbst, mit denselben Schwierigkeiten wie er sie auch hat.

Meine Antwort:

»Liebe Margot!
Am besten würde ich finden, nun mal erst abzuwarten, wie es weiter wird. Es kann nicht mehr so lange dauern, bis die Entscheidung zwischen mir und Peter fällt, so oder so. Wie sich das abspielen wird, weiß ich nicht, aber ich denke auch nicht weiter als eine Nasenlänge voraus. Eines werde ich sicher tun, wenn Peter und ich Freundschaft schließen, dann erzähle ich ihm — und da frage ich Dich gar nicht erst —, daß Du ihn auch gern hast und auch zu ihm halten wirst, falls es einmal nötig wäre. Wie Peter über Dich denkt, weiß ich nicht, aber ich werde ihn natürlich fragen. Sicher nicht schlecht, im Gegenteil! Komme ruhig zu uns nach oben oder wo wir auch sind. Du störst uns wirklich nicht, da wir beide, so glaube ich, stillschweigend miteinander verabredet haben, daß, wenn wir sprechen, wir es abends im Dunkeln tun. Halt Dich tapfer! Ich tue es auch. Deine Zeit kommt vielleicht schneller, als Du denkst!«   Anne

Donnerstag, 23. März 1944
Liebe Kitty!
Hier rollt wieder alles ein bißchen. Unser »Schwarzhändler« ist glücklicherweise wieder aus dem Gefängnis zurück!
Miep ist seit gestern wieder hier, Ellis Husten hat sich gebessert, nur Koophuis wird noch lange zu Hause bleiben müssen. Gestern ist hier ein Flugzeug abgestürzt. Die Insassen sind abgesprungen, die Maschine stürzte auf eine Schule. Glücklicherweise waren keine Kinder drin. Es entstand ein Brand, und es hat einige Tote gegeben. Die Deutschen haben unbarmherzig auf die an Fallschirmen niedergleitenden Flieger geschossen. Die Bevölkerung raste vor Wut über diese Feigheit. Wir, ich meine die ängstlichen Frauen, waren wieder furchtbar erschrocken. Ich finde, schießen ist z . . . K . . .
Ich gehe jetzt oft nach oben, um bei Peter im Zimmer ein bißchen frische Abendluft zu schnappen. Es ist auch hübsch, dicht bei ihm zu sitzen und hinauszusehen. v. Daan und Dussel machen immer dreckige Bemerkungen, wenn ich verschwinde.
»Annes zweite Heimat«, heißt es dann, oder: »Paßt es sich eigentlich, daß junge Herren noch spät abends im Dunkeln junge Damen auf ihrem Zimmer empfangen?« Peter entwickelt eine erstaunliche Gleichgültigkeit bei solch geistreichen Bemerkungen. Auch seine Mutter ist nicht wenig neugierig und

würde uns gern über unsere Gesprächsthemen ausfragen, wenn sie nicht im stillen Angst hätte vor einer abweisenden Antwort. Peter sagte, die Erwachsenen seien nur neidisch, weil wir jung sind, und ärgern sich, weil wir uns aus ihren Gehässigkeiten nicht viel machen. Manchmal holt er mich unten ab, aber obwohl er dagegen ankämpft, wird er doch oft feuerrot und kann vor Verlegenheit kaum sprechen. Ich bin so froh, daß ich nie rot werde, es muß sehr unangenehm sein!

Vater sagt immer, ich sei eine Zierpuppe, aber das stimmt nicht. Ich bin nur sehr eitel. Bis jetzt haben mir noch nicht viele Menschen gesagt, daß sie mein Äußeres hübsch finden, außer einem Jungen in der Schule, der sagte, daß ich so nett aussehe, wenn ich lache. Gestern machte mir Peter aber ein richtiges Kompliment, und ich will Dir unser Gespräch zur Unterhaltung wiedergeben: Peter sagte so oft: »Lach doch mal!«

Das fiel mir auf, und ich fragte ihn: »Warum soll ich immer lachen?«

»Weil das so hübsch ist. Dann kriegst Du Grübchen in Deine Wangen. Wie kommt das eigentlich?«

»Ich bin so geboren. Das ist auch das einzig Schöne, das ich habe!«

»Nee, Du, das ist nicht wahr!«

»Doch, ich weiß, daß ich kein hübsches Mädel bin. Das bin ich nie gewesen und werde es auch nie werden!«

»Das finde ich ganz und gar nicht. Ich finde, daß Du hübsch bist!«

»Das ist doch nicht wahr.«

»Wenn ich es Dir sage, kannst Du es sicher glauben!«

Darauf sagte ich ihm natürlich, daß ich von ihm dasselbe finde. Dauernd muß ich nun von allen Seiten etwas über unsere plötzliche Freundschaft hören. Wir machen uns aber nicht viel aus dem Elternschmus. Die Bemerkungen sind alle so fade. Haben die diversen Eltern ihre Jugendzeit ganz vergessen? Beinahe scheint es so. Sie nehmen uns ernst, wenn wir Witze machen, aber sie lachen uns aus, wenn es uns Ernst ist!

Anne

Montag, 27. März 1944

Liebe Kitty!

Ein sehr großes Kapitel in der »Geschichte unserer Unter-tauchzeit« müßte eigentlich die Politik einnehmen, aber da ich mich nicht soviel damit beschäftige, habe ich sie zu sehr links liegen lassen. Darum will ich nun einen ganzen Brief nur der Politik widmen.

Daß über dieses Problem die verschiedensten Auffassungen bestehen, ist selbstverständlich, daß in dieser verwirrenden

Kriegszeit fortgesetzt darüber diskutiert wird, ist auch logisch, aber... daß soviel darüber gestritten wird, ist einfach dumm.

Laßt sie wetten, lachen, schelten, schimpfen, alles können sie tun, meinetwegen können sie platzen! Aber nur kein Streit, denn der hat meistens böse Folgen. Die Menschen, die von draußen kommen, bringen häufig viele unwahre Neuigkeiten mit. Unser Radio hat bis jetzt noch nie gelogen. Henk, Miep, Koophuis, Kraler, Elli, alle stellen sie die Ereignisse ihrer Stimmung gemäß dar, mit allen up and downs, Henk allerdings noch am wenigsten.

Hier im Hinterhaus ist die Stimmung, soweit sie Politik betrifft, wohl immer gleich. In den zahllosen Debatten über Invasion, Bombardements, Ministerreden usw. usw. hört man auch zahllose Meinungen: »Unmöglich!«... »Um Gottes willen, wenn sie nun erst anfangen, wann soll das enden?« »Es geht prima, ausgezeichnet, kann gar nicht besser sein.«

Optimisten, Pessimisten und, nicht zu vergessen, die Realisten — alle geben unermüdlich ihre Meinung zum besten, und wie das immer ist: Jeder denkt, daß nur er allein recht hat. Eine gewisse Dame ärgert sich sehr, daß ihr Herr Gemahl so rückhaltloses Vertrauen zu den Engländern hat. Der Herr fällt seine Dame an wegen der spöttischen, geringschätzigen Ausdrücke gegen die von ihm geliebte Nation.

Sie langweilen sich nie dabei. Ich habe etwas herausgefunden, und die Wirkung ist todsicher. Es ist, als ob Du jemand mit einer Nadel stichst und er dann hochspringt. Genau so wirkt mein Mittel. Fange nur ein Wort an von Politik und die ganze Familie sitzt mitten drin!

Als ob die deutschen Wehrmachtsberichte und die vom BBC noch nicht genügten, gibt es seit kurzem auch noch eine »Luftlagemeldung«, ebenso faszinierend wie andererseits auch oft enttäuschend. Die Engländer machen aus ihrer Luftwaffe einen Tag- und Nachtbetrieb am laufenden Band (so wie die Deutschen aus ihren Lügen). Morgens früh wird schon Radio gehört und dann jede Stunde bis abends 9 oder 10 Uhr, manchmal auch bis 11, ein schlagender Beweis, daß die Erwachsenen zwar viel Geduld haben, aber doch etwas schwer von Begriff sind (ungeachtet einiger Ausnahmen; ich will niemand zu nahe treten). Mit *einem*, höchstens zweimal Radiohören pro Tag sollte man eigentlich genug haben! Arbeiterprogramm, Oranje-Sender Frank Philips, Ihre Majestät die Königin, alle kommen an die Reihe und für alle finden sich willige Hörer. Wenn sie nicht gerade beim Essen sind oder schlafen, sitzen sie am Radio und reden von Essen und Schlafen und natürlich über Politik. Na, es wird schon sehr langweilig und es ist eine Kunst, dabei kein trockenes altes Mütterchen zu werden!

Ein ideales Beispiel ist eine Rede des von uns allen sehr verehrten Winston Churchill.

Sonntag, 9 Uhr. Der Tee steht unter der Mütze bereit. Die Gäste erscheinen. Dussel sitzt beim Radio links, Herr v. Daan davor, Peter daneben, Mutter neben Herrn v. Daan, seine Frau dahinter, Pim am Tisch, Margot und ich auch. Die Herren rauchen, Peter fallen die Augen zu von der Anstrengung des Zuhörens. Mama, in einem langen dunklen Morgenrock, und Frau v. Daan zittern, weil die Flieger ungeachtet der Rede — Ziel Ruhrgebiet — lustig über uns hinfliegen. Vater schlürft Tee, Margot und ich sind schwesterlich eng vereint durch die schlafende Mouchi, die sich über unser beider Knie ausstreckt. Margot hat Lockenwickler im Haar, ich habe einen viel zu kleinen, engen und zu kurzen Pyjama an. Es wirkt sehr intim, gemütlich und friedlich und es ist diesen Abend auch so. Ich warte jedoch mit Spannung auf das, was kommt. Sie können den Schluß beinahe nicht abwarten, und scharren schon vor Ungeduld mit den Füßen, um nachher über die Rede diskutieren zu können. Kst, kst, kst, so sticheln sie gegenseitig, bis dann aus der Debatte Krach und Unfrieden entsteht.

Anne

Dienstag, 28. März 1944

Liebe Kitty!

Ich könnte noch viel mehr über die Politik schreiben, aber ich habe heute eine ganze Menge anderer Dinge zu berichten. Erstens hat Mutter mir eigentlich verboten, daß ich so oft nach oben gehe, da sie der Meinung ist, Frau v. Daan wäre eifersüchtig. Zweitens hat Peter Margot eingeladen, mit nach oben zu kommen, ob aus Höflichkeit oder ob er es wirklich meint, weiß ich nicht. Drittens habe ich Vater gefragt, ob ich die Eifersucht von Frau v. Daan respektieren muß. Aber das findet er nicht nötig. Was nun? Mutter ist böse, auch ein bißchen eifersüchtig? Vater gönnt Peter und mir unser Zusammensein und freut sich, daß wir so gut miteinander auskommen. Margot findet Peter auch sehr nett, fühlt aber, daß man nicht zu dreien besprechen soll, was nur für zwei bestimmt ist.

Mutter denkt, daß Peter in mich verliebt ist. Ich wünsche, ehrlich gesagt, daß es so wäre! Dann wären wir quitt und könnten viel leichter und offener miteinander sprechen. Mutter sagt auch, daß er mich immerfort fixiert. Das ist wahr, auch, daß wir uns ab und zu zuzwinkern und ihn meine Wangengrübchen anscheinend sehr interessieren! Aber da kann man doch nichts machen, nicht wahr?

Ich sitze in einer schwierigen Situation. Mutter ist gegen mich und ich bin gegen sie, und Vater schließt seine Augen vor diesem stillen Kampf zwischen uns beiden. Mutter ist traurig, da sie mich doch lieb hat, ich bin nicht traurig, da ich fühle, daß sie mich doch nicht begreift. Und Peter... Peter will ich nicht aufgeben. Er ist ein so lieber Kerl und ich bewundere ihn. Es kann so schön zwischen uns werden. Warum müssen »die Ollen« da immer die Nase reinstecken? Glücklicherweise bin ich gewöhnt, mein Inneres zu verbergen, und so glückt es mir ausgezeichnet, nicht sehen zu lassen, wie gern ich ihn habe. Wird er jemals etwas sagen? Werde ich jemals seine Wange an der meinen fühlen, wie es im Traum mit Petel gewesen ist? Peter und Petel! Ihr seid nun eins! Sie begreifen uns nicht, können nicht verstehen, daß wir schon zufrieden sind, wenn wir nur beieinander sitzen ohne zu reden. Sie verstehen nicht, was uns zueinander treibt. Wann werden alle diese Schwierigkeiten überwunden sein? Und doch, es ist gut, daß etwas zu überwinden ist, denn dann ist das Ende noch viel schöner! Wenn er so mit dem Kopf auf seinen Armen liegt, mit geschlossenen Augen, ist er noch wie ein Kind, spielt er mit Mouchi, ist er liebevoll, wenn er Kartoffelsäcke und andere schwere Lasten trägt, dann ist er stark, beobachtet er die Schießerei oder geht er im Dunkeln nachsehen, ob Diebe da sind, dann ist er mutig, wenn er aber so ungeschickt und unbeholfen tut, dann ist er geradezu süß. Es ist ein viel angenehmeres Gefühl, wenn er mir etwas erklärt, als wenn er von mir etwas lernt. Ich fände am schönsten, wenn er mir meistens überlegen wäre.

Die Mütter können mich gern haben! Wenn er nur endlich sprechen wollte! Anne

Mittwoch, 29. März 1944

Liebe Kitty!

Gestern sprach Minister Bolkestein am Oranje-Sender darüber, daß nach dem Krieg eine Sammlung von Tagebüchern und Briefen aus dieser Zeit herauskommen soll. Natürlich zielten alle gleich auf mein Tagebuch. Stell Dir vor, wie interessant es wäre, wenn ich einen Roman vom »Hinterhaus« veröffentlichen würde. Bei dem Titel allerdings würden die Menschen denken, es handelt sich um einen Detektiv-Roman. Aber nun im Ernst. Wird es nicht Jahre nach dem Krieg, vielleicht nach 10 Jahren, unglaublich erscheinen, wenn wir erzählen, wie wir Juden hier gelebt, gesprochen, gegessen haben? Denn wenn ich Dir auch noch soviel erzähle, Du kennst immer nur einen kleinen Ausschnitt von diesem Leben, z. B. welche Angst die Damen haben, wenn bombardiert wird wie Sonntag, als 350 englische Flieger eine halbe Million Kilo Dynamit auf Ymuiden geworfen haben, und dann die Häuser durch den Luftdruck erschüttert werden, wenn wir hören, wieviel Epidemien hier herrschen. Von alledem weißt Du noch nichts, und ich müßte den ganzen Tag schreiben, wenn ich alles bis ins kleinste berichten wollte. Die Menschen stehen Schlange, um Gemüse zu bekommen oder was es sonst mal gibt. Die Ärzte können nicht zu ihren Kranken, weil ihnen ihr Auto, wenn sie noch eines haben, oder ihr Rad gestohlen ist. Man hört von Einbrüchen und Diebstählen in größter Menge, so daß ich mich immer wieder frage, wo die sprichwörtliche Ehrlichkeit der Holländer geblieben ist. Kleine Kinder von acht bis elf Jahren schlagen die Fensterscheiben fremder Wohnungen ein und nehmen, was nicht niet- und nagelfest ist. Niemand wagt es, sein Haus nur fünf Minuten allein zu lassen, denn wenn man eine Weile weg ist, ist nachher alles flöten. Täglich werden in den Zeitungen Belohnungen ausgesetzt für das Zurückbringen von gestohlenen Schreibmaschinen, Perserteppichen, elektrischen Uhren, Stoffen usw. usw. Die großen Uhren auf der Straße werden abmontiert, die Telephone aus den Zellen bis zum letzten Draht herausgeholt.

Die Stimmung bei der Bevölkerung kann nicht gut sein. Mit der Wochenration ist schwer auszukommen. Die Invasion läßt auf sich warten, die Männer müssen nach Deutschland. Die Kinder sind unterernährt und werden krank. Fast alle Menschen haben schlechte Kleidung und schlechte Schuhe. Eine Sohle kostet »schwarz« 7 Gulden 50. Dabei nehmen die meisten Schuhmacher keine Kunden an oder man muß vier Wochen auf die Schuhe warten, die dann manchmal noch inzwischen verschwunden sind.

Das Gute dabei ist, daß die Sabotage gegen die Besatzung immer stärker wird in dem Verhältnis, in dem die Ernährung sich verschlechtert und die Maßnahmen strenger werden. Die Beamten der Lebensmittelverteilungsstellen und anderer Behörden helfen den Verborgenen zum großen Teil, aber einige verraten sie auch, um sie ins Gefängnis zu bringen. Glücklicherweise steht nur ein geringer Prozentsatz der Niederländer auf der verkehrten Seite. Anne

Freitag, 31. März 1944

Liebe Kitty!

Es ist noch ziemlich kalt, aber die meisten Familien sitzen schon einen Monat ohne Kohlen. Auch ein Vergnügen, wie? Die Stimmung ist im allgemeinen wieder sehr optimistisch für die russische Front, denn da geht es großartig. Ich schreibe ja nicht viel über Politik, aber ich muß Dir doch mitteilen, wo sie nun stehen, nämlich dicht vor dem General-Gouvernement und bei Rumänien am Pruth. Ganz nahe vor Odessa sind sie. Hier erwartet man jeden Abend ein Extra-Kommuniqué von Stalin.

In Moskau wird so viel Salut geschossen, daß die Stadt jeden Tag dröhnen muß. Ob sie es schön finden, so zu tun, als wäre der Krieg wieder in der Nähe, oder ob sie ihre Freude nicht auf andere Art äußern können, das weiß ich nicht!

Ungarn ist von deutschen Truppen besetzt. Da sind noch eine Million Juden, die werden nun wohl auch dran glauben müssen.

Hier gibt es nichts Besonderes. Heute hat Herr v. Daan Geburtstag, er hat zwei Päckchen Tabak bekommen, Kaffee für *eine* Tasse Kaffee (von seiner Frau für diesen Tag aufgespart), Zitronen-Punsch von Kraler, Sardinen von Miep, von uns Eau de Cologne, Flieder und Tulpen, nicht zu vergessen eine Torte mit Himbeeren und Johannisbeeren gefüllt, wegen des schlechten Mehls und der schlechten Butter etwas bröckelig, aber im Geschmack prima!

Der Klatsch über Peter und mich hat sich etwas gelegt. Wir sind sehr gute Freunde, viel zusammen und sprechen über alles mögliche. Es ist so fein, daß ich mich nicht zurückhalten muß, wie es bei anderen Jungens sicher angebracht wäre, wenn wir auf prekäres Gebiet kommen. Als wir uns z. B. über das Thema Blut unterhielten, sprachen wir auch über die Menstruation. Er findet uns Frauen doch zäh! — Ra, ra, ra, warum?

Mein Leben ist hier besser geworden, viel besser. Gott hat mich nicht allein gelassen und wird mich nicht allein lassen.

Anne

Samstag, 1. April 1944

Liebe Kitty!

Und doch ist alles noch so schwer. Du weißt sicher, wie ich es meine, ja? Ich sehne mich so sehr nach einem Kuß, nach dem Kuß, der so lange ausbleibt. Sollte er mich immer doch nur als Kamerad betrachten? Bin ich ihm nicht mehr? Du weißt und ich weiß es, daß ich stark bin, daß ich die meisten Lasten allein tragen kann und die nie gewöhnt war, sie mit jemandem zu teilen. An meine Mutter habe ich mich nie geklammert. Nun möchte ich aber so gern mal den Kopf an seine Schulter lehnen und nur ganz stille sein!

Ich kann nie, niemals den Traum von Peters Wange vergessen, als alles, alles so schön war. Sollte er sich nicht auch danach sehnen? Sollte es allein Verlegenheit sein, daß er seine Liebe nicht gesteht? Warum will er mich so oft bei sich haben? Oh, warum spricht er nicht? Ich will aufhören, will ruhig sein. Ich werde stark bleiben und mit Geduld wird das andere auch kommen, aber... und das ist das Schlimme: Es sieht so dumm aus, so als ob ich ihm nachlaufe, weil *ich* immer nach oben muß und *er* nicht zu mir kommt. Aber das liegt an der Einteilung der Zimmer und er begreift es wohl. O, er muß noch viel mehr begreifen.

Anne

Liebe Kitty!

Ganz gegen meine Gewohnheit will ich Dir doch mal ausführlich über das Essen schreiben, denn es ist nicht nur im Hinterhaus, nein in ganz Niederland, in Europa und eigentlich überall einer der schwierigsten Faktoren geworden.

In den 21 Monaten, die wir nun hier sind, haben wir eine ganze Reihe »Essens-Perioden« mitgemacht. Was das bedeutet, wirst Du gleich hören. Unter »Essens-Periode« verstehe ich eine Periode, in der man nichts anderes zu essen bekommt als ein bestimmtes Gericht und immer dieselbe Sorte Gemüse. Eine Zeitlang hatten wir nichts anderes, als täglich Endivien, mal mit Sand, mal ohne, manchmal auch mit Kartoffeln drunter oder diese extra, oder in der feuerfesten Form gebacken. Dann war es Spinat, darauf folgten Kohlrabi, Schwarzwurzeln, Gurken, Tomaten, Sauerkraut usw. usw., je nach der Jahreszeit. Es ist bestimmt nicht angenehm, jeden Mittag und jeden Abend Sauerkraut zu essen, aber Du tust es, wenn Du Hunger hast. Inzwischen haben wir nun die schönste Periode, denn nun bekommen wir kein frisches Gemüse mehr. Unser Wochenmenü besteht mittags aus braunen Bohnen, Erbsensuppe, Kartoffeln mit Mehlklößen, Kartoffelauflauf, durch Gottes Gnade auch mal Steckrüben oder angefaulte Möhren und dann wieder braune Bohnen. Kartoffeln essen wir zu jeder Mahlzeit und beginnen wegen Brotmangel schon beim Frühstück damit. Zur Suppe gibt es braune oder weiße Bohnen, Kartoffeln, und dann die bekannten Päckchen: Julienne-, Königin-, Braunebohnensuppe. Überall sind braune Bohnen drin und sicher auch im Brot. Abends essen wir immer Kartoffeln mit künstlicher Sauce und Salat von roten Rüben, die wir glücklicherweise noch haben. Über die Mehlballen muß ich auch noch sprechen. Die machen wir von »Regierungs«-Mehl mit Wasser und Hefe. Natürlich sind sie klebrig und zäh, so daß sie wie Steine im Magen liegen. Na, auch gut!

Das größte Ereignis der Woche ist eine Scheibe Leberwurst und die Marmelade auf trockenem Brot. Aber wir leben noch und oft schmeckt uns unser dürftiges Mahl recht gut.   Anne

Liebe Kitty!

Eine Zeitlang wußte ich gar nicht mehr, wofür ich noch arbeite. Das Ende des Krieges ist noch so fern, so unwirklich, märchenhaft. Wenn der Krieg im September noch nicht aus ist, werde ich nicht mehr zur Schule gehen, denn zwei Jahre möchte ich nicht zurückkommen. Die Tage bestanden aus Peter, nichts als Peter, in Gedanken und Träumen, so daß mir Samstag schon ganz entsetzlich elend wurde. Ich saß bei Peter und mußte meine Tränen bezwingen, lachte dann mit Frau v. Daan beim Zitronen-Punsch, war an- und aufgeregt, aber kaum war ich allein, wußte ich, daß ich mich ausweinen mußte. Ich ließ mich, nur im Nachthemd, auf den Boden gleiten, betete erst intensiv und lange, und dann weinte ich, den Kopf auf den Armen, mit eingezogenen Knien, ganz zusammengekauert, dort auf dem kahlen Fußboden. Bei dem heftigen Schluchzen kam ich wieder etwas zu mir selbst, bezwang auch meine Tränen, damit sie mich drinnen nicht hören sollten. Dann begann ich, mir selbst Mut zuzusprechen, und sagte immer wieder: »Ich muß, ich muß, ich muß...«

Ganz steif von der ungewohnten Haltung fiel ich gegen den Bettrand, kämpfte immer weiter, bis ich kurz vor halb elf in mein Bett stieg. Es war *vorüber!* Und nun ist es ganz vorüber. Ich muß arbeiten, um nicht dumm zu bleiben, um vorwärts zu kommen, um Journalistin zu werden, das will ich! Ich weiß, daß ich schreiben *kann*, ein paar Geschichten sind gut, meine Beschreibungen aus dem Hinterhause humoristisch, aus meinem Tagebuch spricht sehr viel, aber... ob ich wirklich Talent habe, muß sich noch zeigen. »Evas Traum« ist mein bestes Märchen, und das Seltsame dabei ist, daß ich wirklich nicht weiß, woher ich das habe. Viel aus »Cadys Leben« ist auch gut, aber im ganzen ist es nichts.

Ich selbst bin hier meine beste und schärfste Kritikerin. Ich weiß, was gut und nicht gut geschrieben ist. Niemand, der nicht schreibt, weiß, wie fein es ist, zu schreiben. Früher habe ich immer bedauert, nicht gut zeichnen zu können, aber nun bin ich überglücklich, daß ich wenigstens schreiben kann. Und wenn ich nicht genug Talent habe, um Zeitungsartikel oder Bücher zu schreiben, gut, dann kann ich es immer noch für mich selbst tun.

Ich will weiter kommen. Ich kann mir nicht vorstellen, so leben zu müssen wie Mutter, Frau v. Daan und alle die anderen Frauen, die wohl ihre Arbeit tun, aber später vergessen sind. Ich muß neben Mann und Kindern noch etwas haben, dem ich mich ganz weihen kann! Ich will noch fortleben nach meinem Tode. Und darum bin ich Gott so dankbar, daß er mir bei meiner Geburt schon die Möglichkeit mitgegeben hat, meinen Geist zu entfalten und schreiben zu können, um alles zum Ausdruck zu bringen, was in mir lebt.

Mit dem Schreiben löst sich alles, mein Kummer schwindet, der Mut lebt wieder auf. Aber, und das ist die große Frage, werde ich jemals etwas Bedeutendes schreiben, werde ich Journalistin oder Schriftstellerin werden können? Ich hoffe es, ich hoffe es von ganzem Herzen! Im Schreiben kann ich alles klären, meine Gedanken, meine Ideale, meine Phantasien. An »Cadys Leben« habe ich lange nichts mehr getan. In Gedanken weiß ich genau, wie es weitergehen soll, aber beim Schreiben geht es nicht so flott. Vielleicht wird es nie fertig, endet einmal im Papierkorb oder im Ofen. Angenehm ist diese Idee nicht, aber dann denke ich wieder: »Mit 14 Jahren und so wenig Erfahrung kann man eigentlich noch nichts Philosophisches schreiben.«

Aber nun weiter, mit frischem Mut. Es wird glücken, denn schreiben will ich!   Anne

Donnerstag, 6. April 1944

Liebe Kitty!

Du hast mich nach meinen speziellen Interessen und Liebhabereien gefragt und ich will Dir antworten. Erschrick nicht, ich warne Dich, es sind eine ganze Menge.

Erstens natürlich Schreiben, aber das zählt eigentlich nicht als hobby.

Zweitens Genealogie der Fürstenhäuser. Aus Zeitungen, Büchern und Papieren habe ich Material über die französischen, deutschen, spanischen, englischen, österreichischen, russischen, norwegischen und niederländischen Familien herausgesucht und habe schon viel zusammengetragen, da ich seit langem aus allen Biographien und Geschichtsbüchern, die ich lese, Aufzeichnungen mache. Ich schreibe sogar ganze Abschnitte aus der Geschichte ab. So ist denn meine dritte Liebhaberei auch Geschichte, und Vater hat mir viele einschlägige Bücher gekauft. Ich kann den Tag nicht erwarten, an dem ich selbst in den öffentlichen Bibliotheken weiter stöbern kann.

Viertens gilt mein Interesse der griechischen und römischen Mythologie, und auch dafür habe ich eine Anzahl Bücher. Weitere Liebhabereien sind Filmstar- und Familienfotos. Ich bin wild auf Bücher und Lesen und interessiere mich für alles, was Schriftsteller, Dichter und Maler betrifft, und auch sehr für Kunstgeschichte. Vielleicht kommt die Musik noch später. Eine entschiedene Antipathie habe ich gegen Algebra, Geometrie und Rechnen. Alle übrigen Schulfächer machen mir Spaß, aber Geschichte steht hoch über allen!   Anne

Dienstag, 11. April 1944

Liebe Kitty!

Mein Kopf hämmert! Ich weiß nicht, womit ich anfangen soll. Freitag (Karfreitag) spielten wir am Nachmittag Gesellschaftsspiele, auch Samstag. Die Tage verliefen gleichmäßig und gingen sehr schnell vorbei. Sonntag hatte ich Peter gebeten, zu mir zu kommen, und später gingen wir dann nach oben und blieben bis 6 Uhr. Von 6.15 bis 7 Uhr wurde ein sehr schönes Mozart-Konzert im Radio übertragen, besonders gefiel mir die »Kleine Nachtmusik«. Ich kann nicht gut zuhören, wenn alle dabei sind, weil schöne Musik mich immer tief bewegt.

Sonntag abend gingen Peter und ich zusammen auf den oberen Speicher. Um bequem zu sitzen, nahmen wir ein paar Sofakissen aus unserem Zimmer mit und setzten uns auf eine Kiste. Es war sehr eng, wir saßen dicht beieinander an einige Kisten gelehnt. Mouchi leistete uns Gesellschaft. So waren wir nicht unbewacht. Plötzlich um dreiviertel neun pfiff Herr v. Daan und fragte, ob wir ein Kissen von Herrn Dussel hätten. Wir sprangen beide auf und zogen mit Kissen, Katze und Herrn v. Daan herunter. Um dieses Kissen hat sich noch eine ganze Tragödie abgespielt, denn Dussel war sehr böse, daß wir eines seiner Kissen mitgenommen hatten, das er als »Nachtkissen« benutzt. Er hatte Angst, daß Flöhe hineingekommen wären, und stellte um das lumpige Kissen das ganze Haus auf den Kopf. Aus Rache steckten Peter und ich ihm zwei harte Bürsten ins Bett. Wir haben noch viel über das Intermezzo gelacht.

Unser Vergnügen sollte nicht lange dauern. Um halb zehn klopfte Peter und bat Vater, nach oben zu kommen, um ihm bei einem schweren englischen Satz zu helfen.

»Da ist etwas nicht geheuer«, sagte ich zu Margot, »das ist ein glatter Schwindel.«

Meine Annahme stimmte. Im Magazin wurde gerade eingebrochen. Mit unglaublicher Geschwindigkeit waren Vater, Peter, v. Daan und Dussel unten. Mutter, Margot, Frau v. Daan und ich warteten. Vier Frauen, die in Angst sitzen, müssen reden. So auch wir, bis wir unten einen Schlag hörten. Danach war alles still. Die Uhr schlug dreiviertel zehn. Uns allen war die Farbe aus den Gesichtern gewichen, wir waren still, aber sehr bange. Wo sollten die Herren geblieben sein? Was war das für ein Schlag? Ob sie womöglich mit den Einbrechern kämpften? 10 Uhr, Schritte auf der Treppe, Vater, bleich und nervös, kommt herein, gefolgt von Herrn v. Daan.

»Licht aus, leise nach oben, wir erwarten Polizei im Haus.«

Es blieb keine Zeit, um Angst zu haben. Das Licht ging aus, ich packte noch ein Jäckchen und wir waren oben.

»Was ist denn passiert? Sag mal schnell!«

Aber es war niemand da, um etwas zu erzählen, die Herren waren schon wieder hinuntergegangen. Zehn Minuten nach zehn kamen sie alle vier herauf, zwei hielten Wache an Peters offenem Fenster, die Tür zum Korridor war abgeschlossen, die Drehtür zu. Über das Nachtlämpchen hängten wir einen Sweater, dann erzählten sie: »Peter hatte von oben zwei harte Schläge gehört, lief nach unten und sah, daß an der linken Seite der Lagertüre eine große Planke fehlte. Er rannte nach oben, alarmierte den wehrhaften Teil der Familie und zu vieren zogen sie hinunter. Als sie ins Lager hineinkamen, waren die Einbrecher mitten bei der Arbeit. Ohne zu überlegen, schrie v. Daan: ›Polizei!‹«

Hastiges Laufen, die Einbrecher waren geflüchtet. Um zu verhindern, daß eine Polizeistreife das Loch bemerken sollte, setzten die Herren das Brett wieder ein, aber durch einen heftigen Tritt von außen flog es wieder auf den Boden. Über solche Frechheit waren alle vier perplex. Herr v. Daan und Peter hätten die Kerle am liebsten ermordet. Herr v. Daan schlug heftig mit dem Beil auf die Erde, dann war wieder alles ruhig. Sie wollten das Brett noch einmal einsetzen. *Störung!!*

Draußen stand ein Ehepaar und der grelle Schein einer Taschenlampe beleuchtete den ganzen Raum.

»Verflixt«, murmelte einer von den Herren, und... im Nu veränderten sie ihre Rollen von Polizisten zu Einbrechern. Alle vier schlichen sie nach oben, Peter öffnete schnell Türen und Fenster in der Küche und im Privatkontor, warf das Telephon herunter auf den Fußboden, und schließlich waren sie alle hinter der Schutzwand gelandet. – *Ende des ersten Teils.*

Aller Wahrscheinlichkeit nach wird das Ehepaar die Polizei alarmiert haben. Es war Sonntag abend, der Abend des ersten Ostertages, am zweiten Festtag niemand im Büro, und wir konnten uns vor Dienstag morgen nicht rühren. Stelle Dir vor, zwei Nächte und einen Tag in dieser Angst zu sitzen! Wir stellten uns nichts vor, saßen aber im Stockfinstern, weil Frau v. Daan das Licht ausgemacht hatte, flüsterten nur und bei jedem Knarren hieß es »pst, pst!«.

Es wurde halb elf, elf Uhr, kein Geräusch. Abwechselnd kamen Vater und Herr v. Daan zu uns. Dann um viertel zwölf unten Geräusche. Bei uns konnte man das Atmen jedes einzelnen hören, im übrigen rührten wir uns nicht, Schritte im Haus, Privatkontor, Küche, dann... auf unserer Treppe. Niemand atmete nur noch hörbar, acht Herzen hämmerten. Schritte auf unserer Treppe, dann Rasseln an dem Drehschrank. Diese Augenblicke sind unbeschreiblich.

»Nun sind wir verloren«, dachte ich und sah uns alle noch in derselben Nacht von der Gestapo weggebracht. Noch zweimal wurde am Drehschrank geklappert, dann fiel etwas, die Schritte entfernten sich. Soweit waren wir gerettet. Ein Zittern durchlief uns alle, ich hörte Zähne klappern, noch konnte niemand ein Wort sprechen.

Es war nichts mehr im Hause zu hören, aber es brannte Licht auf dem Vorplatz, direkt vor dem Schrank. War das nun, weil der Schrank geheimnisvoll erschien? Hatte die Polizei das Licht vergessen? Kam noch jemand, um es auszulöschen? Nun lösten sich die Zungen, niemand war mehr im Hause, vielleicht noch ein Polizeibeamter vor der Türe.

Noch zitterte in uns allen die Angst, jeder mußte mal... Die Eimer waren auf dem Speicher, so mußte der Blechpapierkorb von Peter herhalten. Van Daan machte den Anfang, dann kam Vater, Mutter schämte sich zu sehr, Vater brachte das Gefäß mit ins Zimmer und Margot, Frau v. Daan und ich machten gern davon Gebrauch, endlich auch Mutter. Die Nachfrage nach Papier war groß, ich hatte glücklicherweise etwas in der Tasche.

Das Gefäß stank, alles flüsterte, wir waren müde, es war zwölf Uhr.

»Leg Dich doch auf den Boden und schlafe!« Margot und ich bekamen Kissen und Decken. Margot lag in der Nähe vom Vorratsschrank, ich zwischen den Tischbeinen. Auf der Erde roch es nicht so schlimm, aber Frau v. Daan holte doch ganz leise etwas Chlor, ein altes Tuch diente als zweiter Schutz über dem Topf.

Unterhaltung, Geflüster, Geruch, Angst, Pupser und immer wieder jemand auf dem Topf. Schlaf mal dabei. Um halb drei wurde ich zu müde und hörte nichts bis halb vier. Ich wurde wach, als Frau v. Daan mit ihrem Kopf auf meinem Fuß lag.

»Geben Sie mir jetzt bitte etwas zum Überziehen«, bat ich. Ich bekam auch etwas, aber frag bitte nicht was. Eine wollene Hose über meinen Pyjama, einen roten Sweater und schwarzen Rock, darunter weiße Strümpfe und kaputte Kniestrümpfe darüber.

Nun setzte sich Frau v. Daan auf einen Stuhl und Herr van Daan streckte sich auf dem Fußboden aus, auch wieder auf meinen Füßen liegend. Ich begann über alles nachzudenken, dabei zitterte ich immer noch, so daß Herr v. Daan nicht schlafen konnte. Ich bereitete mich darauf vor, daß die Polizei zurückkommen könnte, dann müßten wir sagen, daß wir Untertaucher sind. Entweder sind es gute Niederländer — dann wären wir gerettet — oder es sind Nazis, dann müssen wir sie mit Geld bestechen!

»Tu doch das Radio weg«, seufzte Frau v. Daan.

»Ja, in den Küchenherd«, antwortete ihr Mann, »wenn sie uns finden, können sie das Radio auch finden.«

»Dann finden sie auch Annes Tagebuch«, fügte Vater hinzu.

»Verbrennt es doch«, schlug der Ängstlichste von uns allen vor. Das und das Rasseln der Polizei an der Schranktüre waren für mich die schrecklichsten Augenblicke.

»Mein Tagebuch nicht! Mein Tagebuch nur mit mir zusammen!« Aber Vater antwortete nicht mehr, Gott sei Dank!

Es hat keinen Zweck, all die Gespräche, deren ich mich noch erinnere, wiederzugeben, es wurde soviel geredet. Ich tröstete Frau v. Daan in ihrer Angst. Wir sprachen über Flucht, Gestapoverhör und daß wir nun Mut zeigen müßten.

»Nun müssen wir uns wie Soldaten betragen, Frau v. Daan! Wenn wir dran glauben müssen, dann für Königin und Vaterland, für Freiheit, Wahrheit und Recht, wie es immer im Oranje-Sender heißt. Das einzig Entsetzliche ist, daß wir sie dann alle mitreißen ins Unglück.«

Herr v. Daan wechselte wieder den Platz mit seiner Frau, Vater kam zu mir. Die Herren rauchten ununterbrochen, ab und zu hörte man einen tiefen Seufzer, dann mußte wieder jemand auf den Topf und das alles wiederholte sich im Turnus. Vier Uhr, fünf Uhr, halb sechs. Ich ging zu Peter ins Zimmer. Wir saßen lauschend am offenen Fenster, so dicht beieinander, daß wir gegenseitig die zitternden Schwingungen unserer Körper fühlten. Nur hier und da sprachen wir ein Wort und paßten scharf auf. Nebenan wurde in einem Zimmer die Verdunkelung hochgezogen.

Um sieben Uhr wollten die Herren Koophuis anrufen, um jemanden hierher kommen zu lassen. Nun schrieben sie auf, was sie ihm am Telephon sagen wollten. Das Risiko, daß der Wächter vor der Eingangstüre am Lager das Klingeln hören könnte, war groß, aber die Gefahr, daß die Polizei zurückkam, war noch größer. Die Punkte für Koophuis waren folgende:

Eingebrochen: Polizei war im Haus bis an die Drehtür, nicht weiter.

Einbrecher augenscheinlich gestört, haben die Lagertür aufgebrochen und sind durch den Garten geflüchtet.

Haupteingang verriegelt. Kraler *muß* durch die zweite Türe weggegangen sein. Die Schreibmaschinen sind sicher im schwarzen Kasten im Privatkontor.

Versuchen, Henk zu benachrichtigen, und den Schlüssel bei Elli holen, dann ins Geschäft gehen unter dem Vorwand, daß die Katze Futter kriegen muß.

Alles verlief nach Wunsch. Koophuis wurde angeläutet, die Schreibmaschinen (die oben bei uns standen) im schwarzen Kasten aufbewahrt. Wir saßen um den Tisch und warteten auf Henk oder — die Polizei.

Peter war eingeschlafen, v. Daan und ich lagen auf dem Fußboden, als wir unten schwere Schritte hörten. Leise stand ich auf: »Das ist Henk!«

»Nein, nein, das ist Polizei!« hörte ich jemanden sagen.

Es wurde an die Tür geklopft, der Pfiff von Miep! Für Frau v. Daan war es zuviel. Sie hing leichenblaß und kraftlos in ihrem Stuhl, und wenn die Spannung noch eine Minute länger angehalten hätte, wäre sie ohnmächtig geworden.

Als Miep und Henk hereinkamen, bot unser Zimmer einen herrlichen Anblick. Nur den Tisch im Bilde festzuhalten, wäre allein schon der Mühe wert gewesen. Ein »Film und Theater« lag da aufgeschlagen, die Bilder der hübschen Tanzstars mit Jam und einem Mittel gegen Diarrhoe beschmiert. Zwei Jamgläser, ein und ein halbes Brot, Spiegel, Kamm, Zündhölzer, Asche, Zigaretten, Tabak, Aschenbecher, ein Schlüpfer, eine Taschenlampe, Clopapier usw. usw. lagen und standen bunt durcheinander.

Henk und Miep wurden natürlich mit Jubel und Tränen begrüßt. Henk zimmerte das Loch mit Holz zu und ging schnell wieder weg, um die Polizei von dem Einbruch zu verständigen. Miep hatte unter der Lagertür eine Mitteilung von *unserem* Nachtwächter gefunden, der das Loch gesehen und die Polizei benachrichtigt hatte. Zu ihm wollte Henk auch gehen.

Nun hatten wir eine halbe Stunde Zeit, um uns zurecht zu machen. Noch nie habe ich binnen einer halben Stunde eine solche Metamorphose gesehen. Margot und ich legten unten die Betten auf, gingen aufs WC und wuschen uns, putzten die Zähne und machten uns die Haare. Dann räumten wir das Zimmer noch ein bißchen auf und gingen wieder herauf. Der Tisch war schon abgeräumt. Wir holten Wasser, machten Kaffee und Tee und deckten für den Lunch. Vater und Peter leerten die Töpfe und machten sie mit heißem Wasser und Chlor sauber.

Um 11 Uhr saßen wir mit Henk, der zurück war, alle um den Tisch und beruhigten uns langsam. Henk erzählte:

»Bei unserem Nachtwächter Slagter erzählte die Frau — er schlief —, daß ihr Mann bei seiner Runde durch die Grachten das Loch bei uns entdeckt und mit einem herbeigeholten Polizisten das ganze Haus durchsucht habe. Er wollte Dienstag zu Kraler kommen, um dann weiter zu berichten. Auf dem Polizeirevier wußten sie noch nichts von dem Einbruch, schrieben es aber sofort auf und wollten auch am Dienstag kommen.«

Auf dem Rückweg ging Henk zufällig noch zu unserem Gemüsemann an der Ecke herein und erzählte, daß eingebrochen worden war.

»›Das weiß ich‹, sagte der seelenruhig, ›ich kam gestern abend mit meiner Frau an Ihrem Haus vorbei und sah das Loch in der Tür. Meine Frau wollte sich nicht aufhalten, aber ich leuchtete erst mit der Taschenlampe. Da liefen die Diebe davon. Sicherheitshalber habe ich die Polizei nicht gerufen, weil ich das bei Ihnen nicht für richtig hielt. Ich weiß zwar nichts, aber ich vermute doch manches!‹«

Henk bedankte sich und ging. Der Mann vermutete sicher, daß wir hier sitzen, denn er bringt die Kartoffeln immer zur Mittagszeit. Feiner Kerl!

Nachdem Henk gegangen war und wir Geschirr gespült hatten, legten wir uns — es war ein Uhr — alle schlafen. Um viertel vor drei wurde ich wach und sah, daß Herr Dussel schon verschwunden war. Ganz zufällig begegnete ich Peter mit meinem verschlafenen Gesicht im Badezimmer und wir verabredeten, uns unten zu treffen. Ich machte mich noch ein bißchen zurecht und ging danach hinunter.

»Wagst Du noch, auf den Speicher zu gehen?« fragte er. Ich war einverstanden, holte mein Kopfkissen und wir gingen hinauf. Es war herrliches Wetter und bald erklangen dann auch die Sirenen. Wir blieben wo wir waren. Peter schlug den Arm um meine Schulter, ich den Arm um die seine und so warteten wir ruhig ab, bis Margot um vier Uhr kam, um uns zum Kaffee zu holen.

Wir aßen unser Brot, tranken Limonade dazu und konnten auch schon wieder Ulk machen, sonst war nichts Besonderes. Abends dankte ich Peter, weil er der Mutigste von allen gewesen war.

Niemand von uns allen hat jemals in solcher Gefahr geschwebt, wie in dieser Nacht. Gott hat uns so gut beschützt. Denk nur, die Polizei an unserem Schutzschrank, davor das brennende Licht und doch haben sie nichts entdeckt.

Wenn die Invasion kommt mit Bombardements, kann jeder für sich selbst aufkommen, aber hier ging es um unsere unschuldigen und gütigen Beschützer.

»Wir sind gerettet! Hilf uns weiter!« Das ist das einzige, was wir bitten können!

Dieses Ereignis hat manche Veränderungen mit sich gebracht. Herr Dussel sitzt von nun an abends nicht mehr in Kralers Büro, sondern im Badezimmer. Um halb neun und halb zehn geht Peter durchs Haus, um zu kontrollieren. Sein Fenster darf nachts nicht mehr offen bleiben. Nach halb zehn darf die Wasserspülung vom WC nicht mehr in Funktion treten. Heute abend kommt ein Zimmermann, um die Türen vom Lager noch zu verstärken. Debatten für und wider schwirren nun durchs Haus. Kraler hat uns unsere Unvorsichtigkeit vorgeworfen, auch Henk sagte, daß wir in solchem Falle nicht nach unten dürften. Wir sind stark daran erinnert worden, daß wir Untergetauchte sind, gefesselte Juden, gefesselt an einen Fleck, ohne Rechte, aber mit tausend Pflichten. Wir Juden dürfen unseren Gefühlen nicht folgen, müssen mutig und stark sein, müssen unser Schicksal ohne Murren auf uns nehmen, müssen tun, was in unserer Macht liegt, und auf Gott vertrauen. Einmal wird dieser schreckliche Krieg doch wohl aufhören, einmal werden wir auch wieder Menschen und nicht allein Juden sein.

Wer hat uns das auferlegt? Wer hat uns Juden diese Ausnahmestellung unter den Völkern gegeben? Wer hat uns bisher so leiden lassen? Es ist Gott, der uns so gemacht hat, und es wird auch Gott sein, der uns erlöst. Wenn wir all dies Leid tragen und dann immer noch Juden übrig bleiben, könnten sie einmal von Verdammten zu Vorbildern werden. Wer weiß, vielleicht wird es noch *unser* Glaube sein, durch den die Welt und alle Völker das Gute lernen, und dafür, dafür allein müssen wir auch leiden. Wir können nicht allein Niederländer, Engländer oder Vertreter welchen Landes auch sein, wir sollen dabei immer Juden bleiben und wir wollen es auch bleiben.

Bleibt mutig! Wir wollen uns unserer Aufgabe bewußt bleiben und nicht murren, es wird ein Ausweg kommen. Gott hat unser Volk noch nie im Stich gelassen! Durch alle Jahrhunderte hin sind Juden am Leben geblieben. Durch alle Jahrhunderte hin mußten Juden leiden, aber durch alle Jahrhunderte hin sind sie auch stark gewesen. Die Schwachen fallen, aber die Starken werden bleiben und nicht untergehen!!

In dieser Nacht dachte ich eigentlich, daß ich sterben müßte. Ich wartete auf die Polizei, war bereit wie die Soldaten auf dem Schlachtfeld. Ich wollte mich gern opfern für das Vaterland, aber nun, nachdem ich gerettet bin, ist mein erster Wunsch nach dem Krieg, Niederländerin zu werden.

Ich liebe die Niederländer, liebe unser Land, ich liebe die Sprache und möchte hier arbeiten. Und wenn ich an die Königin selbst schreiben müßte, ich würde nicht weichen, ehe ich mein Ziel erreicht hätte!

Immer unabhängiger werde ich von meinen Eltern. So jung ich bin, habe ich mehr Lebensmut, reineres und sichereres Rechtsgefühl als Mutter. Ich weiß, was ich will, habe ein Ziel, eine Meinung, habe einen Glauben und eine Liebe. Laßt mich so sein, wie ich bin, dann bin ich zufrieden. Ich weiß, daß ich eine Frau bin, eine Frau mit innerer Kraft und viel Mut.

Wenn Gott mich am Leben läßt, werde ich mehr erreichen als Mutter je erreichte. Ich werde nicht unbedeutend bleiben. Ich werde in der Welt und für die Menschen arbeiten!

Und nun weiß ich, daß vor allem Mut und Frohsinn das Wichtigste sind!   Anne

Freitag, 14. April 1944

Liebe Kitty!

Die Stimmung hier ist noch sehr gespannt. Pim ist auf dem Siedepunkt, Frau v. Daan liegt mit einer Erkältung und gibt an, ihr Mann ohne aufpulvernde Zigaretten ist blaß, Dussel, der viel von seiner Bequemlichkeit opferte, unzufrieden.

Im Augenblick klappt nicht alles. Das WC ist undicht und der Wasserhahn überdreht. Dank der vielen Beziehungen wird sowohl das eine wie auch das andere schnell repariert werden.

Manchmal bin ich sentimental, das weiß ich, aber ... es ist auch manchmal Grund zur Sentimentalität. Wenn Peter und ich irgendwo zwischen Gerümpel und Staub auf einer harten Holzkiste sitzen, dicht beieinander, die Arme gegenseitig um die Schultern geschlungen, er mit einer Locke von mir in seiner Hand, wenn draußen die Vögel trillernd flöten, wenn man sieht, wie die Bäume grün werden, wenn die Sonne nach draußen lockt und die Luft so blau ist, oh, dann wünsche ich so viel!

Aber nichts als mürrische und unzufriedene Gesichter sieht man hier. Da ist Seufzen und unterdrücktes Klagen, und es scheint, als ob wir es plötzlich viel schlechter bekommen haben. Ja, alles ist eben so schlecht, wie man es sich selbst macht. Hier im Hinterhaus ist niemand, der ein gutes Vorbild gibt, hier muß jeder sehen, wie er seiner Launen Herr wird. »Wäre nur schon alles vorüber!« hört man jeden Tag.

Mich hält meine Arbeit, meine Hoffnung, mein Liebe, mein Mut aufrecht, und dies alles macht mich gut und glücklich.

Ich glaube, Kit, daß ich heute ein bißchen verdreht bin, und ich weiß nicht warum. Alles habe ich durcheinander geschrieben, es ist kein Zusammenhang zu spüren, und ich zweifle manchmal ernstlich, ob sich später jemand für mein Machwerk interessieren wird.

»Die Herzensergüsse eines häßlichen jungen Entleins« heißt dann der Titel von all dem Unsinn. Die Herren Bolkestein und Gerbrandy werden an meinem Tagebuch nicht allzuviel haben.

Anne

Samstag, 15. April 1944

Liebe Kitty!

Dem einen Schreck folgt der andere. Wann wird das einmal aufhören? So können wir uns wohl fragen. Denk nur, was nun wieder passiert ist. Peter hat vergessen, den Riegel von der Eingangstür aufzumachen (nachts wird von innen verriegelt), und das Schloß von der anderen Türe ist kaputt. Die Folge war, daß Kraler mit den Arbeitern nicht herein konnte. Er ist zu Nachbarn gegangen, hat von da aus das Küchenfenster aufgebrochen und ist von hinten hereingekommen. Er ist wütend, daß wir eine solche Dummheit begangen haben. Ich kann Dir sagen, daß Peter ganz außer Fassung ist. Als Mutter bei Tisch sagte, wie leid er ihr tut, kamen ihm beinahe die Tränen. Es ist auch ebensogut die Schuld von uns allen, denn die Herren fragen sonst fast jeden Tag, ob der Riegel weg ist, und gerade heute hat es niemand getan. Vielleicht kann ich ihn nachher ein bißchen trösten, ich möchte ihm so gern helfen.

Nun folgen noch einige Mitteilungen über verschiedene Ereignisse aus den letzten Wochen im Hinterhaus:

Gestern vor einer Woche wurde Moffi plötzlich krank, war ganz still und sabberte. Miep schlug ihn schnell entschlossen in ein Tuch, setzte ihn in die Besorgungstasche und brachte ihn zur Tierklinik. Der Doktor gab ihm eine Medizin, da er anscheinend eine Darminfektion hatte. Von da an ließ Moffi sich kaum mehr sehen und war Tag und Nacht unterwegs, sicher bei seiner Liebsten.

Das Speicherfenster bleibt nun nachts immer offen. Des Abends sitzen Peter und ich oft oben.

Mit Hilfe von Koophuis und etwas Ölfarbe ist das WC wieder in Ordnung. Der überdrehte Hahn ist durch einen neuen ersetzt. Diesen Monat haben wir acht Lebensmittelkarten bekommen. Unser neuester Leckerbissen ist Piccalilly. Wenn man Pech hat, sind nur ein paar Gurken mit Senfsauce in dem Glas. Gemüse gibt es überhaupt nicht. Vorher Salat und nachher Salat. Unsere Mahlzeiten bestehen nur noch aus Kartoffeln mit künstlicher Sauce.

Viele und schwere Bombardements.

In Den Haag hat ein Bombentreffer das Rathaus und damit viele Dokumente zerstört. Alle Holländer sollen neue Ausweise bekommen.

Nun genug für heute!   Anne

Sonntag morgen kurz vor 11 Uhr
16. April 1944

Liebe Kitty!

Den gestrigen Tag darfst Du nie vergessen, denn er ist sehr wichtig für mein ganzes Leben. Ist es nicht für jedes Mädchen von großer Bedeutung, wenn es den ersten Kuß bekommt? Nun, bei mir ist es ebenso. Der Kuß von Bram auf meine rechte Backe zählt nicht mit und auch nicht der Handkuß von Mr. Walker. Wie ich plötzlich diesen Kuß bekommen habe, sollst Du nun hören:

Gestern abend um 8 Uhr saß ich mit Peter auf seinem Sofa, er hatte den Arm um mich gelegt.

»Laß uns ein bißchen weiterrücken«, sagte ich, »damit ich mir den Kopf nicht an dem Kasten stoße.«

Er rückte beinahe ganz in die Ecke. Ich schob meinen Arm unter seinen dicht um ihn hin und er nahm mich ganz fest um die Schulter. Wir haben schon oft so gesessen, aber nie so dicht beieinander wie gestern abend. Er drückte mich steif an sich, meine Brust lag an der seinen — mein Herz klopfte schneller —, aber es kam noch viel schöner. Er ruhte nicht, bis mein Kopf auf seiner Schulter lag und der seine darauf. Als ich mich nach ungefähr fünf Minuten wieder aufrecht setzte, nahm er meinen Kopf schnell in seine beiden Hände und zog mich wieder an sich. Oh, es war so herrlich, ich konnte nicht sprechen, nur diese Augenblicke genießen. Er streichelte ein bißchen ungeschickt meine Wange und meinen Arm, spielte mit meinen Locken und wir blieben so, die Köpfe dicht aneinandergeneigt. Das Gefühl, das mich dabei durchströmte, Kitty, kann ich Dir nicht beschreiben. Ich war so glücklich, und ich glaube, er auch. Um halb neun standen wir auf und Peter zog seine Turnschuhe an, um bei der Runde durch das Haus recht leise zu sein. Ich stand dabei. Wie ich plötzlich die rechte Bewegung fand, ich weiß es nicht, aber ehe wir nach unten gingen, küßte er mich in mein Haar, halb auf die linke Wange, halb aufs Ohr. Ich rannte hinunter ohne mich umzusehen und... warte mit Sehnsucht auf heute abend.   Anne

Montag, 17. April 1944

Liebe Kitty!

Glaubst Du, daß Vater und Mutter es richtig finden würden, daß ich auf einem Sofa sitze und mich mit einem Jungen abküsse, ein Junge von siebzehn und ein Mädel von beinahe fünfzehn? Eigentlich glaube ich es nicht, aber ich muß mich darin schon auf mich selbst verlassen. Es ist so ruhig und sicher, in seinem Arm zu liegen und zu träumen, es ist so erregend, seine Wange an der meinen zu fühlen, es ist so herrlich, daß da jemand auf mich wartet!

Aber — und es ist tatsächlich ein Aber dabei —, wird Peter es hierbei lassen wollen? Ich habe sein Versprechen sicher nicht vergessen, aber... er ist ein Junge!

Ich weiß sehr gut, daß es noch etwas früh für mich ist, knapp 15 und schon so selbständig, das ist wohl für andere Menschen unbegreiflich. Ich weiß beinahe mit Sicherheit, daß Margot niemals einem Jungen einen Kuß geben würde, ohne daß dabei die Rede ist von Verloben oder Heiraten. Solche Pläne haben Peter und ich nicht. Auch Mutter hat sicher vor Vater nie einen Mann berührt. Was würden meine Freundinnen sagen, wenn sie wüßten, daß ich in Peters Armen lag, mein Herz an seiner Brust, meinen Kopf auf seiner Schulter und sein Kopf gegen den meinen?

Oh, Anne, welche Schande, aber ehrlich, ich finde es keine Schande. Wir sitzen hier abgeschlossen, abgeschlossen von der Welt in Angst und Sorge, besonders in der letzten Zeit. Warum sollen wir, die wir uns gern haben, voneinander fern bleiben? Warum sollen wir warten, bis wir das passende Alter haben? Warum sollen wir viel fragen?

Ich habe es auf mich genommen, selbst auf mich aufzupassen. Er wird mir nie Kummer oder Schmerz bereiten. Warum soll ich dann nicht tun, was mein Herz mir sagt, und uns beide glücklich machen? Doch, ich glaube, Kitty, daß Du etwas von meinen Zweifeln merkst. Es ist wohl meine Ehrlichkeit, die mit dem Heimlichtun im Streit liegt. Findest Du, daß es meine Pflicht ist, Vater alles zu sagen? Findest Du, daß unser Geheimnis einem Dritten zu Ohren kommen muß? Von der Zartheit würde viel verlorengehen. Und würde ich innerlich ruhiger dadurch werden? Ich werde mit ihm darüber sprechen.

Ja, ich will mit »ihm« über so vieles sprechen, denn nur immer liebkosen, das hat keinen Sinn. Es gehört viel Vertrauen dazu, um einander alles zu sagen, aber das Bewußtsein, dieses Vertrauen zu besitzen, wird uns sicher stark machen!   Anne

Dienstag, 18. April 1944

Liebe Kitty!
Hier ist alles gut. Soeben sagte Vater, daß er vor dem 20. Mai noch großartige Operationen erwartet, sowohl in Rußland und Italien als auch im Westen. Je länger es dauert, desto weniger kann ich mir unsere Befreiung vorstellen. Gestern sind Peter und ich nun endlich zu dem Gespräch gekommen, das mindestens schon zehn Tage verschoben war. Ich habe ihm alle Geheimnisse von uns Mädchen erklärt und mich auch nicht gescheut, die intimsten Dinge zu besprechen. Der Abend endete mit einem gegenseitigen Kuß, ganz nahe an meinem Mund. Es ist wirklich ein wunderschönes Gefühl.
Vielleicht nehme ich einmal mein Buch, in dem ich alles aufzeichne, was mir gefällt, mit nach oben und wir können uns endlich mehr in die schönen Dinge vertiefen. Ich finde keine Befriedigung darin, immer nur einander in den Armen zu liegen. Ich möchte gern, daß er auch so denkt.
Wir haben nach unserem ewig veränderlichen Winter ein herrliches Frühjahr. Der April ist tatsächlich prachtvoll, nicht zu warm und nicht zu kalt und ab und zu ein kleiner Regenschauer. Unsere Kastanie ist schon ziemlich grün und hier und da sieht man eine kleine Kerze. Elli hat uns am Samstag eine große Freude gemacht. Sie brachte Blumen mit, drei Sträußchen Narzissen und für mich die reizenden kleinen blauen Hyazinthen.
Ich muß Algebra machen, Kitty, auf Wiedersehen!   Anne

Mittwoch, 19. April 1944

Lieve Schat!
(Das ist der Titel von einem Film mit Dorit Kreysler, Ida Wüst und Harald Paulsen.)
Was gibt es Schöneres auf der Welt, als aus einem offenen Fenster hinauszusehen in die Natur, die Vögelchen singen zu hören, die Sonne auf Deinen Wangen zu fühlen und einen lieben Jungen in den Armen zu halten, schweigend dicht beieinander. Es kann nicht schlecht sein, denn diese Stille tut so gut. Oh, wenn sie doch nie gestört würde, selbst nicht durch Mouchi!   Anne

Freitag, 21. April 1944

Liebe Kitty!
Gestern nachmittag lag ich mit Halsschmerzen im Bett. Da mich das aber schon am ersten Tag langweilte und ich doch kein Fieber hatte, bin ich heute wieder aufgestanden. Es ist der 18. Geburtstag Ihrer Königlichen Hoheit Kronprinzeß Elisa-

beth von York. Im BBC ist gesagt worden, daß sie noch nicht volljährig erklärt wird, wie das sonst häufig bei Fürstenkindern üblich ist. Wir haben uns überlegt, an welchen Prinzen diese Schönheit einmal verheiratet werden soll, konnten aber keinen Geeigneten finden. Vielleicht kann ihre Schwester, Prinzessin Margaret Rose, einmal Prinz Boudewijn von Belgien nehmen? Hier kommen wir von einem Unglück ins andere. Kaum sind die Außentüren verstärkt und schon tritt dieser Lagerarbeiter wieder in Erscheinung. Aller Wahrscheinlichkeit nach hat er Kartoffelmehl gestohlen und will die Schuld nun Elli in die Schuhe schieben. Das ganze Hinterhaus ist begreiflicherweise mal wieder in Erregung. Elli ist außer sich vor Wut.

Ich will bei irgendeiner Zeitschrift anfragen lassen, ob sie ein Märchen von mir nehmen wollen, natürlich unter einem Pseudonym.

Bis zum nächstenmal, Darling!   Anne

Dienstag, 25. April 1944

Liebe Kitty!

Seit zehn Tagen spricht Dussel nicht mit v. Daan und nur darum, weil wir seit dem Einbruch eine ganze Menge neuer Vorsichtsmaßregeln getroffen haben, die ihm nicht sehr passen. Er behauptet, daß v. Daan ihn angeschrien hätte.

»Alles geschieht hier hintenherum«, sagte er zu mir, »ich werde mal mit Deinem Vater darüber sprechen.« Er darf nun auch nicht mehr Samstag nachmittag und Sonntag unten im Kontor sitzen, er tat es doch. Van Daan war wütend und Vater ging hinunter, um mit ihm zu reden. Natürlich hatte er wieder den einen oder anderen Schmus, aber diesmal kam er selbst bei Vater damit nicht durch. Vater spricht nun auch so wenig wie möglich mit ihm, weil Dussel ihn beleidigt hat. Wir wissen alle nicht, in welcher Weise, aber es muß sehr schlimm sein.

Ich habe eine hübsche Geschichte geschrieben, sie heißt »Blurry, der Weltentdecker« und hat meinen drei Zuhörern sehr gut gefallen.

Ich bin noch immer sehr erkältet und habe sowohl Margot als auch Vater und Mutter angesteckt. Wenn es Peter nur nicht bekommt! Er wollte einen Kuß haben und nannte mich sein »Eldorado«. Es geht nun nicht, mein guter Junge! Aber lieb ist er doch!!   Anne

Donnerstag, 27. April 1944

Liebe Kitty!

Heute morgen ist Frau v. Dann sehr schlechter Laune, nichts als Klagen: über die Erkältung, daß es keine Tropfen gibt, daß das viele Nasenschneuzen nicht mehr auszuhalten ist. Dann, daß die Sonne nicht scheint, daß die Invasion nicht kommt, daß wir nicht aus dem Fenster sehen können usw. usw. Wir mußten schrecklich über sie lachen, und da es doch nicht gar so schlimm war, lachte sie mit.

Ich lese jetzt »Kaiser Karl V.«, von einem Universitätsprofessor in Göttingen geschrieben. Er hat 40 Jahre an dem Buch gearbeitet. In fünf Tagen habe ich 50 Seiten gelesen, mehr ist nicht möglich, das Buch hat 598 Seiten. Nun kannst Du ausrechnen, wie lange ich damit beschäftigt sein werde, und dann kommt noch der zweite Teil! Aber ... sehr interessant!

Was ein Schulmädel macht, ist nichts gegen mein Pensum. Erst übersetze ich vom Holländischen ins Englische ein Stück von Nelsons letzter Schlacht. Danach nahm ich mir den Nordischen Krieg vor (1700–1721), Peter der Große, Karl XII., August der Starke, Stanislaus Leczinsky, Mazeppa, Brandenburg, Vor-Pommern, Hinter-Pommern und Dänemark samt den dazugehörigen Jahreszahlen. Später landete ich in Brasilien, las vom Bahia-Tabak, dem Kaffeeüberfluß, den anderthalb Millionen Einwohnern von Rio de Janeiro, von Pernambuco und São Paulo, den Amazonenstrom nicht zu vergessen. Von Negern, Weißen, Mulatten, Mestizen, daß mehr als 50 v. H. Analphabeten sind und von der Malaria. Da ich noch etwas Zeit hatte, nahm ich mir noch schnell einen Stammbaum vor: Jan der Alte, Wilhelm Ludwig, Ernst Casimir, Heinrich Casimir I. bis zu der kleinen Margriet Franciska (geboren 1943 in Ottawa).

12 Uhr: Auf dem Speicher setze ich mein Pensum fort, und zwar in Kirchengeschichte ... pf! bis eins.

Um zwei Uhr saß das arme Kind schon wieder an der Arbeit (hm, hm). Schmal- und Breitnasenaffen waren diesmal an der Reihe. Kitty, sag mal schnell, wieviel Zehen ein Nilpferd hat! Dann folgt die Bibel, die Arche Noah, Sem, Cham und Japhet, danach Karl V. Dann mit Peter Englisch: »Der Oberst« von Thackeray. Französische Vokabeln überhören und dann Mississippi und Missouri vergleichen. Genug für heute, Adieu!

Freitag, 28. April 1944

Liebe Kitty!

Meinen Traum von Peter Wessel habe ich nie vergessen. Wenn ich daran denke, glaube ich heute noch, seine Wange an der meinen zu fühlen mit jenem herrlichen Empfinden, das so schön war. Mit Peter hier hatte ich wohl auch dieses Empfinden, aber niemals in so starkem Maße, bis ... wir gestern abend zusammensaßen, wie gewöhnlich auf dem Sofa einander in den Armen. Da glitt die alte Anne plötzlich weg und eine zweite Anne war da. Die zweite Anne, die nicht vergnügt und übermütig ist, die nur lieb haben will und sanft sein.

Ich saß an ihn gepreßt und fühlte die Rührung in mir aufsteigen. Die Tränen traten mir in die Augen und rollten über mein

Gesicht auf seinen Overall. Ob er das gemerkt hat? Keine Bewegung verriet es. Ob er ebenso empfindet wie ich? Er sprach auch kaum ein Wort. Weiß er, daß er zwei Annes vor sich hat? Wieviel unbeantwortete Fragen!

Um halb neun stand ich auf und ging ans Fenster, wo wir uns immer verabschieden. Ich zitterte noch, ich war noch Anne Nr. 2. Er kam mir nach, ich schlang meine Arme um seinen Hals und küßte seine linke Wange. Als ich ihm auch einen Kuß auf die rechte geben wollte, begegnete mein Mund dem seinen. Taumelnd drängten wir uns aneinander, noch einmal und noch einmal, um nie mehr aufzuhören!

Peter hat so viel Bedürfnis nach Zärtlichkeit. Er hat zum erstenmal ein Mädel entdeckt, zum erstenmal gesehen, daß diese »Plagegeister« auch ein Herz haben und ganz verändert sind, wenn man mit ihnen allein ist. Er hat zum erstenmal in seinem Leben seine Freundschaft und sich selbst gegeben, er hat niemals vorher einen Freund oder eine Freundin gehabt. Nun haben wir uns gefunden. Ich kannte ihn auch nicht, hatte nie einen Vertrauten, und nun ist es doch so weit gekommen. Immer wieder peinigt mich die Frage:

»Ist es gut, ist es richtig, daß ich so nachgiebig bin, so leidenschaftlich, ebenso leidenschaftlich und voller Verlangen wie Peter? Darf ich als Mädel mich so gehenlassen?« Darauf gibt es nur die eine Antwort:

»Ich hatte solche Sehnsucht, schon so lange, ich war so einsam, und nun habe ich Trost und Freude gefunden!« Morgens sind wir wie immer, auch des Mittags noch, des Abends aber läßt sich das Verlangen nicht mehr zurückhalten und das Denken an die Seligkeit und das Glück jeder Begegnung. Dann gehören wir uns ganz allein. Jeden Abend nach dem letzten Kuß habe ich das Gefühl, weglaufen zu müssen, um ihm nicht mehr in die Augen zu sehen, fort, fort, fort, um ganz allein im Dunkeln zu sein!

Aber wohin komme ich, wenn ich die 14 Stufen hinuntergehe? Ins volle Licht, es wird erzählt, gelacht, ich werde etwas gefragt, muß antworten und darf mir nichts anmerken lassen. Mein Herz ist noch zu weich, um solches Erlebnis, wie gestern abend, direkt wieder abzuschütteln. Die sanfte Anne ist selten, aber sie läßt sich darum auch nicht gleich wieder zur Tür hinausjagen. Peter hat mich getroffen, wie ich tiefer noch niemals getroffen wurde, außer in meinem Traum! Peter hat mich gepackt und mein Innerstes nach außen gekehrt. Ist es nicht selbstverständlich für jeden Menschen, daß er danach wieder zur Ruhe kommen muß, um sein Innerstes wieder ins Gleichgewicht zu bringen? O Peter, was hast Du mit mir gemacht? Was willst Du von mir? Wo soll das hin? Oh, nun begreife ich Elli, nun, da ich es selbst erlebe, begreife ich ihre Zweifel.

Wenn ich älter wäre und er würde mich heiraten wollen, was würde ich wohl antworten? Anne, sei ehrlich! Heiraten würdest Du ihn nicht können, aber loslassen ist auch so schwer! Peters Charakter ist noch nicht ausgeglichen, er hat noch zu wenig Energie, zu wenig Mut und Kraft. Er ist noch ein Kind, innerlich nicht älter als ich; er will hauptsächlich Ruhe und Glück finden.

Bin ich wirklich erst vierzehn? Bin ich noch ein dummes Schulmädel? Bin ich wirklich noch in allem so unerfahren? Ich habe mehr Erfahrung als die anderen, ich habe etwas erlebt, das fast niemand in meinem Alter kennengelernt hat. Ich habe Angst vor mir selbst, ich habe Angst, daß ich mich in meinem Verlangen zu schnell hingebe, wie soll es dann später mit anderen Jungens werden? Oh, es ist so schwer, immer liegen Herz und Verstand in Streit, jedes muß zu seiner Zeit sprechen. Aber weiß ich auch sicher, daß ich die Zeit richtig gewählt habe?   Anne

Dienstag, 2. Mai 1944

Liebe Kitty!

Samstag abend habe ich Peter gefragt, ob er meint, daß ich Vater etwas von uns erzählen soll, und nach einem bißchen Hin und Her fand er es auch richtig. Ich bin froh, es ist ein Beweis seiner inneren Sauberkeit. Gleich, nachdem ich herunterkam, ging ich mit Vater Wasser holen, und schon auf der Treppe sagte ich:

»Vater, Du verstehst sicher, daß Peter und ich, wenn wir zusammen sind, nicht mit einem Meter Abstand sitzen. Findest Du das schlimm?«

Vater antwortete nicht gleich, dann sagte er:

»Nein, schlimm ist das nicht, Anne, aber hier bei dem beschränkten Raum mußt Du vorsichtig sein ...«

Er sagte noch etwas in diesem Sinn, und dann gingen wir nach oben. Sonntag morgen rief er mich zu sich und sagte: »Anne, ich habe noch einmal darüber nachgedacht« (ich bekam schon Angst). »Hier im Hinterhaus ist das eigentlich nicht richtig! Ich habe geglaubt, daß Ihr Kameraden seid. Ist Peter verliebt?«

»Kein Gedanke daran«, sagte ich.

»Ja, Anne, Du weißt, daß ich Euch sehr gut verstehe, aber Du mußt zurückhaltend sein, ihn nicht noch mehr ermutigen. Gehe nicht zu oft nach oben. Der Mann ist in derartigen Dingen immer der Aktive, die Frau kann hemmen. Draußen in der Freiheit ist das etwas ganz anderes. Du siehst andere Jungens und Mädels, kannst ausgehen, treibst Sport und alles mögliche. Aber wenn Ihr hier zuviel zusammen seid und Du willst es dann einmal nicht so gern, dann ist alles viel schwerer. Ihr seht Euch fortwährend, eigentlich immer. Sei vorsichtig, Anne, und nimm es nicht zu ernst.«

»Das tue ich auch nicht, Vater, und Peter ist anständig, er ist ein guter Junge!«

»Ja, aber er hat keinen festen Charakter und ist leicht nach der guten, aber auch nach der schlechten Seite zu beeinflussen. Ich hoffe für ihn, daß er gut bleibt, denn im Grunde ist er ordentlich.«

Wir sprachen noch eine Weile und verabredeten, daß Vater auch noch mit ihm sprechen würde. Sonntag nachmittag, als wir oben waren, fragte Peter: »Und hast Du mit Deinem Vater gesprochen, Anne?«

»Ja«, sagte ich, »ich will Dir erzählen. Er findet nichts dabei, aber er meint, daß wir hier, wo wir immer so eng beieinander sitzen, auch leichter aneinander geraten können.«

»Wir haben doch abgemacht, daß wir nicht streiten wollen, und ich bin entschlossen, das auch durchzuführen.«

»Ich auch, Peter, aber Vater dachte, es wäre anders, er dachte, daß wir Kameraden sind. Findest Du, daß das nun nicht sein kann?«

»Ich schon. Und Du?«

»Ich auch. Ich habe Vater gesagt, daß ich Dir vertraue. Und ich vertraue Dir, Peter, genau so und vollkommen, wie ich Vater vertraue, und ich glaube, daß Du es wert bist, nicht wahr?«

»Ich hoffe es.« (Er wurde rot und verlegen.)

»Ich glaube an Dich, ich glaube, daß Du einen guten Charakter hast und in der Welt vorwärtskommen wirst.«

Wir sprachen noch verschiedenes andere und später sagte ich: »Wenn wir hier herauskommen, wirst Du Dich nicht mehr um mich kümmern, denke ich.«

Er geriet in Feuer: »Das ist nicht wahr, Anne! Nein, das darfst Du nie von mir denken!«

Dann wurde ich gerufen.

Am Montag erzählte er mir, daß Vater mit ihm gesprochen hat.

»Dein Vater dachte, daß aus Kameradschaft schon mal Verliebtheit werden kann, aber ich habe ihm gesagt, daß er sich auf uns verlassen kann.«

Vater will nun, daß ich abends weniger nach oben gehe, aber das will ich nicht. Nicht allein, daß ich gern bei Peter bin, ich habe ihm gesagt, daß ich ihm vertraue. Ich vertraue ihm auch und will ihm dieses Vertrauen auch beweisen. Das kann ich aber nie, wenn ich aus Mißtrauen unten bleibe.

Nein, ich gehe hinauf!!

Inzwischen ist das Dussel-Drama auch wieder vorbei. Er hat Samstag abend bei Tisch in schöner, wohlgesetzter holländischer Rede um Entschuldigung gebeten. Van Daan war gleich wieder gut. Dussel wird an dieser »Aufgabe« wohl den ganzen Tag studiert haben. Sein Geburtstag am Sonntag verlief ruhig. Er bekam von uns eine Flasche Wein von 1919, von v. Daans (die ihm nun doch ein Geschenk geben konnten) ein Glas Piccalilly und ein Päckchen Rasierklingen, von Kraler Zitronen-Jam, von Miep ein Buch und von Elli einen Blumentopf. Er hat jedem von uns ein Ei spendiert. Anne

Mittwoch, 3. Mai 1944

Liebe Kitty!

Zuerst die Neuigkeiten der Woche. Die Politik hat Ferien, es ist nichts, aber auch gar nichts geschehen. Langsam glaube ich nun auch, daß die Invasion kommt. Sie können doch die Russen nicht alles allein machen lassen. Übrigens, bei denen passiert jetzt auch nichts.

Herr Koophuis kommt jetzt wieder täglich ins Büro, er hat eine neue Sprungfeder für Peters Sofa besorgt, und nun muß der an diese Tapeziererarbeit gehen, was ihm begreiflicherweise nicht sehr liegt. Herr Koophuis hat auch Insektenpulver gegen die Katzenflöhe besorgt. Habe ich Dir erzählt, daß unsere Moffi weg ist? Seit letztem Donnerstag spurlos verschwunden. Sie wird wohl schon lange im Katzenhimmel sein, und irgendein »Tierfreund« hat sie sich gut schmecken lassen. Vielleicht gibt ihr Fellchen noch eine Kindermütze. Peter ist richtig traurig.

Seit Samstag lunchen wir um halb zwölf. Morgens gibt es eine Schale Brei, mit der wir dann aushalten müssen. Dadurch sparen wir eine Mahlzeit. Gemüse ist immer noch so schwer zu bekommen. Heute hatten wir Kochsalat, der schon ein bißchen angefault war. Salat, Spinat und Kochsalat, anderes gibt's nicht. Und dann schlechte Kartoffeln, eine herrliche Kombination!

Länger als zwei Monate war ich nicht unwohl, seit Samstag ist es endlich wieder so weit. Trotz aller Widerwärtigkeit und allen Unbehagens bin ich doch froh, daß es mich nicht im Stich gelassen hat.

Du kannst sicher verstehen, daß hier oft ganz verzweifelt gefragt wird:

Warum, wofür ist überhaupt Krieg? Warum können die Menschen nicht in Frieden leben? Warum alle Verwüstungen? Diese Fragen sind verständlich, aber eine erschöpfende Antwort hat bisher noch niemand gefunden. Ja, warum werden in England stets größere Flugzeuge gebaut, noch schwerere Bomben konstruiert und zur selben Zeit Reihenhäuser für den Wiederaufbau? Warum werden täglich Millionen für den Krieg verwendet, aber für die Heilkunde, die Künstler und auch für die Armen ist kein Pfennig verfügbar? Warum müssen Menschen hungern, wenn in anderen Weltteilen Nahrungsmittel umkommen? Warum sind die Menschen so töricht?

Ich glaube nicht, daß allein die führenden Männer, die Regierenden und Kapitalisten am Kriege schuld sind. Nein, der kleine Mann anscheinend auch, sonst würden die Völker als solche nicht mitmachen! Der Drang zur Vernichtung ist nun einmal in den Menschen, der Drang zum Töten, Morden und Wüten, und so lange nicht die gesamte Menschheit eine völlige Metamorphose durchgemacht hat, wird es Kriege geben. Was gebaut, gepflegt und gewachsen ist, wird niedergetreten und vernichtet, und die Menschheit muß von neuem beginnen.

Ich war oft niedergeschlagen, aber nie verzweifelt. Dieses Untertauchen betrachte ich als gefährliches Abenteuer, das romantisch und interessant ist. Ich habe mir nun einmal vorgenommen, daß ich ein anderes Leben führen werde als Mädels im allgemeinen und später auch nicht das Alltagsleben einer Hausfrau. Dies ist nun ein guter Anfang mit viel Interessantem, und selbst in den gefährlichsten Augenblicken sehe ich das Humoristische der Situation und muß darüber lachen.

Ich bin jung und habe gewiß noch manche verborgenen Eigenschaften, ich bin jung und stark und erlebe bewußt dies große Abenteuer. Warum also den ganzen Tag klagen? Ich habe viel mitbekommen, eine glückliche Natur, Frohsinn und Kraft. Jeden Tag fühle ich, daß ich innerlich wachse, fühle die nahende Befreiung, daß die Natur so schön ist und die Menschen in meiner Umgebung so gut. Warum soll ich dann verzweifelt sein?

Anne

Freitag, 5. Mai 1944

Liebe Kitty!

Vater ist unzufrieden mit mir. Er dachte, daß ich nach unserem Gespräch am Sonntag nun von selbst nicht mehr jeden Abend nach oben gehen würde. Er will die »Knutscherei« nicht haben. Dieses Wort kann ich nicht hören. Es ist schon genug, überhaupt darüber zu sprechen, aber man muß es nicht noch verächtlich machen. Ich werde heute mit ihm darüber reden. Margot hat mich gut beraten; hör mal, was ich so ungefähr sagen will:

»Vater, ich glaube, daß Du eine Erklärung von mir erwartest, und ich will sie Dir geben. Du bist sicher enttäuscht und hast mehr Zurückhaltung von mir erwartet. Du willst sicher, daß ich so bin wie andere vierzehnjährige Mädchen oder wie sie sein sollen. Darin irrst Du Dich!

Seitdem wir hier sind, ab Juli 42 bis vor einigen Wochen, hatte ich es wirklich nicht leicht. Wenn Du wüßtest, wie oft ich des Abends geweint habe, wie unglücklich ich war, wie einsam ich mich fühlte, dann würdest Du begreifen, daß ich nach oben

will. Ich habe es nicht von einem zum anderen Tag fertig gebracht, daß ich so weit gekommen bin, so gänzlich ohne Mutter
oder die Stütze von jemand anderem leben zu können. Es hat
mich viel harte Kämpfe und viel Tränen gekostet, so selbständig zu werden wie ich jetzt bin. Du kannst lachen und wirst
mir nicht glauben, aber das ändert nichts für mich. Ich weiß,
daß ich ein Mensch bin, der für sich selbst einsteht, und fühle
mich Euch gegenüber absolut nicht verantwortlich. Ich habe
Dir das nur erzählt, weil Du nicht denken sollst, daß ich etwas
verheimlichen will, aber für meine Handlungen trage ich allein
die Verantwortung.

Als ich in Schwierigkeiten saß, habt Ihr — auch Du — die Augen
zugemacht und nichts hören wollen. Du hast mir nicht geholfen, mich im Gegenteil nur ermahnt, daß ich nicht so laut sein
dürfte. Ich war überlaut, um nicht immer unglücklich zu sein,
und ich war übermütig, um nicht immer die innere Stimme zu
hören. Ich habe Komödie gespielt, eineinhalb Jahre, tagein tagaus, habe mich nicht beklagt, bin nicht aus der Rolle gefallen,
habe mich bis jetzt durchgekämpft und nun habe ich es überwunden. Ich bin selbständig an Körper und Geist, ich brauche
die Mutter nicht mehr, nach allen diesen Kämpfen bin ich stark
geworden.

Und nun, da ich es erreicht habe, da ich weiß, daß ich mich
durchgesetzt habe, will ich auch selbst meinen Weg weitergehen,
den Weg, den ich richtig finde. Du kannst und darfst mich nicht
betrachten wie eine Vierzehnjährige. Durch all das Schwere bin
ich älter, ich werde meine Taten nicht zu bedauern haben, und
ich werde handeln, wie ich es am richtigsten finde.

Du kannst mich nicht mit Deiner Herzensgüte von oben fern-
halten. Entweder verbietest Du mir alles oder Du vertraust mir
durch dick und dünn. Nur lasse mich in Ruhe!«   Anne

Samstag, 6. Mai 1944

Liebe Kitty!

Gestern vor dem Essen habe ich Vater einen Brief in die Tasche
gesteckt, in dem ich schrieb, was ich Dir gestern auseinander-
setzte. Nach dem Lesen war er den ganzen Abend fassungslos,
sagte mir Margot (ich war oben beim Spülen). Armer Pim,
eigentlich hätte ich wissen müssen, welchen Erfolg diese Epi-
stel herbeiführen würde. Er ist so empfindlich! Ich habe sofort
zu Peter gesagt, daß er nichts mehr fragen solle. Pim hat nicht
mehr mit mir über den Fall gesprochen. Ob es noch kommt?

Hier geht alles wieder so ein bißchen. Was sie von den Preisen
und Menschen draußen erzählen, ist beinahe nicht zu glauben:
ein halbes Pfund Tee kostet 350 Gulden, ein Pfund Kaffee 80
Gulden, Butter das Pfund 35, ein Ei 1,45. Für hundert Gramm
bulgarischen Tabak werden 14 Gulden gezahlt. Jeder treibt

Schwarzhandel, jeder Laufjunge hat etwas anzubieten. Unser Bäckerjunge hat uns Stopfgarn besorgt, ein dünnes Strähnchen für 90 Cent, der Milchlieferant verschafft die Lebensmittelkarten, ein Begräbnisunternehmer handelt mit Käse. Täglich hört man von Einbrüchen, Morden und Diebstählen, bei denen neben Berufsverbrechern manchmal auch Polizisten und Wachbeamte beteiligt sind. Jeder will etwas in den Magen kriegen, und da Gehaltserhöhungen verboten sind, kommen die Menschen schließlich zu Schwindeleien.

Die Jugendpolizei ist dauernd beschäftigt. Täglich werden junge Mädchen von fünfzehn, sechzehn, siebzehn Jahren und auch ältere vermißt.

Auf Wiedersehen! (Aber das ist eigentlich falsch. Die deutsche Sendung aus England schließt immer: Auf Wiederhören. So müßte es bei mir heißen: Auf Wiederschreiben!)   Anne

Sonntag morgen, 7. Mai 1944

Liebe Kitty!
Vater und ich hatten gestern mittag ein langes Gespräch. Ich mußte schrecklich heulen, und er tat es auch. Weißt Du, was er zu mir sagte, Kitty?
»Ich habe schon viel Briefe in meinem Leben bekommen, aber dieser war wohl der häßlichste! Du, Anne, die Du so viel Liebe empfangen hast von Eltern, die immer für Dich bereit sind, die Dich immer verteidigt haben, was auch gewesen ist, Du sprichst davon, keine Verantwortung zu fühlen, Du glaubst Dich zurückgesetzt oder alleingelassen? Nein, Anne, damit hast Du uns ein großes Unrecht angetan. Vielleicht hast Du es nicht so gemeint, aber Du hast es so niedergeschrieben. Solch einen Vorwurf, Anne, haben wir nicht verdient.«
Ja, ich habe schrecklich gefehlt, es ist wohl das Schlimmste, was ich in meinem Leben getan habe. Ich wollte nichts als Aufschneiden mit meinem Weinen und meinen Tränen, damit er Rücksicht auf mich nehmen sollte. Sicher, ich habe viel Kummer gehabt, aber den guten Pim so zu beschuldigen, ihn, der alles für mich getan hat und noch tut, das war mehr als gemein.
Es ist nur gut, daß ich einmal aus meiner unerreichbaren Höhe heruntergeholt wurde, daß mein Stolz eine Schlappe erlitten hat, denn ich war schon wieder viel zu sehr von mir selbst eingenommen. Was Fräulein Anne tut, ist noch lange nicht wohlgetan. Jemand, der einem anderen, von dem er immer sagt, daß er ihn liebt, solches Leid antut, und das noch mit Absicht, der ist niedrig, sehr niedrig! Und am meisten beschämt mich die Art, mit der Vater mir vergeben hat. Er will den Brief in den Ofen werfen und ist so lieb mit mir, als wenn er etwas verbrochen hätte. Ja, Anne, Du mußt noch schrecklich viel lernen.

Beginne mal erst *damit*, anstatt auf andere herabzusehen oder andere zu beschuldigen!

Ich habe viel Schweres durchlebt, aber tut das nicht jeder in meinem Alter? Ich habe oft Komödie gespielt, aber ich war mir dessen nicht einmal bewußt. Ich fühlte mich einsam, doch verzweifelt war ich fast nie. Ich muß mich tief schämen und ich schäme mich auch tief!

Geschehene Dinge lassen sich nicht ändern, aber man kann dafür sorgen, daß sie nicht wieder vorkommen. Ich will wieder von vorn beginnen, und es kann nicht schwer sein, da ich doch Peter habe. Mit ihm als Stütze *kann* ich es! Ich bin nicht mehr allein, er hat mich lieb und ich ihn, ich habe meine Bücher, mein Geschichtenbuch, mein Tagebuch, ich bin nicht besonders häßlich, nicht sehr dumm, habe eine frohe Natur und möchte gern ein guter Charakter sein!

Ja, Anne, Du hast sehr gut gefühlt, daß Dein Brief zu hart und unwahr war, aber Du warst noch stolz darauf! Ich will mir Vater nun wieder zum Vorbild nehmen, und ich werde mich bessern!   Anne

Montag, 8. Mai 1944

Liebe Kitty!

Habe ich Dir eigentlich mal etwas von unserer Familie erzählt? Ich glaube nicht, und darum werde ich es nun gleich tun. Mein Vater hatte sehr reiche Eltern. Sein Vater hat sich heraufgearbeitet, und seine Mutter stammt aus einer reichen und vornehmen Familie. So hatte Vater in seiner Jugend ein echtes Reicher-Leute-Söhne-Leben, jede Woche Gesellschaften, Bälle, Festlichkeiten, schöne Mädchen, Diners, großes Haus ... All das Geld ging nach dem vorigen Weltkrieg in der Inflation verloren. Also hat Vater eine erstklassige Erziehung genossen und mußte gestern schrecklich lachen, weil er zum erstenmal in seinem 55jährigen Dasein die Küchenschüssel bei Tisch auskratzte.

Auch Mutter ist aus reicher Familie, und oft hören wir mit offenem Mund die Geschichten von Verlobungsfesten mit 250 Gästen, privaten Bällen und Diners. Nun kann man uns auf keinen Fall mehr reich nennen, aber ich setze all meine Hoffnung auf die Zeit nach dem Kriege. Ich versichere Dir, daß ich auf ein so einfaches Leben, wie Mutter und Margot es sich wünschen, gar keinen Wert lege. Ich ginge gern ein Jahr nach Paris und ein Jahr nach London, um die Sprachen zu lernen und Kunstgeschichte zu studieren. Vergleiche das mal mit Margot, die Hebammenschwester in Palästina werden will! Ich denke gern an schöne Kleider und interessante Menschen, ich will etwas sehen und erleben, das habe ich Dir immer gesagt, und ein bißchen Geld dabei ist nicht schlecht.

Miep erzählte heute morgen von einem Verlobungsfest, das sie mitgemacht hat, Braut und Bräutigam sind aus reicher Familie, und es war daher auch besonders fein. Miep mache uns ganz neidisch, als sie von dem guten Essen erzählte, das es gab: Gemüsesuppe mit Fleischklößchen, Käsebrötchen, hors d'œuvre mit Eiern, Roastbeef, Gebäck, Wein und Zigaretten und von allem sehr reichlich (natürlich schwarz gekauft). Miep hat zehn Schnäpse getrunken. Ist das die Antialkoholikerin? Wenn Miep das fertig gebracht hat, wieviel wird erst ihr Gemahl hinter die Binde gegossen haben? Sie waren natürlich auf dem Fest alle etwas angeheitert. Es waren auch zwei Polizisten vom Schlägertrupp da, die Fotoaufnahmen machten. Es scheint, daß Miep niemals ihre »Untertaucher« vergißt. Sie hat sich Namen und Adressen von diesen Leuten notiert für den Fall, daß mal etwas passiert und sie gute Niederländer nötig hat. Miep hat von all den köstlichen Dingen erzählt, uns, die wir zum Frühstück ein paar Löffel Brei kriegen und dann nicht wissen, wo wir hin sollen vor Hunger, uns, die wir tagein, tagaus nur halbrohen Spinat (wegen der Vitamine) und schlechte Kartoffeln haben, uns, die wir in unseren leeren Magen nur Salat, Kochsalat und Spinat stopfen, Spinat und nochmal Spinat! Vielleicht werden wir nochmal so stark wie Popeye[1], obgleich ich noch nicht recht daran glaube.

Wenn Miep uns zur Verlobung mitgenommen hätte, wäre bestimmt für die anderen Gäste nicht viel übriggeblieben. Ich kann Dir sagen, daß wir Miep die Worte aus dem Mund gezogen haben, als wir alle um sie herumstanden, so, als hätten wir noch nie etwas von gutem Essen und eleganten Leuten gehört. Und das sind Enkelkinder von einem Millionär. Es geht schon ein bißchen verrückt in der Welt zu!   Anne

Dienstag, 9. Mai 1944

Liebe Kitty!

Die Geschichte von »Ellen, die Fee« ist fertig. Ich habe sie auf gutes Papier abgeschrieben, mit roter Tinte verziert, nett zusammengeheftet, und es sieht nun sehr hübsch aus. Aber ist es nicht sehr wenig für Vater zum Geburtstag? Ich weiß nicht. Mutter und Margot haben ihm Gedichte gemacht.

Heute mittag kam Herr Kraler mit der Nachricht, daß Frau B., die früher Propagandistin für die Firma war, in der nächsten Woche täglich kommen will, um ihre Mittagspause hier zu verbringen. Stell Dir vor: Dann kann niemand zu uns nach oben kommen, die Kartoffeln müssen zu einer anderen Zeit gebracht werden, Elli bekommt kein Essen, wir können nicht aufs WC, dürfen uns nicht rühren usw. usw.

Wir dachten alle möglichen Vorschläge aus, um sie abzuwim-

1 Figur aus einem bekannten Zeichenfilm.

meln. Van Daan meinte, daß ein gutes Abführmittel in ihrem Kaffee vielleicht genügen würde.

»Nein«, sagte Herr Koophuis, »bitte nicht. Dann kommt sie überhaupt nicht mehr runter vom Thron!«

Dröhnendes Gelächter! »Vom Thron«, fragte Frau v. Daan, »was heißt das?«

Es wurde erklärt. »Sagt man das?« fragte sie sehr harmlos.

»Denk Dir mal«, kicherte Elli, »wenn sie im Bijenkorf[1] fragt, wo der Thron ist!«

Dussel sitzt täglich prompt um halb eins auf dem Thron — um den schönen Ausdruck zu gebrauchen.

Mutig schrieb ich heute auf ein Stück Papier:

> WC-Dienstregelung für den
> Herrn Doktor!
>
> Morgens von 7.15—7.30
> Mittags *nach 1 Uhr*
> Weiterhin nach Wunsch!

Das habe ich an der Tür befestigt, als er da noch saß. Ich hätte noch hinzufügen sollen:

> »Bei Übertretung des Gesetzes wird
> Absperrung verfügt!«

denn unsere WC-Tür ist von innen und von außen abzuschließen.

Ach, Kitty, es ist so schönes Wetter, wenn ich bloß hinauskönnte! Anne

Mittwoch, 10. Mai 1944

Liebe Kitty!

Wir saßen gestern nachmittag auf dem Speicher und lernten Französisch, als ich plötzlich zu hören glaubte, daß hinter mir Wasser liefe. Ich fragte Peter, was das zu bedeuten hätte, aber er antwortete nicht, sondern rannte auf den oberen Speicher, da er die Quelle des Unheils ahnte, und setzte Mouchi, die sich neben ihre Schüssel placiert hatte, ziemlich derb auf den richtigen Platz. Es gab einen Krach, und Mouchi, die sich inzwischen erleichtert hatte, floh nach unten. Um die gewohnte Gemütlichkeit nicht ganz zu missen, hatte Mouchi sich zwischen Sägespäne gesetzt, aber ihr »See« lief sofort durch den Bretterboden auf unseren Speicher herunter, teilweise in die Kartoffeltonne.

Die Kartoffeln und Holzabfälle, die Vater gestern abend noch holte, stanken erbärmlich — Arme Mouch, Du konntest nicht wissen, daß Torfmull nicht zu haben ist! Anne

[1] Warenhaus in Amsterdam.

Liebe Kitty!

Ewas Neues zum Lachen!

Peter mußten die Haare geschnitten werden. Die Friseurin sollte wie immer seine Mutter sein. Peter verschwand in seinem Zimmer und erschien Punkt halb acht pudelnackt, nur mit Schwimmhose und Turnschuhen bekleidet.

»Kommst Du mit?« fragte er seine Mutter.

»Ja, aber ich suche die Schere!«

Peter half suchen und stöberte ungebührlich im Toilettenkasten von Frau v. Daan.

»Mach nicht solch ein Durcheinander, Peter«, rügte sie. Seine Antwort konnte ich nicht verstehen, aber sie muß auf jeden Fall frech gewesen sein, denn er bekam von der Mutter einen Schlag auf den Hintern, er gab einen zurück, dann holte sie aus, und lachend entwich ihr Peter.

»Komm mit, Alte!« Sie blieb stehen, Peter packte sie an beiden Handgelenken und schleifte sie durchs ganze Zimmer. Sie weinte, lachte, schalt und trat. Es half alles nichts, Peter brachte seine Gefangene bis zur Treppe, wo er sie dann aber loslassen mußte. Frau v. Daan kam ins Zimmer zurück und warf sich laut seufzend auf einen Stuhl.

»Die Entführung der Mutter«, scherzte ich.

»Ja, aber er hat mir weh getan!«

Ich sah nach und kühlte dann ihre heißen rote Pulse mit Wasser. Peter, noch an der Treppe, wurde ungeduldig. Er erschien, mit seinem Riemen in der Hand, einem Tierbändiger ähnlich, wieder im Zimmer. Aber Frau v. Daan ging nicht mit. Sie blieb am Schreibtisch sitzen und suchte ihr Taschentuch.

»Erst mußt Du Dich entschuldigen!«

»Na gut, ich bitte um Entschuldigung, weil es sonst zu spät wird.«

Sie mußte wider ihren Willen lachen, stand auf und ging zur Tür. Da fühlte sie sich dann noch genötigt, uns Erklärungen zu geben, »uns«, das waren Vater, Mutter und ich, die gerade Geschirr spülten.

»Zu Hause war er nicht so«, sagte sie, »da hätte ich ihm eins gegeben, daß er die Treppe hinuntergeflogen wäre (!); er ist nie so frech gewesen, er hat auch mehr Schläge bekommen. Das ist nun der Erfolg der modernen Erziehung. Ja, moderne Kinder! Ich hätte nicht gewagt, meine Mutter so anzupacken. Sind Sie so mit Ihrer Mutter umgegangen, Herr Frank?«

Sie war mächtig aufgeregt, lief hin und her, fragte dies und sagte jenes und ging dadurch gar nicht hinauf, aber endlich zog sie ab. Sie war nicht länger als fünf Minuten oben, als sie mit patzigem Gesicht die Treppe wieder herunterstürmte und die Schürze hinwarf. Auf meine Frage, ob sie fertig sei, antwortete sie, daß sie schnell nach unten wolle, und schon flog sie wie ein Wirbelwind alle Treppen hinunter, wahrscheinlich in die Arme ihres Putti. Erst um acht Uhr kam sie mit ihrem Mann zurück. Peter wurde heruntergeholt, kriegte seine Standpauke. Es regnete nur so: »Flegel, unhöflicher Bengel, schlechtes Vorbild, Anne ist... Margot tut...« Mehr konnte ich nicht verstehen. Vermutlich ist morgen alles wieder in Butter.

Anne

PS.: Dienstag und Mittwoch abend sprach unsere geliebte Königin. Sie nimmt Ferien, um erholt — und hoffentlich bald — nach Niederland zurückkommen zu können. Sie sagte u. a.: »Bald, wenn ich zurück bin... baldige Befreiung... Heldenmut und schwere Lasten.«
Dann folgte eine Rede von Minister Gerbrandy. Mit dem Gebet eines Geistlichen, der Gott bat, die Juden, die Menschen in Konzentrationslagern, in Gefängnissen und in Deutschland zu beschützen, wurde der Abend beschlossen.

Anne

Freitag, 12. Mai 1944

Liebe Kitty!
Ich habe im Augenblick schrecklich viel zu tun, und so komisch das auch klingen mag, ich habe zu wenig Zeit, um meinen Berg von Arbeit zu bewältigen. Soll ich Dir einmal kurz erzählen, was ich alles vorhabe? Also: Bis morgen muß ich den ersten Teil der Lebensgeschichte von Galilei auslesen, da das Buch zur Bibliothek zurück muß. Gestern habe ich angefangen, aber ich kriege es aus. Nächste Woche will ich »Palästina am Scheidewege« und den zweiten Teil von Galilei lesen. Gestern habe ich den ersten Teil der Biographie von Karl V. beendet und muß dringend die vielen Notizen und genealogischen Daten, die ich herausgesucht habe, ausarbeiten. Dann habe ich drei Seiten mit Fremdwörtern aus den verschiedenen Büchern herausgeholt, die ich lernen werde. Nr. 4 ist, daß meine Filmstarsammlung in schreckliche Unordnung geraten ist und aufgeräumt werden muß. Da das aber mehrere Tage in Anspruch nehmen dürfte, Professor Anne aber, wie gesagt, in der Arbeit erstickt, wird das Chaos wohl noch eine Zeitlang Chaos bleiben. Dann warten Theseus, Ödipus, Peleus, Orpheus, Iason und Herkules darauf, daß sie an die Reihe kommen, da ihre verschiedenen Heldentaten wie bunte Fäden in meinem Kopfe durcheinander liegen. Auch Mykon und Phidias wollen behandelt werden, damit der Zusammenhang erhalten bleibt. Ebenso ist es mit dem Sieben- und Neunjährigen Krieg. Auf diese Weise werfe ich alles durcheinander. Was willst Du auch mit solch einem Gedächtnis anfangen! Stell Dir mal vor, wie vergeßlich ich sein werde, wenn ich 80 bin! O ja, die Bibel. Es dauert nicht mehr

lange und ich komme zur Geschichte von der badenden Susanne! Und was bedeutet die Schuld von Sodom und Gomorrha? Es ist noch so schrecklich viel zu fragen und zu lernen! Lieselotte von der Pfalz habe ich inzwischen ganz im Stich gelassen.

Siehst Du ein, Kitty, daß ich überfließe?

Und noch etwas anderes: Du kennst seit langem meinen Lieblingswunsch, einmal Journalistin und später eine berühmte Schriftstellerin zu werden. Ob diese Neigung zum Größenwahn (oder -Wahnsinn) jemals Wirklichkeit werden wird, muß sich noch zeigen, aber Themen habe ich bis jetzt reichlich. Nach dem Krieg will ich auf jeden Fall ein Buch herausgeben: *Das Hinterhaus*. Ob das glückt, ist noch die Frage, aber mein Tagebuch ist die Grundlage dafür. Außer dem Hinterhaus habe ich noch mehr Ideen in petto. Darüber schreibe ich Dir ausführlich, wenn sie feste Formen angenommen haben.   Anne

Samstag, 13. Mai 1944

Liebe Kitty!

Gestern hatte Vater Geburtstag. Vater und Mutter waren 19 Jahre verheiratet. Die Putzfrau war nicht unten, und die Sonne schien, wie sie in diesem Jahr noch nie geschienen hat. Unsere Kastanie steht von oben bis unten in voller Blüte und ist viel schöner als im vergangenen Jahr.

Vater hat von Koophuis eine Biographie über Linnaeus bekommen, von Kraler ein Naturgeschichtsbuch, von Dussel »Amsterdam zu Wasser« und von v. Daans einen grandios aufgemachten Korb, wie der beste Dekorateur es nicht besser hätte machen können. Inhalt: Drei Eier, eine Flasche Bier, eine Flasche Yoghurt und ein grüner Schlips. Unser Glas Jam stach ordentlich dagegen ab. Die Rosen von mir duften herrlich im Gegensatz zu den Nelken von Miep und Elli, die geruchlos, aber sehr schön sind. Er ist sehr verwöhnt worden. 50 Stückchen Gebäck sind gekommen, herrlich! Vater selbst spendierte Pfefferkuchen, für die Herren eine Flasche Bier und für die Damen Yoghurt. Es war ein schönes Fest!   Anne

Dienstag, 16. Mai 1944

Liebe Kitty!

Da wir schon so lange nicht davon gesprochen haben, will ich Dir von einer kleinen Diskussion erzählen, die Herr und Frau v. Daan gestern hatten.

Frau v. D.: »Die Deutschen werden den Atlantik-Wall wohl sehr verstärkt haben, und sie werden sicher alles tun, was nur in ihrer Macht liegt, damit die Engländer nicht durchbrechen. Es ist doch enorm, wieviel Kraft die Deutschen haben.«

Herr v. D.: »O ja, entsetzlich!«

Sie: »Ja — ah!«

Er: »Sicher werden die Deutschen den Krieg noch gewinnen, so stark sind sie.«

Sie: »Das kann noch kommen, ich bin noch nicht vom Gegenteil überzeugt.«

Er: »Ich werde Dir mal lieber nicht mehr antworten.«

Sie: »Du antwortest mir ja doch immer wieder. Du kannst es nicht lassen!«

Er: »Ach nein, meine Antworten sind ganz unbedeutend.«

Sie: »Aber Du antwortest doch und mußt immer recht behalten. Deine Voraussagen stimmen lange nicht immer!«

Er: »Bisher waren meine Voraussagen wohl richtig!«

Sie: »Das ist nicht wahr. Bei Dir war die Invasion schon im vorigen Jahr, mit Finnland war schon Friede, mit Italien ging es schon im Winter zu Ende und die Russen hatten Lemberg. O nein, ich gebe nicht viel auf Deine Voraussagen!«

Er (aufstehend): »Nun halte mal endlich Deine große Klappe. Ich werde Dir schon noch einmal beweisen, daß ich recht habe. Einmal wirst Du noch genug davon kriegen, ich kann den Unsinn schon nicht mehr hören. Ich müßte Dich mit der Nase in Deine eigenen Dummheiten stecken!« — *Vorhang fällt.*

PS.: Eigentlich mußte ich schrecklich lachen, Mutter auch, und Peter konnte es sich kaum verbeißen. Diese dummen Erwachsenen, die sollten selbst erst einmal mit dem Lernen anfangen, ehe sie soviel an den Kindern auszusetzen haben!   Anne

Freitag, 19. Mai 1944

Liebe Kitty!

Gestern war mir hundeelend, übergeben, Bauchweh, alles Scheußliche, was Du Dir nur denken kannst. Heute geht es viel besser. Ich habe mächtigen Hunger, aber von den braunen Bohnen, die es gibt, werde ich lieber nichts essen. Mit Peter und mir geht alles gut; der arme Junge hat noch mehr Bedürfnis nach Zärtlichkeit als ich. Er wird immer noch jeden Abend rot bei unserem Gute-Nacht-Kuß und bettelt dann doch um noch einen. Bin ich vielleicht eine bessere Stellvertreterin von Moffi? Ich finde es nicht schlimm. Er ist so glücklich, seitdem er weiß, daß jemand ihn gern hat.

Nach dieser schwierigen Eroberung stehe ich ein bißchen über der Situation, aber Du mußt nicht denken, daß meine Liebe abgeflaut ist. Er ist sehr lieb, aber mein Inneres habe ich schnell wieder verschlossen. Wenn er nun noch einmal das Schloß aufbrechen will, wird das Brecheisen sehr hart sein müssen!   Anne

Liebe Kitty!

Als ich gestern abend von oben herunterkam, sah ich sofort, daß die schöne Vase mit Nelken auf der Erde lag, Mutter auf ihren Knien am Aufwischen war, während Margot meine Papiere vom Fußboden auffischte. »Was ist denn hier passiert?« fragte ich ahnungsvoll ängstlich, und ihre Antwort nicht erst abwartend, versuchte ich den Schaden zu übersehen. Meine ganze Mappe für die Stammbäume, Hefte, Bücher, alles schwamm. Ich weinte beinahe und war so aufgeregt, daß ich mich nicht mehr an meine Worte erinnern kann, aber Margot sagt, daß ich etwas stammelte von »unübersehbarem Schaden, entsetzlich, schrecklich, nicht mehr gutzumachen!« und noch mehr. Vater lachte laut, Mutter und Margot fielen ein, aber mir war nur zum Heulen um all die verlorene Zeit und meine sorgfältig ausgearbeiteten Aufzeichnungen. Bei näherer Betrachtung war der »unübersehbare Schaden« nicht so groß, und auf dem Boden suchte ich vorsichtig all die zusammengeklebten Papierchen wieder auseinander oder machte sie los. Dann hängte ich sie an die Wäscheleine zum Trocknen. Es war ein ulkiger Anblick, und ich mußte dann auch wieder lachen: Maria von Medici neben Karl V., Willem von Oranien neben Marie Antoinette.

»Das ist Rassenschande«, witzelte Herr v. Daan. Nachdem ich Peter die Aufsicht über meine Papierchen anvertraut hatte, ging ich wieder herunter.

»Welche Bücher sind verdorben?« fragte ich Margot, die sich damit beschäftigte, meinen Bücherschatz zu kontrollieren. »Algebra«, sagte sie, aber zu meinem Bedauern war das Algebrabuch doch nicht ganz verdorben. Ich wünschte, daß dies *in* die Vase gefallen wäre; noch nie habe ich gegen ein Buch solchen Widerwillen gehabt wie gegen dieses Algebrabuch. Vorne stehen mindestens 20 Namen von Mädchen, in deren Besitz es vorher gewesen ist, es ist alt, vergilbt, vollgekritzelt und viel verbessert. Wenn ich mal wieder richtig übermütig bin, reiße ich das Drecksding in Stücke! Anne

Liebe Kitty!

Vater hat zum 20. Mai fünf Flaschen Yoghurt bei einer Wette an Frau v. Daan verloren. Die Invasion ist wirklich noch nicht gekommen. Ich kann ruhig sagen, daß ganz Amsterdam, ganz Niederland, ja, die ganze Westküste von Europa bis herunter nach Spanien Tag und Nacht von der Invasion spricht und debattiert, darauf wettet und... hofft!

Die Spannung steigt bis ins Unerträgliche. Lange nicht alle Menschen, die wir zu den »guten« Niederländern rechnen, haben ihr Vertrauen zu den Engländern bewahrt, lange nicht alle finden den englischen Bluff ein Meisterstück, nein, die Menschen wollen nun Taten sehen, große, heldenhafte Taten! Niemand sieht weiter als über seine Nase hinaus, niemand denkt daran, daß die Engländer für sich und ihr Land fechten, und jeder glaubt, daß sie verpflichtet sind, Holland so schnell und so gut wie möglich zu retten. Welche Verpflichtungen haben denn die Engländer gegen uns? Wodurch haben die Holländer die edelmütige Hilfe verdient, die sie so bestimmt erwarten? Oh, die Niederländer sollen sich nicht so irren, die Engländer haben sich ungeachtet ihres Bluffs nicht mehr blamiert als all die anderen Länder und Ländchen, die nun besetzt sind. Die Engländer brauchen sich nicht bei uns zu entschuldigen, denn wenn wir ihnen vorwerfen, daß sie geschlafen haben in all den Jahren, in denen Deutschland gerüstet hat, können wir auch nicht leugnen, daß die anderen Länder, besonders die an Deutschlands Grenzen, auch geschlafen haben. Mit Vogel-Strauß-Politik kommen wir nicht weiter, das hat England und das hat die ganze Welt eingesehen und dafür müssen nun alle Alliierten, Stück für Stück, und England nicht zum wenigsten, Opfer bringen. Kein Land wird im Interesse eines anderen Landes seine Männer opfern, auch England nicht. Die Invasion, die Befreiung, die Freiheit werden einmal kommen, doch England und Amerika werden diesen Zeitpunkt festsetzen und nicht die Bewohner der besetzten Gebiete.

Leider hören wir, daß die Stimmung vieler Menschen uns Juden gegenüber umgeschlagen ist, daß nun Antisemitismus in Kreisen herrscht, die früher nie daran gedacht hätten. Das hat uns sehr tief getroffen. Die Ursache von diesem Judenhaß ist begreiflich, aber ein Mißverständnis. Die Christen werfen den Juden vor, daß sie sich vor den Deutschen zu klein machen, daß sie ihre Helfer verraten, daß viele Christen durch Zutun von Juden furchtbare Strafen erdulden müssen. Das ist alles wahr, aber wir müssen, wie bei allen Dingen, die Kehrseite der Medaille betrachten. Würden die Christen an unserer Stelle anders handeln? Kann ein Mensch, gleichgültig ob Jude oder Christ, bei den deutschen Methoden fest bleiben? Jeder weiß, daß das fast unmöglich ist. Warum fordert man dies Unmögliche dann von den Juden? Es wird in illegalen Kreisen davon gemunkelt, daß deutsche Juden, die nach Holland emigriert waren und nun nach Polen deportiert wurden, nicht mehr nach Holland zurück dürfen. Sie hatten in Holland Asylrecht, werden aber, wenn Hitler weg ist, nach Deutschland zurück müssen. Wenn man das hört, fragt man, wozu dieser lange und schwere Krieg eigentlich geführt wird? Wir hören immer, daß wir doch alle gemeinsam kämpfen für Wahrheit, Freiheit und Recht. Beginnt während des Kampfes schon die Zwietracht, ist doch wieder der Jude weniger als die anderen? Ja, es ist trau-

rig, sehr, sehr traurig, daß sich zum soundsovielten Male der alte Spruch bewahrheitet: »Was *ein* Christ tut, muß er selbst verantworten. Was *ein* Jude tut, fällt auf *alle* Juden zurück!« Ehrlich gesagt, kann ich nicht begreifen, daß Niederländer, Angehörige dieses ehrlichen und rechtschaffenen Volkes, *so* über uns urteilen, so urteilen über das am meisten unterdrückte, das unglücklichste Volk unter allen Völkern der Welt. Ich hoffe nur *eins:* Nämlich, daß dieser Judenhaß vorübergehend sein wird und daß die Niederländer zeigen werden, wie sie sind! Daß sie nun und niemals schwanken werden in ihrem Rechtsgefühl. Denn Antisemitismus ist ungerecht!!
Ich liebe Niederland, ich habe einmal gehofft, daß es mir, der Vaterlandslosen, Vaterland werden wird, ich hoffe es noch!

Anne

Donnerstag, 25. Mai 1944

Liebe Kitty!
Jeden Tag ist etwas anderes los. Heute morgen haben sie unseren netten Gemüsemann verhaftet, er hatte zwei Juden im Haus! Es ist ein schwerer Schlag für uns, nicht allein, daß die armen Juden nun wieder am Rande des Abgrunds stehen, es ist auch schrecklich für den armen Mann selbst.
Die Welt steht hier auf dem Kopf. Die anständigen Menschen werden fortgeschickt in Konzentrationslager, Gefängnisse und einsame Zellen, und über alt und jung, reich und arm regiert die Unterwelt. Der eine fällt herein durch den Schwarzhandel, der andere, weil er Juden oder andere Untergetauchte schützt. Niemand weiß, was morgen geschieht. Auch für uns ist dieser Mann ein schwerer Verlust. Die Mädels können und dürfen die Portionen Kartoffeln nicht herschleppen, und das einzige, was wir tun können, ist, weniger zu essen. Wie wir das machen werden, wirst Du noch hören, ein Vergnügen wird es jedenfalls nicht sein. Mutter sagt, daß wir des Morgens gar kein Frühstück, mittags Brei und Brot, abends Bratkartoffeln und eventuell wöchentlich ein- oder zweimal Salat oder etwas Gemüse bekommen, mehr nicht. Dann heißt es hungern, aber alle Entbehrungen sind nicht so schlimm wie entdeckt zu werden.

Anne

Freitag, 26. Mai 1944

Liebe Kitty!
Endlich, endlich bin ich so weit, daß ich ruhig an meinem Tischchen sitzen kann vorm Fenster, das einen Spalt offensteht, um Dir alles, alles zu schreiben.
Ich fühle mich so elend, wie es seit Monaten nicht der Fall war, selbst nach dem Einbruch war ich innerlich und äußerlich nicht so kaputt. Einerseits: der Gemüsemann, die Judenfrage,

die im ganzen Haus ausführlich besprochen wird, die ausbleibende Invasion, das schlechte Essen, die Spannung, die schlechte Stimmung, die Enttäuschung mit Peter und andererseits: Ellis Verlobung, Gesellschaften, Pfingsten, Blumen, Kralers Geburtstag, Torten und Erzählungen von Film, Kabarett und Konzerten. Der Unterschied, dieser große Unterschied ist es; den einen Tag lachen wir über das Humoristische, das unsere Untertauchsituation häufig mit sich bringt, am nächsten Tag haben wir Angst, und oft sind Angst, Spannung und Verzweiflung auf unseren Gesichtern zu lesen. Miep in ihrer Arbeit und Kraler, dem die kolossale Verantwortung manchmal zuviel wird und der dann vor Nervosität und Aufregung kaum mehr sprechen kann. Koophuis und Elli sorgen auch gut für uns, sehr gut sogar, aber sie können doch auch manchmal das Hinterhaus vergessen, sei es auch nur für ein paar Stunden, ein oder zwei Tage. Sie haben ihre eigenen Sorgen, Koophuis um seine Gesundheit, Elli um ihre Verlobung, die gar nicht so rosig aussieht, aber neben diesen Sorgen haben sie doch ihre Abwechslung, Besuche und das ganze Leben, das in gewohnter Weise verläuft. Bei ihnen weicht doch manchmal die Spannung, wenn auch nur für kurze Zeit, uns verläßt sie nie. Zwei Jahre dauert es nun schon, und wie lange noch werden wir diesem fast unerträglichen, stets wachsenden Druck noch Widerstand bieten müssen?

Die Kanalisation ist verstopft; es darf kein Wasser ablaufen oder nur tropfenweise; wir dürfen nicht aufs WC oder müssen eine Bürste mitnehmen; das schmutzige Wasser bewahren wir in einem der großen Einmachtöpfe. Heute geht es ja noch, aber was wird, wenn der Installateur es nicht reparieren kann? Der städtische Reinigungsdienst kommt erst nächste Woche.

Miep schickte uns ein Rosinenbrot mit der Aufschrift »Fröhliche Pfingsten«! Es klingt beinahe wie Spott; unsere Stimmung und Angst sind gar nicht »fröhlich«. Wir sind alle wieder ängstlicher geworden, seitdem das bei dem Gemüsemann passiert ist, von allen Seiten hört man wieder »pst, pst«, und alles geschieht wieder viel leiser. Die Polizei hat dort die Tür aufgebrochen, also davor sind wir auch nicht sicher. Wenn auch bei uns einmal..., nein, ich will es nicht niederschreiben, aber die Frage läßt sich heute gar nicht wegschieben, im Gegenteil: Die Angst, die ich schon einmal durchgemacht habe, steht wieder vor mir mit all ihren Schrecken.

Abends um 8 Uhr mußte ich allein hinunter auf das WC. Es war niemand unten, alle saßen am Radio. Ich wollte mutig sein, aber es war sehr schwer. Ich fühle mich hier oben immer noch sicherer als unten allein in dem großen stillen Haus, allein mit den geheimnisvollen Geräuschen von oben und dem Tuten der Autohupen von der Straße her. Ich zittere, wenn ich mich nicht beeile und zuviel über die Situation nachdenke. Ich frage mich immer wieder, ob es nicht für uns alle besser gewesen wäre, wenn wir nicht untergetaucht wären, wenn wir nun tot wären und das ganze Elend nicht mitmachen müßten, vor allem, weil unsere Beschützer dann nicht in Gefahr kommen könnten. Aber auch vor diesem Gedanken schrecken wir alle zurück, wir hängen noch am Leben, wir haben die Stimme der Natur noch nicht vergessen, wir hoffen noch, hoffen auf das Gute. Laß nur bald etwas geschehen und, wenn es sein muß, Schießereien; das kann uns auch nicht mehr zermürben als diese Unsicherheit. Laß ein Ende kommen, auch wenn es hart ist, dann wissen wir wenigstens, ob wir siegen oder untergehn.   Anne

Mittwoch, 31. Mai 1944

Liebe Kitty!
Samstag, Sonntag, Montag und Dienstag war es so warm, daß ich einfach keinen Füllfederhalter in der Hand halten konnte; so war es auch nicht möglich, Dir zu schreiben. Freitag war die Kanalisation wieder kaputt und wurde Samstag in Ordnung gebracht. Nachmittags besuchte uns Frau Koophuis und erzählte eine ganze Menge von Corrie, auch, daß sie zusammen mit Jopie im Hockey-Club ist. Sonntag kam Elli, um zu sehen, ob auch nicht eingebrochen sei, und blieb dann bei uns zum Frühstück, Montag (zweiter Pfingsttag) hatte Henk v. Santen den Dienst als Versteckbewacher und Dienstag endlich durften die Fenster wieder etwas geöffnet werden. So schöne warme, man kann schon sagen, heiße Pfingsten hatten wir nur selten. Hitze ist hier im Hinterhaus schrecklich, und ich will Dir kurz die warmen Tage beschreiben, damit Du selbst einen Eindruck hast. Samstag: »Herrlich, dieses schöne Wetter!« sagten sie alle am Morgen, »wenn es nur nicht so warm wäre!« mittags, als die Fenster geschlossen werden mußten.
Sonntag: »Diese Hitze ist nicht auszuhalten. Die Butter schmilzt, es ist kein kühles Fleckchen im Haus, das Brot trocknet aus, die Milch verdirbt, kein Fenster darf geöffnet werden. Wir armen ausgestoßenen Menschen sitzen hier und ersticken, während andere Menschen Pfingstferien haben.«
Montag: »Meine Füße tun mir so weh, ich habe keine dünnen Sachen, in der Hitze kann ich nicht abspülen.« So Frau v. Daan. Es war schlimm. Ich kann die Wärme auch nicht gut vertragen und bin froh, daß es heute schön windig ist und doch die Sonne scheint.   Anne

Liebe Kitty!

Neue Unannehmlichkeiten im Hinterhaus: Krach zwischen Dussel und uns über etwas sehr Unwichtiges: die Butterverteilung. Kapitulation von Dussel. Dicke Freundschaft zwischen ihm und Frau v. Daan, Flirten, Küßchen, liebes Lächeln; Dussel kriegt Frühlingsgefühle.

Einnahme von Rom durch die fünfte Armee. Die Stadt ist weder verwüstet noch bombardiert.

Wenig Gemüse und Kartoffeln. Wetter schlecht. Anhaltende schwere Bombardements auf Pas de Calais und die französische Küste.   Anne

Dienstag, 6. Juni 1944

Liebe Kitty!

»This is D.-day«, sagte um 12 Uhr das englische Radio und mit Recht! This is *the* day. Die Invasion hat begonnen: Morgens um 8 Uhr berichteten die Engländer: Schwere Bombardements auf Calais, Boulogne, Le Havre und Cherbourg wie auch Pas de Calais (wie gewöhnlich!). Weiter: Sicherheitsmaßregeln für alle Bewohner der besetzten Gebiete: Alle Menschen, die in der Zone 35 Kilometer von der Küste wohnen, müssen sich auf Bombardements vorbereiten. Wenn möglich, werden die Engländer eine Stunde vorher Flugblätter abwerfen.

Deutschen Berichten zufolge sind englische Fallschirmtruppen an der französischen Küste gelandet. BBC meldet: »Deutsche Marine im Gefecht mit englischen Landungsschiffen.«

Diskussion im Hinterhaus um 9 Uhr beim Frühstück:

Ist das eine Probelandung wie vor zwei Jahren bei Dieppe? Um 10 Uhr englische Sendung in Deutsch, Holländisch, Französisch und in anderen Sprachen: »The invasion has begun!« *Also* die »echte« Invasion. Der englische Sender um 11 Uhr in deutscher Sprache: Rede von Oberbefehlshaber General Dwight Eisenhower. Englische Sendung — englisch — 12 Uhr: »This is D.-day.« General Eisenhower spricht zum französischen Volk: »Stiff fighting will come now, but after this the victory. The year 1944 is the year of complete victory, good luck!«

Englische Sendung 1 Uhr: 11 000 Flugzeuge stehen bereit und fliegen unaufhörlich hin und her, um Truppen zu landen und hinter den Linien zu bombardieren. 4000 Landungsfahrzeuge und kleine Schiffe bringen zwischen Cherbourg und Le Havre unaufhörlich Truppen und Material an Land. Englische und amerikanische Truppen sind schon in schwere Gefechte verwickelt. Reden von Gerbrandy, vom Premierminister von Belgien, König Haakon von Norwegen, de Gaulle für Frankreich, dem König von England und nicht zu vergessen Churchill.

Das Hinterhaus ist im Taumel. Soll denn nun wirklich die lang ersehnte Befreiung nahen, die Befreiung, von der so viel gesprochen wurde, die aber doch zu schön ist, zu märchenhaft, um jemals Wirklichkeit zu werden? Wird uns dieses Jahr 1944 den Sieg bringen? Wir wissen es noch nicht, aber die Hoffnung belebt uns, gibt uns wieder Mut, macht uns wieder stark. Denn mutig müssen wir die Angst, die Entbehrungen, das Leid ertragen, nun kommt es darauf an, ruhig und standhaft zu bleiben. Nun mehr denn je muß man die Zähne aufeinander beißen, um nicht zu schreien. Schreien vor Unglück können Frankreich, Rußland, Italien und auch Deutschland, aber wir haben noch kein Recht dazu!

O Kitty, das Schönste ist, ich habe das Gefühl, daß da Freunde im Anzug sind. Die schrecklichen Deutschen haben uns so lange unterdrückt und uns das Messer an die Kehle gesetzt, daß der Gedanke an Freunde und Rettung uns das Vertrauen wiedergibt! Nun gilt es nicht mehr den Juden, nun gilt es Niederland und ganz Europa. Vielleicht, sagt Margot, kann ich im September oder Oktober doch wieder zur Schule gehen!

Anne

PS.: Ich werde Dir die neuesten Berichte immer gleich mitteilen: Nachts und am frühen Morgen landeten Stroh- und Schaufensterpuppen hinter den deutschen Linien und explodierten, als sie auf den Boden kamen. Auch viele Fallschirmjäger landeten; sie waren schwarz bemalt, um nachts nicht aufzufallen. Morgens um 7 Uhr landeten die ersten Fahrzeuge, nachdem die Küste in der Nacht mit 5 Millionen Kilogramm Bomben bombardiert worden war. 20 000 Flugzeuge waren heute in Aktion. Bei der Landung selbst waren die Küstenbatterien der Deutschen schon außer Gefecht. Ein kleiner Brückenkopf ist geformt. Es geht alles gut, obgleich schlechtes Wetter ist. Die Armee und das Volk sind »one will and one hope«.

Freitag, 9. Juni 1944

Liebe Kitty!

Mit der Invasion geht es prima, prima. Die Alliierten haben Bayeux, ein Dorf an der französischen Küste, genommen und kämpfen nun um Caen. Die Absicht, die Halbinsel, auf der Cherbourg liegt, abzuschneiden, ist deutlich erkennbar. Jeden Abend erzählen Kriegsberichterstatter von den Schwierigkeiten, vom Mut und der Begeisterung der Armee; von unglaublichsten Leistungen sprechen sie. Auch Verwundete, die nun wieder nach England zurückgekehrt sind, haben gesprochen. Trotz des miserablen Wetters wird fleißig geflogen. Vom BBC haben wir gehört, daß Churchill die Invasion mit den Truppen mitmachen wollte, aber auf Anraten von Eisenhower und anderen Generälen ist es dann doch unterblieben. Denk nur, welch ein Mut von dem alten Mann, er ist doch sicher schon 70 Jahre alt!

Hier hat sich die Aufregung etwas gelegt; doch wir hoffen, daß der Krieg Ende dieses Jahres endlich vorbei sein wird. Es wird Zeit! Die Anstellerei von Frau v. Daan ist nicht mehr zum Aushalten. Nachdem sie uns nun nicht mehr mit der Invasion verrückt machen kann, ödet sie uns den ganzen Tag mit dem schlechten Wetter an. Ich hätte Lust, sie in einen Eimer mit kaltem Wasser zu setzen.

Das ganze Hinterhaus, mit Ausnahme von v. Daan und Peter, hat die Trilogie »Ungarische Rhapsodie« gelesen. Dieses Buch behandelt die Lebensgeschichte des Komponisten und Klavier-Virtuosen Franz Liszt. Das Buch ist sehr interessant, aber ich finde, es wird da ein bißchen viel über Frauen gesprochen. Liszt war zu seiner Zeit nicht nur der größte und bekannteste Pianist, sondern auch der größte Schürzenjäger bis zu seinem 70. Jahre. Er hatte ein Verhältnis mit Marie d'Agould, Fürstin Caroline Sayn-Wittgenstein, der Tänzerin Lola Montez, der Pianistin Agnes Kingworth und Sophie Monter, Tscherkessen-fürstin Olga Janina, Baronesse Olga Meyendorff, Schauspiele-rin Lilla... ich weiß nicht, wie sie heißt, usw. usw. Das nimmt kein Ende! Wo in dem Buch von Musik und anderen Künsten gesprochen wird, ist es viel interessanter. Es kommen vor: Schumann, Clara Wieck, Hector Berlioz, Johannes Brahms, Beethoven, Joachim, Richard Wagner, Hans v. Bülow, Anton Rubinstein, Frédéric Chopin, Victor Hugo, Honoré de Balzac, Hiller, Hummel, Czerny, Rossini, Cherubini, Paganini, Mendelssohn und viele andere.

Liszt war an sich ein feiner Mann, sehr großzügig, beschei-den für sich, aber schrecklich eitel, er half jedem, kannte nichts Höheres als die Kunst, war wild auf Kognak und Frauen, konnte niemanden weinen sehen, war ein Gentleman, der nie etwas abschlug, er hing nicht am Geld, war weltlich und für Religionsfreiheit.   Anne

Dienstag, 13. Juni 1944

Liebe Kitty!

Mein Geburtstag ist wieder vorüber. Nun bin ich 15. Ich habe ziemlich viel bekommen: Die fünf Bände Springers Kunst-geschichte, eine Garnitur Unterwäsche, zwei Gürtel, ein Ta-schentuch, zwei Flaschen Yoghurt, ein Glas Jam, einen Pfef-ferkuchen, ein Pflanzenkundebuch von Vater und Mutter, Doublé-Armband von Margot, noch ein Buch von v. Daans, Bio-malz von Dussel, Süßigkeiten und Hefte von Miep und Elli und der Höhepunkt: Das Buch »Maria Theresia« und drei Scheiben Vollfettkäse von Kraler. Von Peter einen schönen Strauß

Pfingstrosen; der arme Junge hat sich soviel Mühe gegeben, um etwas zu finden, aber nichts ist geglückt.

Mit der Invasion geht es immer weiter ausgezeichnet, trotz des miserablen Wetters, der schrecklichen Stürme und der Regenböen auf hoher See.

Churchill, Smuts, Eisenhower und Arnold waren gestern in den französischen Dörfern, die von den Engländern erobert und befreit wurden. Churchill war auf einem Torpedoboot, das die Küste beschossen hat. Der Mann scheint, wie so viele Männer, keine Angst zu kennen. Beneidenswert!

Die Stimmung in Niederland ist von unserem Unterschlupf her nicht zu peilen. Zweifellos sind die Menschen froh, daß das »nichtstuende« (!) England nun endlich zupackt. Jeder, der nun noch auf die Engländer herabsieht, England als die »Alte-Herren-Regierung« beschimpft, England feige nennt und doch die Deutschen haßt, muß mal tüchtig aufgerüttelt werden. Vielleicht legen sich dann die verwirrten Gehirne wieder in die richtigen Falten! Anne

Mittwoch, 14. Juni 1944

Liebe Kitty!

Viele Wünsche, viele Gedanken, viele Beschuldigungen und viele Vorwürfe spuken in meinem Kopf herum. Ich bin wirklich nicht so eingebildet wie so viele meinen; ich kenne meine zahllosen Fehler und Gebrechen besser als irgend jemand anderes, nur mit dem Unterschied, daß ich auch weiß, daß ich mich bessern will, bessern werde und schon sehr gebessert habe. Häufig frage ich mich, wie es kommt, daß jeder mich so eingebildet und unbescheiden findet. Bin ich wirklich so eingebildet? Bin *ich* es wirklich oder sind es vielleicht auch die anderen? Es klingt verrückt, ich merke es, aber ich streiche meinen letzten Satz nicht aus, weil es gar nicht so verrückt ist. Frau v. Daan, meine hauptsächlichste Anklägerin, ist bekannt als unintelligent, wir wollen es ruhig aussprechen, *dumm*. Dumme Menschen können es meistens nicht verwinden, wenn andere etwas besser können als sie selbst.

Frau v. Daan findet mich dumm, weil ich nicht in dem Maß begriffsstutzig bin wie sie, sie findet mich unbescheiden, weil sie es viel ärger ist, sie findet meine Kleider zu kurz, weil ihre noch viel kürzer sind. Und darum findet sie mich auch naseweis, weil sie wohl doppelt soviel mitredet über Themen, von denen sie nicht die geringste Ahnung hat. Einer meiner Lieblingssprüche ist: »Jeder Vorwurf hat etwas Wahres«, so will ich auch gleich zugeben, daß ich wirklich manchmal naseweis bin. Nun ist das Lästige an meiner Natur, daß ich von niemandem mit so vielen Rüffeln und soviel Kritik bedacht werde, wie von mir selbst. Wenn Mutter dann noch ihre Portion Ratschläge hinzufügt, wird der Stapel Predigten so unüberwindlich hoch, daß ich in der Verzweiflung, da jemals noch herauszukommen, widerspreche und frech werde, und dann kommt von selbst das bekannte alte Anne-Wort wieder: »Mich versteht auch niemand!« Dieses Wort sitzt in mir, und wenn es auch noch so unwahr erscheint, ein Körnchen Wahrheit sitzt doch drin. Meine Selbstbeschuldigungen nehmen oft solchen Umfang an, daß ich nach einer tröstenden Stimme verlange, die alles wieder auf eine gesunde Basis bringt und sich auch etwas mit meinem Innenleben beschäftigt; aber leider kann ich da lange suchen, gefunden ist derjenige noch nicht. Ich weiß, daß Du nun an Peter denkst, he, Kit? Es ist wahr, Peter hat mich lieb, nicht als Verliebter, sondern als Freund, seine Zuneigung steigt von Tag zu Tag, aber was das Geheimnisvolle ist, das uns alle beide hemmt, begreife ich selbst nicht. Manchmal denke ich, daß mein heftiges Sehnen nach ihm übertrieben ist; aber es ist doch nicht so, denn wenn ich ein, zwei Tage nicht bei ihm oben war, verlange ich wieder so stark nach ihm wie nie zuvor. Peter ist lieb und gut, doch ich darf nicht leugnen, daß viel an ihm mich enttäuscht. Vor allem, daß er sich von der Religion so abwendet, seine Gespräche über das Essen und noch mehr dergleichen gefallen mir nicht. Doch ich bin fest davon überzeugt, daß wir, unserer Verabredung gemäß, nie Streit miteinander haben werden. Peet ist friedliebend, verträglich und nachgiebig. Er läßt sich viel mehr von mir sagen als von seiner Mutter, er versucht hartnäckig, Ordnung zu halten. Aber warum geht er nicht aus sich heraus, und warum darf ich an seinem Innersten nicht rühren? Seine Natur ist viel verschlossener als meine, das stimmt, aber ich weiß — und das wirklich aus der Praxis —, daß selbst die verschlossensten Menschen einmal mit tiefer Sehnsucht nach einem Vertrauten suchen. Peter und ich, wir beide haben unsere Denkjahre im Hinterhaus verbracht; wir sprechen oft über Vergangenheit, Gegenwart und Zukunft; aber wie gesagt, ich vermisse das Echte, und doch weiß ich sicher, daß es da ist.

Anne

Donnerstag, 15. Juni 1944

Liebe Kitty!

Ob ich soviel mehr Sinn für die Natur bekommen habe, weil ich so lange meine Nase nicht hinausstecken durfte? Ich weiß noch sehr gut, daß früher ein strahlend blauer Himmel, singende Vögel, blühende Blumen und Mondschein mich nicht lange fesseln konnten. Hier ist das anders geworden. Pfingsten z. B., als es so warm war, habe ich abends mit großer Mühe meine Augen bis halb zwölf Uhr offengehalten, um einmal den Mond allein am Fenster zu beobachten; leider war mein Opfer umsonst, da der Mond so hell schien, daß ich ein offenes Fenster nicht riskieren konnte. Ein anderes Mal, es liegt schon Monate zurück, war ich zufällig oben, als das Fenster am Abend offenstand. Ich ging nicht hinunter, solange gelüftet wurde. Der dunkle regnerische Abend, der Sturm, die jagenden Wolken hielten mich mit Macht gefangen; nach einundeinhalb Jahren hatte ich zum erstenmal wieder die Nacht von Angesicht zu Angesicht gesehen. Nach diesem Abend war der Wunsch, dieses noch einmal zu sehen, stärker als die Angst vor dem Rattenhaus, vor Dieben und Überfällen. Ich ging ganz allein nach unten und sah im Privatkontor oder in der Küche zum Fenster hinaus. Viele Menschen lieben die Natur, viele schlafen einmal unter freiem Himmel, viele in Gefängnissen und Krankenhäusern sehnen den Tag herbei, an dem sie wieder die freie Natur genießen können, aber wenige sind mit ihrer Sehnsucht so abgeschlossen und isoliert von dem, was doch uns allen, arm und reich, gehört. Es ist keine Einbildung, daß die Beobachtung des Himmels, der Wolken, von Mond und Sternen mich beruhigt und mit Erwartung erfüllt. Dieses Mittel ist besser als Baldrian und Brom; die Natur macht mich demütig und bereit, alle Schläge besser zu ertragen.

Es hat leider so sein müssen, daß ich die Natur — und das auch nur ausnahmsweise — nur durch schmutzige Fenster mit verstaubten Gardinen sehen kann. Und dadurch zu sehen, ist wirklich kein Vergnügen mehr, denn die Natur ist das einzige, das wirklich kein Surrogat vertragen kann.   Anne

Freitag, 16. Juni 1944

Liebe Kitty!

Neue Probleme! Frau v. Daan ist verzweifelt, spricht von: Kugel durch den Kopf, Gefängnis, Aufhängen und Selbstmord. Sie ist eifersüchtig, daß Peter mir wohl und ihr nicht sein Vertrauen schenkt. Sie ist beleidigt, daß Dussel nicht genug auf ihr Flirten eingeht, hat Angst, daß ihr Mann alles Geld von ihrem Pelzmantel aufraucht, streitet, schimpft, weint, beklagt sich, lacht, und dann beginnt sie wieder zu streiten. Was fängt man mit solcher närrisch flennenden Suse an? Sie wird von niemandem ernst genommen. Charakter hat sie nicht, sie beklagt sich bei jedem und läuft herum: von hinten Lyzeum, von vorne Museum! Dabei ist noch das schlimmste, daß Peter frech, Herr v. Daan gereizt und Mutter zynisch wird. Na, das ist ein Zustand! Da gibt es nur eine Regel, die Du immer gut vor Augen haben mußt: Lache über alles und laß Dich nicht durch andere stören! Es scheint egoistisch, ist aber in Wirklichkeit das einzige Heilmittel für die, die sich selber trösten müssen. Kraler hat wieder einen Aufruf, um vier Wochen schippen zu gehen. Er versucht, durch ärztliches Attest und einen Brief der

Firma freizukommen. Koophuis soll sich einer Magenoperation unterziehen. Gestern um 11 Uhr sind alle privaten Telephonanschlüsse abgeschnitten worden.   Anne

Freitag, 23. Juni 1944

Liebe Kitty!

Hier ist nichts Besonderes los! Die Engländer haben den großen Angriff auf Cherbourg begonnen. Pim und v. Daan sind der Meinung, daß wir am 10. Oktober frei sind! Die Russen nehmen teil an der Aktion und haben gestern ihre Offensive bei Witebsk begonnen, genau auf den Tag drei Jahre nach dem deutschen Einfall.

Wir haben fast keine Kartoffeln mehr; in Zukunft wollen wir sie abzählen und unter uns achten verteilen; dann kann jeder selbst sehen, wie er es macht.   Anne

Dienstag, 27. Juni 1944

Liebe Kitty!

Die Stimmung ist ganz groß, es geht enorm gut. Cherbourg, Witebsk und Slobin sind heute gefallen, viel Beute und Gefangene; fünf deutsche Generäle sind bei Cherbourg gefallen, zwei gefangengenommen. Nun können die Engländer ans Land bringen, was sie wollen, denn sie haben einen Hafen. Die ganze Halbinsel Cotentin nach drei Wochen englisch, eine gewaltige Leistung! In den drei Wochen seit dem D.-day ist noch kein Tag ohne Regen und Sturm gewesen, sowohl hier als in Frankreich, aber dieses Pech hindert die Engländer und Amerikaner nicht, ihre enormen Kräfte zu zeigen und wie zu zeigen! Wohl ist die WUWA (Wunderwaffe) in voller Aktion, aber was bedeuten schon solche Raketen anderes als einen kleinen Schaden in England und volle Zeitungen bei den »Moffen«. Übrigens, wenn sie in »Mofrika« hören, daß jetzt die »bolschewistische Gefahr« wirklich im Anzug ist, werden sie noch mehr das Bibbern kriegen.

Alle deutschen Frauen und Kinder, die nicht für die Wehrmacht arbeiten, werden aus dem Bereich der Küste evakuiert nach Groningen, Friesland und Gelderland. Mussert[1] hat erklärt, daß er Uniform anzieht, wenn die Invasion hierher kommt. Will der Dicke vielleicht kämpfen? Das konnte er schon früher in Rußland haben. Finnland hat seinerzeit das Friedensangebot abgelehnt, und nun sind entsprechende Unterhandlungen wieder abgebrochen. Was werden die Reue kriegen, die Dummköpfe!

Was denkst Du, wie weit werden wir am 27. Juli sein?

       Anne

---

1 Leiter der nat.-soz. Bewegung in Holland.

Liebe Kitty!

Schlechtes Wetter oder: bad weather at a stretch to the 30th of June. Ist das nicht richtig? Oh, ich kann schon ganz nett Englisch. Zum Beispiel lese ich »An ideal Husband« (mit Wörterbuch). Krieg geht ausgezeichnet! Bobruisk, Mogilew und Orscha gefallen, viele Gefangene. Hier alles all right, Stimmung auch. Unsere Hyperoptimisten triumphieren. Elli hat ihre Frisur verändert. Miep hat eine Woche frei, das sind die letzten Neuigkeiten. Anne

Liebe Kitty!

Mir wird bange ums Herz, wenn Peter davon spricht, daß er später vielleicht Verbrecher wird oder Spekulant. Es ist zwar witzig gemeint, aber ich habe das Gefühl, daß er selbst Angst hat vor seiner Charakterschwäche. Immer wieder höre ich, sowohl von Margot als von Peter: »Ja, wenn ich so stark und mutig wäre wie Du, wenn ich so meinen Willen durchsetzen könnte, wenn ich solche Ausdauer hätte, ja, dann...!«

Ist es wirklich eine gute Eigenschaft, daß ich mich nicht beeinflussen lasse? Ist es richtig, daß ich fast ausschließlich dem Weg meines Gewissens folge? Ehrlich gesagt, kann ich mir nicht gut vorstellen, wie jemand sagen kann: »Ich bin schwach!« und dann noch so schwach bleibt. Wenn man so etwas weiß, warum dann nicht dagegen angehen und den Charakter stählen? Die Antwort war: »Weil es so viel bequemer ist.« Diese Antwort hat mich ein bißchen mißmutig gemacht. Bequem! Bedeutet ein faules und selbstbetrügerisches Leben auch, daß es bequem ist? O nein, das kann nicht so sein, das darf nicht wahr sein, daß Schlappheit und... Geld jemanden so schnell verführen können. Ich habe lange darüber nachgedacht, was ich wohl für eine Antwort geben muß, wie ich Peet dazu bringen kann, an sich selbst zu glauben, und vor allem, sich zu bessern. Ob es Erfolg haben wird, weiß ich nicht.

Ich habe mir oft vorgestellt, wie schön es sein würde, wenn jemand mir sein Vertrauen schenkt, aber nun sehe ich erst, wie schwer es ist, sich ganz in die Gedanken des anderen zu versetzen und dann noch raten zu können, vor allem, weil die Begriffe »bequem« und »Geld« für mich etwas ganz Fremdes und Neues sind. Peter beginnt sich etwas auf mich zu stützen, und das darf unter keinen Umständen geschehen. Für einen Typ wie Peter ist es schon schwer, auf eigenen Füßen zu stehen, und noch schwerer für einen bewußt lebenden Menschen, standhaft zu bleiben und einen Weg zu finden durch das Meer von Problemen! Ich drehe mich ein bißchen im eigenen Kreise herum und möchte doch so gern eine Lösung finden für den abscheulichen Begriff »bequem«. Wie kann ich ihm klarmachen, daß das, was so bequem und schön zu sein scheint, ihn in die Tiefe ziehen wird, die Tiefe, wo keine Freunde, kein Halt, nichts Schönes mehr ist, die Tiefe, aus der wieder aufzutauchen fast unmöglich ist.

Wir leben alle, aber wissen nicht, warum und wofür, wir leben alle mit dem Ziel, glücklich zu werden, wir leben alle verschieden und doch gleich. Wir drei sind in guten Verhältnissen großgeworden, wir können etwas lernen, wir haben die Möglichkeit, etwas zu erreichen, wir haben allen Grund, auf ein schönes Leben zu hoffen, aber ... wir müssen uns das auch selbst verdienen. Und das wird nie auf bequeme Weise zu erreichen sein. Glück *verdienen* heißt dafür arbeiten und gut sein und nicht spekulieren und faul sein. Faulheit mag sehr angenehm *scheinen*, Arbeit gibt *Befriedigung*. Menschen, die nicht gern arbeiten, sind für mich unbegreiflich, aber so ist es bei Peter auch wieder nicht. Er hat nur noch kein festes Ziel vor Augen, findet sich selbst zu dumm und gering, um etwas zu leisten. Armer Junge, er hat noch nie das Gefühl gekannt, andere glücklich zu machen, und das kann ich ihm auch nicht beibringen. Er hat keine Religion, spricht spottend über Jesus Christus, flucht mit dem Namen Gottes; obgleich ich auch nicht orthodox bin, schmerzt es mich doch jedesmal, wenn ich merke, wie verlassen, wie ehrfurchtlos, wie arm er ist.

Menschen, die eine Religion haben, dürfen froh sein, denn es ist nicht jedem gegeben, an überirdische Dinge zu glauben. Es ist nicht einmal nötig, Angst zu haben vor Strafe nach dem Tod. Das Fegefeuer, die Hölle und der Himmel sind Begriffe, an denen viele zweifeln, aber doch hält sie die eine oder andere Religion — welche, tut nichts zur Sache — auf dem guten Pfad. Das ist nicht die Angst vor Gott, sondern das Hochhalten der eigenen Ehre und des Gewissens. Wie schön und gut würden alle Menschen sein, wenn sie sich jeden Abend vor dem Einschlafen die Ereignisse des ganzen Tages vor Augen führten und überlegten, was gut und was schlecht gewesen ist!

Unwillkürlich probiert man jeden Tag wieder von neuem, sich zu bessern, und nach Ablauf einer gewissen Zeit ist dann auch etwas erreicht. Dieses Mittel kann jeder gebrauchen, es kostet nichts und ist jedem erreichbar. Denn wer es nicht weiß, muß es lernen und erfahren: »Ein ruhiges Gewissen macht stark!«   Anne

Samstag, 8. Juli 1944

Liebe Kitty!

Der Hauptvertreter der Firma, Herr B., war in Beverwijk und hat dort Erdbeeren erstanden. Sie kamen hierher, staubig und voll Sand, aber in großen Mengen, nicht weniger als 24 Kistchen für das Kontor und uns. Sofort wurden acht Gläser eingeweckt und acht Töpfe Marmelade gemacht. Morgen will Miep für das Kontor Jam kochen.

Um halb eins keine Fremden im Haus, die Außentür wird verschlossen, die Kistchen werden geholt. Peter, Vater, v. Daan poltern auf der Treppe, Anne bringt warmes Wasser vom Geiser, Margot die Eimer, jeder greift zu! Mit einem ganz eigenartigen Gefühl im Magen kam ich in die Kontorküche: Miep, Elli, Koophuis, Henk, Vater, Peter, Untertaucher- und Ravitaillierungskolonne, alles durcheinander, und das am helllichten Tage!

Durch die Gardinen kann man nicht hineinsehen, aber das laute Sprechen, das Schlagen der Türen, ich zitterte vor Aufregung. Sind wir denn wirklich noch Untertaucher, fragte ich mich; solch ein Gefühl muß man haben, wenn man sich wieder in der Welt sehen lassen kann. Der Topf war voll, schnell nach oben. In unserer Küche stand am Tisch der Rest der Familie und pflückte die Stiele ab. Es ging mehr in die Münder als in die Eimer. Bald war noch ein Eimer nötig, Peter ging wieder nach unten in die Küche — da klingelt es zweimal; der Eimer blieb stehen, Peter rasch nach oben, um die Drehtür zu verschließen. Wir trippelten vor Ungeduld; die Wasserhähne mußten zu bleiben; und wenn auch die halb gewaschenen Erdbeeren noch so sehr auf ihr Bad warteten — die Taucherregel: »Jemand im Haus, alle Hähne zu wegen Lärmgefahr beim Wasserlaufen«, wurde streng aufrechterhalten. Um ein Uhr kommt Henk, um zu sagen, daß es der Postbote war. Peter eilt die Treppe hinunter. Rang, die Glocke, rechtsum kehrt. Ich horche erst an der Drehtür, ob jemand kommt, dann ganz leise oben an der Treppe. Schließlich hingen Peter und ich wie zwei Diebe über dem Geländer und horchten auf den Lärm, der von unten kam. Keine fremde Stimme; Peter geht heimlich die Treppe hinunter, bleibt halbwegs stehen und ruft: »Elli!« Keine Antwort. Nochmal: »Elli!« Der Lärm in der Küche ist lauter als Peters Stimme. Er hinunter, in die Küche hinein; ich stehe und gucke gespannt nach unten.

»Mach, daß Du schnell wieder hinaufkommst, Peter, der Bücherrevisor ist da.«

Es ist die Stimme von Koophuis. Seufzend kommt Peter nach oben, die Drehtür geht wieder zu. — Um halb zwei kommt endlich Kraler.

»Ojemine, ich sehe nichts anderes als Erdbeeren, mein Frühstück Erdbeeren, Henk ißt Erdbeeren, Koophuis nascht Erdbeeren, Miep kocht Erdbeeren, ich rieche Erdbeeren. Jetzt will ich das Zeug nicht mehr sehen und gehe hinauf — da werden doch — wahrhaftig auch hier noch Erdbeeren gewaschen.«

Der Rest der Erdbeeren wird eingeweckt. Abends: Zwei Gläser aufgegangen. Vater kocht nun schnell Marmelade davon. Am nächsten Morgen: zwei Weckgläser auf, mittags vier. Van Daan hat sie nicht lange genug sterilisiert. Nun kocht Vater jeden Abend Marmelade. Wir essen Brei mit Erdbeeren, Buttermilch mit Erdbeeren, Brot mit Erdbeeren, Erdbeeren als Dessert, Erdbeeren mit Zucker, Erdbeeren mit Sand. Zwei Tage tanzten überall Erdbeeren, Erdbeeren, Erdbeeren; dann war der Vorrat auf oder stand in Gläsern oder Töpfen hinter Schloß und Riegel.

»Du, Anne«, ruft Margot, »wir haben vom Gemüsemann an der Ecke Schoten bekommen, 19 Pfund!«
»Das ist nett von ihm«, sagte ich. Es ist wirklich sehr nett, aber die Arbeit ... puh!
»Ihr müßt Samstag früh alle pellen helfen«, kündigt Mutter bei Tisch an. Und wirklich, heute morgen nach dem Frühstück erschien die große Emailleschüssel auf dem Tisch, bis zum Rand gefüllt mit Schoten. Das Aushülsen ist eine langweilige Arbeit, aber man muß einmal versuchen, die Schalen zu essen. Ich weiß, daß die Mehrzahl der Menschen nicht ahnt, wie fein die Schote schmeckt, wenn man das Innenhäutchen abgezogen hat. Der größte Vorteil dabei ist aber, daß die Portionen, die man auf diese Weise essen kann, fast dreimal so groß sind, als wenn nur die Erbsen gegessen werden. Dieses »Häutchen abziehen« ist eine außergewöhnlich genaue und fummelige Arbeit, die vielleicht für pedantische Zahnärzte und kleinliche Büromenschen geeignet ist; für einen ungeduldigen Backfisch, wie ich einer bin, ist es einfach scheußlich. Um halb zehn haben wir angefangen, um halb elf machte ich eine Pause, um eine Stunde später wieder zu beginnen. Es saust mir in den Ohren: Die Spitze abbrechen, Häutchen abziehen, die Fäden auch, Erbschen in die Schüssel werfen usw. usw.! Es flimmert mir vor den Augen, grün, grün, Maden, Fädchen, faule Schoten, grün, grün, grün.
Vor Stumpfsinn, um doch etwas zu tun, schwatze ich den ganzen Vormittag allerlei Unsinn zusammen, bringe alle zum Lachen und habe dabei das Gefühl, daß ich selbst vor Langeweile umkomme. Bei jedem Fädchen, das ich herunterziehe, weiß ich bestimmter, daß ich niemals, niemals nur Hausfrau werden will!!
Um 12 Uhr frühstücken wir endlich, aber von 12.30 bis 1.15 Uhr müssen wir weiter Häutchen abziehen. Zum Schluß bin ich beinahe seekrank, die anderen auch ein bißchen; ich schlafe bis 4 Uhr und bin auch dann noch ganz durcheinander von den scheußlichen Erbsen.   Anne

Liebe Kitty!

Wir hatten ein Buch von der Bibliothek mit dem herausfordernden Titel: »Wie finden Sie das moderne junge Mädchen?« Über dieses Thema möchte ich heute sprechen. Die Autorin dieses Buches kritisiert die »Jugend von heute« von Kopf bis Fuß, ohne jedoch alles, was jung ist, abzulehnen als »zu nichts nütze«. Im Gegenteil, sie ist eher der Meinung, daß, wenn die Jugend wollte, sie eine große, schönere und bessere Welt aufbauen könnte. Daß die Jugend die Mittel hat, aber sich mit oberflächlichen Dingen beschäftigt, ohne dem wesentlich Schönen einen Blick zu schenken. Bei einzelnen Abschnitten hatte ich das feste Gefühl, daß sie mich ganz persönlich beträfen, und darum will ich Dir nun endlich mal mein Inneres völlig erschließen und mich gegen diesen Angriff verteidigen.

Ich habe einen sehr hervorstechenden Charakterzug, der jedem auffällt, der mich kennt: meine Selbstkritik. Ich sehe mich in all meinen Handlungen, als wäre ich eine Fremde. Absolut nicht voreingenommen oder mit einem ganzen Pack Entschuldigungen stehe ich dann dieser Anne gegenüber und sehe zu, was sie Schlechtes oder Gutes tut. Diese Selbstbetrachtung läßt mich nie los, und bei jedem Wort, das ich ausspreche, weiß ich sofort, wenn es ausgesprochen ist: »Das hätte anders sein müssen« oder »das ist gut, so wie es ist«. Ich verurteile mich selbst in namenlos vielen Dingen und sehe immer mehr, wie wahr das Wort von Vater ist: »Jedes Kind muß sich selbst erziehen.« Andere können nur Rat oder Anleitung geben. Die endgültige Formung des Charakters liegt in eines jeden Menschen eigener Hand. Dazu kommt, daß ich außergewöhnlich viel Lebensmut habe, ich fühle mich immer so stark und imstande, viel zu ertragen, so frei und so jung! Als ich das zum ersten Male fühlte, war ich froh, denn ich glaubte nicht, daß die Schläge, die jeder aufzufangen hat, mich schnell zerbrechen könnten. Aber darüber habe ich schon oft gesprochen. Ich möchte nun zur Hauptsache kommen: »Vater und Mutter verstehen mich nicht.« Mein Vater und meine Mutter haben mich sehr verwöhnt, waren gut zu mir und verteidigten mich, haben getan, was Eltern nur tun können. Und doch habe ich mich lange so schrecklich einsam gefühlt, ausgeschlossen, vernachlässigt, unverstanden. Vater tat alles, um mein Aufbegehren zu mäßigen, es nützte nichts; ich habe mich selbst geheilt, indem ich mir das Verkehrte meines Tuns und Lassens vorhielt. Wie kommt es nun, daß Vater mir in meinem Kampf kein Halt gewesen ist? Daß es doch mißglückte, als er mir die helfende Hand bieten wollte? Vater hat die verkehrten Mittel angewendet, er hat immer mit mir gesprochen wie mit einem Kind, das seine Kindersorgen hat. Das klingt verrückt, denn gerade Vater hat mir immer Vertrauen geschenkt, gerade er hat mir das Gefühl gegeben, daß ich Vernunft besitze. Aber eines hat er vernachlässigt, er hat nämlich nicht daran gedacht, daß mein Kampf, um nach oben zu kommen, mir viel wichtiger war als alles andere. Ich wollte nicht hören: »Typische Erscheinungen ... andere Mädels ... das geht vorüber« etc. Ich wollte nicht wie alle anderen Mädels, sondern als Persönlichkeit, als *ANNE*, behandelt werden. Das hat Pim nicht verstanden. Übrigens kann ich mein Vertrauen niemandem geben, der mir nicht auch sehr viel von sich selbst erzählt; da ich aber von Pim sehr wenig weiß, wird es nie ganz intim zwischen uns werden können. Pim stellt sich immer auf den Standpunkt des Älteren, der auch einmal solche vorübergehenden Neigungen gehabt hat, der aber nicht wie ein älterer Kamerad mit einem jüngeren mitfühlen und mitleben kann, so sehr er das auch versucht. Dadurch bin ich soweit gekommen, meine Lebensanschauungen und meine gut überlegten Theorien niemals jemandem mitzuteilen, höchstens einmal Margot. Vor Vater verbarg ich alles, was mich berührte, habe ihn niemals meine Ideale teilen lassen und habe ihn bewußt von mir entfremdet. Ich konnte nicht anders, ich habe nur meinem Gefühl folgend gehandelt, aber ich habe so gehandelt, wie es für meine Ruhe nötig war, denn meine Ruhe und mein Selbstvertrauen, die ich so schwankend aufgebaut habe, würde ich wieder verlieren, wenn ich Kritik über dieses halbfertige Werk ertragen müßte. Und das habe ich selbst für Pim nicht übrig, so hart es auch klingen mag, denn ich habe Pim nicht nur an meinem Innenleben nicht teilnehmen lassen, ich stoße ihn durch meine Reizbarkeit noch weiter von mir ab. Das ist ein Punkt, mit dem ich mich viel beschäftige: Wie kommt es, daß Pim mich so irritiert? Daß ich fast nicht mit ihm lernen kann, daß seine Liebkosungen mir gemacht erscheinen, daß ich Ruhe haben will und am liebsten möchte, daß er mich ein bißchen links liegen läßt, bis ich ihm wieder sicherer gegenüberstehe? Denn immer noch nagt an mir der Vorwurf von dem gemeinen Brief, den ich ihm in meiner Aufgeregtheit zu schreiben wagte. Oh, wie schwer ist es, nach allen Seiten wirklich stark und mutig zu sein!

Doch das ist noch nicht meine schlimmste Enttäuschung; viel mehr als über Vater grübele ich über Peter. Ich weiß ganz gut, daß *ich* ihn erobert habe anstatt umgekehrt; ich habe mir ein Traumbild von ihm geschaffen, sah ihn als einen lieben, stillen, empfindsamen Jungen, der Liebe und Freundschaft sehr nötig hat. Ich mußte mich einmal mit einem Lebenden aussprechen, ich wollte einen Freund haben, der mir auf den Weg half, ich habe das schwere Werk fertiggebracht, ihn mir langsam, aber sicher zuzuwenden. Als ich ihn dann schließlich zu freundschaftlichen Gefühlen für mich bewegt hatte, kam es von selbst zu den Intimitäten, die mir nun bei näherer Einsicht unerhört erscheinen; wir sprechen über die geheimnisvollsten Dinge, aber über die Dinge, von denen mein Herz voll war und ist, haben wir bis jetzt geschwiegen. Ich kann immer noch nicht aus Peter klug werden; ist er oberflächlich oder ist es Verlegenheit, die ihn selbst mir gegenüber zurückhält? Aber ich habe *einen* Fehler begangen, habe alle anderen Möglichkeiten, um zur Freundschaft zu kommen, ausgeschaltet und getrachtet, ihm durch Intimitäten näherzukommen. Er lechzt nach Liebe und hat mich jeden Tag lieber, das fühle ich ganz gut. Ihn befriedigt unser Zusammensein, bei mir löst es immer nur den Drang aus, es immer wieder aufs neue mit ihm zu probieren, um dann die Themen zu berühren, die ich so gern erörtern möchte. Ich habe Peter, mehr als er selbst weiß, mit Gewalt zu mir gezogen; nun hält er sich an mir fest, und ich sehe vorläufig noch kein entscheidendes Mittel, ihn wieder von mir zu lösen und ihn auf eigene Füße zu stellen. Als ich nämlich sehr schnell merkte, daß er für meinen Begriff nicht der richtige Freund sein könnte, habe ich danach gestrebt, ihn wenigstens aus seiner Beschränktheit herauszuholen, um etwas aus seiner Jugend zu machen. »Denn im tiefsten Grund ist die Jugend einsamer als das Alter.« Dieses Wort habe ich aus einem Buch behalten und gefunden, daß es wahr ist.

Ist es denn wahr, daß die Erwachsenen es hier schwerer haben als die Jugend? Nein, das ist sicher nicht wahr! Ältere Menschen haben eine Ansicht über alles und schwanken nicht mehr mit ihrem Handeln im Leben. Wir Jüngeren haben doppelte Mühe, unsere Ansichten zu behaupten in einer Zeit, in der alle Ideale vernichtet und zerstört werden, wo die Menschen sich von ihrer häßlichen Seite zeigen, wo gezweifelt wird an der Wahrheit, am Recht, an Gott!

Jemand, der dann behauptet, daß die Älteren im Hinterhaus es viel schwerer haben, macht sich sicher nicht klar, in wieviel stärkerem Maße die Probleme auf uns einstürmen, Probleme, für die wir vielleicht noch viel zu jung sind, die sich uns aber gewaltsam aufdrängen, bis wir nach langer Zeit meinen, eine Lösung gefunden zu haben, eine Lösung, die meistens keinen Bestand hat gegen die Tatsachen, die dann doch ganz anders sind. Das ist das Schwierige an dieser Zeit: Ideale, Träume, schöne Erwartungen kommen bei uns noch nicht auf oder sie werden, getroffen durch die greuliche Wirklichkeit, total zerstört.

Es ist ein Wunder, daß ich all meine Hoffnungen noch nicht aufgegeben habe, denn sie erscheinen absurd und unerfüllbar. Doch ich halte daran fest, trotz allem, weil ich noch stets an das Gute im Menschen glaube. Es ist mir nun einmal nicht möglich, alles auf der Basis von Tod, Elend und Verwirrung aufzubauen. Ich sehe, wie die Welt langsam mehr und mehr in eine Wüste verwandelt wird, ich höre immer stärker den anrollenden Donner, der auch uns töten wird, ich fühle das Leid von Millionen Menschen mit, und doch, wenn ich nach dem Himmel sehe, denke ich, daß alles sich wieder zum Guten wenden wird, daß auch diese Härte ein Ende haben muß und wieder Friede und Ruhe die Weltordnung beherrschen werden.

Inzwischen muß ich meine Ideale hochhalten; in den Zeiten, die kommen, werden sie dann vielleicht doch noch ausführbar sein.   Anne

Freitag, 21. Juli 1944

Liebe Kitty!

Nun habe ich Hoffnung, nun endlich geht es gut! Ja, wirklich, es geht gut! Tolle Berichte! Es wurde ein Attentat auf Hitler verübt, aber nicht einmal von jüdischen Kommunisten oder englischen Kapitalisten, sondern von einem edelgermanischen deutschen General, der Graf ist und überdies noch jung! Die »göttliche Vorsehung« hat dem Führer das Leben gerettet, und er ist leider, leider mit einigen Schrammen und ein paar Brandwunden davongekommen. Ein paar Offiziere und Generäle aus seiner Umgebung sind tot oder verwundet. Der Haupttäter wurde erschossen. Es ist wohl der beste Beweis, daß viele Offiziere und Generäle den Krieg bis obenhin satt haben und Hitler gern in die tiefsten Tiefen versenken möchten. Ihr Streben ist, nach Hitlers Tod eine Militärdiktatur zu errichten, dann Friede mit den Alliierten zu schließen, aufs neue zu rüsten, um nach 20 Jahren einen neuen Krieg zu beginnen. Vielleicht hat die Vorsehung ausdrücklich noch ein wenig gezaudert, ihn aus dem Weg zu räumen, denn es ist für die Alliierten viel bequemer und vorteilhafter, wenn die unbefleckten Germanen sich gegenseitig totschlagen; desto weniger Arbeit bleibt für die Russen und Engländer, und um so schneller können sie mit dem Aufbau ihrer eigenen Städte beginnen. Aber so weit sind wir noch nicht, und ich will auch durchaus nicht den glorreichen Tatsachen vorauseilen. Doch Du merkst wohl, daß das, was ich jetzt sage, nüchterne Realität ist, etwas, das mit beiden Füßen auf dem Boden steht; ausnahmsweise fasele ich nun einmal nicht über höhere Ideale.

Hitler ist ferner so freundlich gewesen, seinem teuren und ergebenen Volk mitzuteilen, daß von heute an auch das Militär der Gestapo unterstellt ist und daß jeder Soldat, der weiß, daß sein Vorgesetzter beteiligt gewesen ist an dem feigen und niedrigen Anschlag, diesen ohne weiteren Prozeß niederknallen darf.

Das wird eine schöne Geschichte werden. Hans Dampf tun die Füße weh vom vielen Laufen; sein Chef, der Offizier, schnauzt ihn an. Hans greift zum Gewehr, schreit: »Du wolltest den Führer ermorden, da hast Du Deinen Lohn!« Ein Knall und der hochmütige Chef, der es gewagt hat, den kleinen Soldaten zu rügen, ist ins ewige Leben eingegangen (oder ist es der ewige Tod?). Zuletzt wird es dann so sein, daß die Herren Offiziere die Hosen voll haben und vor Angst nicht mehr wagen, einem Soldaten etwas zu sagen.

Begreifst Du oder habe ich wieder schreib-gestottert? Dann kann ich auch nichts machen, ich bin viel zu vergnügt, um logisch zu sein bei der Aussicht, daß ich im Oktober wieder auf der Schulbank sitzen werde. Oh, lala, habe ich nicht eben noch gesagt, daß ich nicht voreilig sein will? Sei nicht böse, ich habe nicht für nichts den Namen, ein Bündelchen Widerspruch zu sein.   Anne

Dienstag, 1. August 1944

Liebe Kitty!

»Ein Bündelchen Widerspruch!« Das ist der letzte Satz meines vorigen Briefes und der erste von meinem heutigen. »Ein Bündelchen Widerspruch«, kannst Du mir genau erklären, was das ist? Was bedeutet Widerspruch? Es hat, wie viele Worte, zwei Bedeutungen. Widerspruch von außen und Widerspruch von innen.

Das erste ist das gewöhnliche »sich nicht zufriedengeben mit der Meinung anderer Leute, es selbst besser wissen, das letzte Wort behalten«, alles unangenehme Eigenschaften, für die ich bekannt bin. Das zweite, wofür ich nicht bekannt bin, das ist mein eigenes Geheimnis.

Ich habe Dir einmal erzählt, daß ich eigentlich nicht eine, sondern zwei Seelen habe. Die eine beherbergt meine ausgelassene Fröhlichkeit, Spöttereien über alles, meine Lebenslust und vor allem meine Art, alles von der leichten Seite aufzufassen. Darunter verstehe ich: keinen Anstoß nehmen an Flirten, einem Kuß, einer Umarmung, einem unanständigen Witz. Diese Seite sitzt meistens auf der Lauer und verdrängt die andere, die viel schöner, reiner und tiefer ist. Nicht wahr, die gute Seite von Anne kennt niemand, und darum können mich auch so wenige Menschen leiden.

Sicher, ich bin ein amüsanter Clown für einen Nachmittag; dann hat jeder mal wieder für einen Monat genug von mir. Eigentlich dasselbe, was ein Liebesfilm für ernst denkende Menschen ist, einfach eine Zerstreuung, Belustigung für einmal, etwas, das man schnell vergißt, nicht schlecht, aber auch nicht besonders gut. Es ist etwas unangenehm, Dir das nun zu erzählen, aber warum soll ich es nicht tun, wenn es doch wahr ist? Meine leichte, oberflächliche Art wird der tiefen immer über sein und sie besiegen. Du kannst Dir nicht vorstellen, wie oft ich schon versucht habe, diese Anne, die doch nur die Hälfte ist von dem, was Anne heißt, wegzuschieben, zu lähmen, zu verbergen; es geht nicht, und ich weiß auch, warum es nicht geht.

Ich habe Angst, daß alle, die mich kennen, so wie ich immer bin, entdecken würden, daß ich eine andere Seite habe, eine schönere und bessere. Ich habe Angst, daß sie über mich spotten, mich lächerlich und sentimental finden, mich nicht ernst nehmen. Ich bin gewöhnt, nicht ernst genommen zu werden; aber nur die »leichte« Anne ist es gewöhnt und kann es vertragen, die »schwerere« ist zu schwach dazu. Wenn ich wirklich einmal mit Gewalt für eine Viertelstunde die gute Anne ins Rampenlicht gesetzt habe, zieht sie sich wie das Kräutchen Rühr-mich-nicht-an zurück, sowie sie sprechen soll, läßt Anne Nr. 1 zu Wort kommen und ist, ehe ich es noch weiß, wieder verschwunden.

So ist die liebe Anne in Gesellschaft noch nie, noch nicht einmal zum Vorschein gekommen, doch im Alleinsein führt sie fast immer das Wort. Ich weiß genau, wie ich sein möchte, wie ich auch bin... innen, aber leider bin ich es nur für mich allein. Und das ist vielleicht, nein, ganz sicher, der Grund, aus dem ich mich selbst eine glückliche Innennatur nenne und andere Menschen finden, daß ich eine glückliche Außennatur habe. Innen weist die reine Anne mir den Weg, äußerlich bin ich nichts anderes als ein vor Ausgelassenheit hüpfendes Geißlein.

So wie ich schon sagte, empfinde ich alles anders als ich es ausspreche, und darum habe ich den Ruf von einem Mädel, das Jungens nachläuft, flirtet, naseweis ist und Romane liest. Die vergnügte Anne lacht darüber, gibt freche Antworten, zieht gleichgültig die Schultern hoch, tut, als ob es sie nichts angeht, aber, o weh, genau umgekehrt reagiert die stille Anne. Da ich ganz ehrlich bin, will ich Dir auch bekennen, daß es mir doch leid tut, daß ich mir namenlos viel Mühe gebe, anders zu werden, aber daß ich jedesmal. wieder gegen stärkere Mächte kämpfe.

Es schluchzt in mir: »Siehst Du, das ist daraus geworden: Schlechte Meinung, spöttische und verstörte Gesichter, Menschen, die Dich unsympathisch finden, und das alles, weil Du den Rat der eigenen guten Hälfte nicht hörst.« — Ach, ich möchte schon hören, aber es geht nicht; wenn ich still und ernst bin, denkt jeder, es sei eine neue Komödie, und dann muß ich mich mit einem Witz herausretten, ganz zu schweigen von meiner engeren Familie, die denkt, daß ich krank sei, mir Kopfschmerz- und Nerventabletten zu schlucken gibt, Puls und Stirn fühlt, ob ich Fieber habe, und sich nach meiner Verdauung erkundigt und dann meine schlechte Laune kritisiert. Das halte ich nicht aus. Wenn so auf mich aufgepaßt wird, werde ich erst recht schnippisch, dann traurig, und schließlich drehe ich mein Herz wieder um, drehe das Schlechte nach außen, das Gute nach innen und suche immer wieder nach einem Mittel, so zu werden, wie ich so gern sein möchte, und wie ich sein könnte, wenn... ja, wenn keine anderen Menschen auf der Welt lebten.   Anne

Hier endet Annes Tagebuch

alles alleen omdat je niet naar de goede raad
van je eigen goede helft luistert. Ach, ik zou wel
willen luisteren, maar het gaat niet, als ik stil
en ernstig ben denken allen dat het een nieuwe
comedie is en dan moet ik me wel met een
grapje eruit redden, nog niet eens van m'n
eigen familie gesproken, die beslist denkt dat
ik ziek ben, me hoofdpijnpillen en kalmeer-
tabletten laat slikken, me in hals en voorhoofd
voelt of ik koorts heb, naar m'n ontlasting
vraagt en m'n slechte bui becritiseert; dat
houd ik niet vol, als er zo op me gelet
wordt dan word ik eerst snibbig, dan verdrie-
tig en tenslotte draai ik m'n hart weer om,
draai het slechte naar buiten, het goede naar
binnen en zoek aldoor naar een middel om te
worden zoals ik zo erg graag zou willen zijn
en zo als ik zou kunnen zijn, als ..... er geen
andere mensen in de wereld zouden wonen.
                    je Anne M. Frank.

Die letzte Seite von Annes Tagebuch, verkleinert

NACHWORT

Am 4. August fiel die »Grüne Polizei« ins Hinterhaus ein, arretierte alle Versteckten sowie Kraler und Koophuis und brachte sie in deutsche bzw. holländische Konzentrationslager.

Das »Hinterhaus« wurde durch die Gestapo ausgeraubt. Zwischen alten Büchern, Zeitschriften und Zeitungen, die achtlos liegen geblieben waren, fanden Miep und Elli Annes Tagebücher. Mit Ausnahme einiger Stellen, die für den Leser wertlos sind, wurde der ursprüngliche Text abgedruckt.

Von den »Untergetauchten« ist nur der Vater zurückgekehrt. Kraler und Koophuis haben die Entbehrungen in den holländischen Lagern überlebt und sind wieder bei ihren Familien.

Anne starb im März 1945 im Konzentrationslager Bergen-Belsen, zwei Monate vor der Befreiung Hollands.

ANNE FRANK

Geschichten und Ereignisse aus dem Hinterhaus

Sammlung ihrer Erzählungen wird in diesem Band erstmals vorgelegt.

In der Enge des Hinterhauses, das die Familie Frank verbarg, begann Anne zu schreiben. Neben dem berühmten **Tagebuch** entstanden Geschichten, in denen sich Anne vergegenwärtigt, wie es war: als sie noch zur Schule ging, als sie leben durfte, wie andere junge Menschen; sie erzählt von Lehrern, Freundinnen und von kleinen Abenteuern, von Alltäglichem, das um so schwerer zu bewältigen ist, wenn man in der ständigen Furcht lebt, entdeckt zu werden. Mehr als dreißig Jahre nach der Veröffentlichung wurden Erzählungen gefunden, die Anne für dieses Buch vorgesehen hatte. Die komplette

FISCHER BOOT  **Band 7533**

»Aufklärung, die massenhaft noch zu leisten ist.«

Thema: Nationalsozialismus

Floris B. Bakels
Nacht und Nebel
Der Bericht eines holländischen Christen aus deutschen Gefängnissen und Konzentrationslagern
Band 3468

Wladislaw Bartoszewski
Das Warschauer Ghetto – wie es wirklich war
Zeugenbericht eines Christen. Band 3459

Dieter Boßmann (Hg.)
»Was ich über Adolf Hitler gehört habe«
Band 1935

Georg Denzer/
Volker Fabricius
Die Kirchen im Dritten Reich
Christen und Nazis Hand in Hand?
Bd. 1: Darstellung
Band 4320
Bd. 2: Dokumente
Band 4321

Kurt Ingo Flessau
Schule der Diktatur
Lehrpläne und Schulbücher des Nationalsozialismus.
Band 3422

Jörg Friedrich
Die kalte Amnestie
NS-Täter in der Bundesrepublik
Band 4308

Ernst Fraenkel
Der Doppelstaat
Band 4305

Anne Frank
Das Tagebuch der Anne Frank
Band 88
Geschichten und Ereignisse aus dem Hinterhaus
Band 7533

Jörg Friedrich
Die kalte Amnestie NS-Täter vor deutschen Gerichten. Band 4308

Gustave M. Gilbert
Nürnberger Tagebuch
Band 1885

Albrecht Goes
Das Brandopfer
Erzählung, Band 1524

Hermann Graml (Hg.)
Widerstand im Dritten Reich
Probleme, Ereignisse, Gestalten. Band 4319

Alfred Grosser (Hg.)
Wie war es möglich?
Die Wirklichkeit des Nationalsozialismus
Band 3426

Sebastian Haffner
Anmerkungen zu Hitler
Band 3489

Fischer Taschenbuch Verlag

fi 311/2a

»Aufklärung, die massenhaft noch zu leisten ist.«

Thema: Nationalsozialismus

Fischer Taschenbuch Verlag

»Aufklärung, die massenhaft noch zu leisten ist.«

Thema: Nationalsozialismus

Fischer Taschenbuch Verlag

fi 311/2c

Anne Frank. Eine Dokumentation

Hrsg. von der Anne Frank-Stiftung, Amsterdam. 1979. 68 S. mit 135 Abbildungen (darunter 7 farbigen). Format 22 × 24 cm. Kartoniert DM 22,—

Das Tagebuch der Anne Frank

14. Juni 1942 — 1. August 1944. Mit einer Einführung von Marie Baum. 12. Auflage 1981. 296 S., 8 Abb. Leinen DM 22,—

LAMBERT SCHNEIDER · HEIDELBERG